台湾拓殖株式会社研究序説

―国策会社の興亡―

編訳

森田　明

朝元照雄

目　次

序章　導論：台湾拓殖株式会社研究の回顧と展望 ………林　玉茹　3

　1．国策会社・台拓の重要性 ………………………………………………　3

　2．台拓研究の起因と成果 …………………………………………………　4

　3．本書収録論文の重要性 …………………………………………………　6

　4．台拓研究の新方向 ………………………………………………………　8

第1章　台湾拓殖株式会社の設立過程 ……………………梁　華璜　13

　1．前言 ………………………………………………………………………　13

　2．熱帯産業調査会会議の目的 …………………………………………　15

　3．台拓と熱帯産業 …………………………………………………………　23

　4．台拓の資本背景 …………………………………………………………　30

　5．台拓の使命 ………………………………………………………………　39

　6．結語 ………………………………………………………………………　46

第2章　台湾拓殖株式会社檔案とその史料価値…………王　世慶　55

　1．台湾拓殖株式会社の設立 ……………………………………………　55

　2．台拓の組織と事業 ………………………………………………………　57

　3．台拓文書檔案の取扱と保存方法 ……………………………………　68

　4．台拓檔案の引継と整理経過 …………………………………………　70

　5．台拓檔案の史料価値と研究利用 ……………………………………　74

第3章　台湾拓殖株式会社の土地投資と経営…………王　世慶　81
　　　　　―総督府出資の社有地を中心に―

　1．前言 ………………………………………………………………………　81

ii　目　次

　　2．総督府の台拓に対する土地投資 ……………………………… 82

　　3．社有地の経営管理 …………………………………………… 92

　　4．社有地の土地収入における台拓営利上の重要性 …………106

　　5．光復後の社有土地の接管 …………………………………… 108

　　6．結論 …………………………………………………………… 112

第4章　戦時台湾拓殖株式会社広東支店におけるタングステン鉱石

　　　　の収購活動（1939〜1943年）……………………… 朱　徳蘭　119

　　1．前言 ……………………………………………………………119

　　2．タングステン鉱石の用途およびその密貿易の情況 ………120

　　3．台拓交易のタングステン鉱石の波瀾曲折 …………………126

　　4．台拓の鉱石購買工具の失踪事件 ……………………………130

　　5．台拓のタングステン鉱石収購の宣伝広告 …………………137

　　6．結論 ……………………………………………………………140

第5章　台湾拓殖株式会社における海南島事業の研究…鍾　淑敏　147

　　1．前言 ……………………………………………………………147

　　2．組織の仕組みと開発計画 ……………………………………150

　　3．台拓の海南島での事業経営概要 ……………………………159

　　4．台拓の海南島の発展と局限 …………………………………170

　　5．結語 ……………………………………………………………183

第6章　台湾拓殖株式会社の政商ネットワーク関係（1936〜1945年）

　　　　………………………………………………… 朱　徳蘭　195

　　1．前言 ……………………………………………………………195

　　2．台拓の指導幹部と社交活動 …………………………………196

　　3．台拓の寄付行為および寄付対象 ……………………………207

　　4．国家権力による台拓への支援と支配の情況 ………………218

　　　　　　　　　　　　　　　　　　　　　　目　次　　iii

5．結論 ……………………………………………………………… 231

初出論文 …………………………………………………………………241

編訳者あとがき ………………………………………………………242

著者略歴 …………………………………………………………… 245

編訳者略歴 ……………………………………………………… 247

事項索引 ………………………………………………………… 248

人名索引 ………………………………………………………… 257

コラム①　名画「圓山附近」の中の歴史物語 …………………………118

コラム②　東日本大震災と"日台の絆" ……………………………146

台湾拓殖㈱店所位置図 …………………………………………………239

台湾拓殖㈱海外店所位置図 ……………………………………………240

台湾拓殖株式会社研究序説

―国策会社の興亡―

序章 導論：台湾拓殖株式会社研究の回顧と展望

林　玉　茹

　森田明教授は故・王世慶（1928～2011年）教授の台湾史研究の貢献、並びに、台湾史の研究成果を日本の学界に紹介するために、王教授が力を入れていた台湾拓殖株式会社（以下、台拓）を中心に、重要な研究成果を蒐集し、専門書に編集して広く同学に供するため、私に序章を依頼した。筆者は長年にわたり森田教授からの導き育成を受け、かつ、長期にわたり積極的に台湾史研究を紹介してきた気持ちに感謝し、浅学を顧みずに、4つの方面から台拓研究の重要性と新方向を論じたい。先に自分自身のささやかな意見を述べ、よりよい意見を引き出そうと希望し、より多くの人が日本統治時期の台湾史の研究に関心を持ち、参加することを期待している。

1．国策会社・台拓の重要性

　台拓は1936年11月に台湾総督府が提案し、それに製糖会社および財閥企業が共同で出資し、資本額3,000万円で半官半民の特殊会社として創設された[1]。日本政府および総督府が台拓に対し業務の監督権を有するのみならず、監理官を設置して、決議の否決権、重要社員の免職権に監督を行った[2]。「国策の代理機関」としての台拓の創設の使命は、台湾島内および華南、南洋地域の拓殖事業を経営し、拓殖資金の提供を目的とした[3]。他方、台拓は国家の信用をよりどころにし、増資と社債の発行を通じて短く数年間で1億円の資本金を擁するようになった。日本帝国主義の発展および戦争の特需に応じた産物であった[4]。国策会社の運営メカニズムおよび戦時の経済体制の結果として、台拓は一般の民間会社の性質とは大きく異なっていて、経営方針と事業の発展は国家の意志によって統轄支配を受けた。

4　序章　導論：台湾拓殖株式会社研究の回顧と展望

　いわゆる国策会社とは、単独に特別法により設立したものを指し、一定の地域内で特定事業の独占や特殊使命を担当する。設立時に政府が参与と出資を行い、政府の統制と監督を受ける特殊会社である[5]。1931年の満州事変（九一八事変）以前、日本帝国圏内では19の国策会社があった。そのうち台湾では、1899年に設立した台湾銀行と1919年に設立した台湾電力株式会社のわずか2つの国策会社だった[6]。1936年に台拓が設立された。日本統治時期の台湾の全企業で観察すると、第2次世界大戦終了後、台湾では7つの資本額が3,000万円を超える超大型企業があり、そのうちの大部分は明治年間に誕生した製糖会社であり、台拓は1930年代以降の唯一の超大型国策会社であった[7]。

　1945年8月、日本の敗戦後、台拓は台湾総督府の監督管理機構のため、「日産」（日本資産）に分類された。1946年3月5日、台湾行政長官公署によって台湾拓殖株式会社接収委員会が設けられ、接収の業務を担当するようになった。行政長官公署は台拓の保留を考えたが、台湾人から反対され、この戦時中の超大型拓殖型国策会社の事業は終結するようになった[8]。

　要するに、台拓は国策会社の性質を持ち、資本規模が超大型で、および関係会社が多いところから見ると、台拓は戦時中の台湾で最も代表的な企業であり、その研究価値の重要性は言うまでもない。

2．台拓研究の起因と成果

　台拓は戦時台湾の超大型規模の拓殖型国策企業であり、同時に台湾と海外の農業開墾と工業化の上で重要な役割を演じてきた。関連する投資会社が多く、そのために、重視され、日本統治時期における台湾企業の中での研究成果が最も豊富な課題である。筆者の研究著書では、既に詳細に台拓の関連研究成果を検討している[9]。ここでは台湾の台拓研究の起因と主要な成果を大まかに紹介する。

　戦後初期、時代の雰囲気のしからしめるところによって、台湾史研究には相当大きな抑圧があり、1970年代末期になってから徐々に芽生えてきた[10]。早く

2．台拓研究の起因と成果　5

には1970年と1971年に長期で台湾省文献会に任職し、日本統治時期の檔案（資料ファイル）に詳しい王世慶は台湾史料を紹介した時に、始めて台拓檔案の価値の重要性を指摘した[11]。1975年に涂照彦が日本で出版した『日本帝国主義下の台湾』は、最初に台拓の性質、投資および人事関係を分析し、台拓の投資類型および日本帝国主義の拡張中の役割を指摘した[12]。梁華璜の「台湾拓殖株式会社の設立過程」は台湾学界において最初に台拓を論じた論文であった[13]。しかし、1970年代末から1980年代まで、台湾史研究は清代台湾史が中心であり、日本統治時期の台湾史研究は非常に少なく、梁氏の論文は大きく注目されることはなかった。

1993年、王世慶が初めて台湾大学歴史系主催の「台湾史料国際学術研討会」（シンポジウム）で台湾省文献委員会（現在の国史館台湾文献館）が所蔵した台拓檔案を紹介した[14]。この時から戦時台湾の超大型国策会社が始めて脚光を浴びるようになった。1994～2002年、游重義、簡榮聰、周菊香、河原林直人、朱徳蘭などが持続的に論文を発表して、台拓檔案の価値と運用を紹介し[15]、あたかも「台拓檔案学」が形成されるようになった。台湾総督府公文書類纂のほか、台拓の関連文書はこの時期に最も重視された第一級の檔案資料であった。明らかに、王世慶は台拓研究の最も重要な担い手であった。中央研究院人文社会科学研究所（現在の人文社会センター）はさらに進んで、台湾省文献委員会の協力を経て、所内で台拓檔案の複写本1セットを所蔵し、実際に台拓研究計画を推進して、多くの修士課程や博士課程の院生を吸引して関連研究に投入した[16]。

2001年、中央研究院人文社会科学研究所が主催した「台湾資本主義発展学術研討会」で12編の論文が発表され、その半分は台拓を研究主題にしていた。これは戦後以来最初の台拓に関する課題の学術会議であった。2008年に国史館台湾文献館はこの会議の台拓論文5編を蒐集し、専門書を出版した[17]。

台拓研究史から言えば、1970年代末は萌芽期であり、1980年代の台湾史研究の中心が清代台湾史に置いていたため空白期に入った。1993年に王世慶の推薦紹介によって、2008年までに大学院院生から学者の多くが持続的に台拓研究に参入し、40編に近い論文が完成して、台拓研究の頂上時期と言える。現在に至

6　序章　導論：台湾拓殖株式会社研究の回顧と展望

るまで、台拓研究の検討課題は大まかに言えば、以下のいくつかの方面に着目
してきた。

（1）台拓の設立背景と経過。

（2）台拓の性質、組織、政商ネットワーク、台拓の日本帝国の南進の"戦い
　　　の先鋒"としての役割、台湾工業化の主導者を強調した。

（3）台拓の投資活動を重視し、いくつかの島外事業や子会社に対する研究を
　　　行い、台拓の南進の役割を強調した。あるいは台拓の島内事業の工場、
　　　鉱業や東台湾関係の研究。島内事業の研究は、植民地遺産や植民地の飛
　　　び地経済の論議を重視してきた。

（4）戦後の接収の研究。

（5）前に述べたように、台拓檔案研究は総督府公文書類纂以外で最も重要な
　　　檔案学研究である。

3．本書収録論文の重要性

　本書では6編の代表的な論文を収録した。まず、梁華璜「台湾拓殖株式会社
の設立過程」は前に述べたように、台湾最初の台拓研究の論文である。その観
点は1970年代末の時代的雰囲気を充分に反映した、植民地史研究の特徴をもっ
ている。論文は主として、植民地搾取論による日本帝国主義批判の観点から、
台拓の資本は台湾の農民から略奪したと指摘した。設立の動機は、華南および
南洋の日本人の経済勢力の育成であり、軍事侵略の道標をつけることであった。
逆に、台拓の台湾本島での拓殖は次の地位に下がり、南進（南侵）支援の手段
に過ぎなかった。当時、梁氏は台拓檔案の資料利用ができなかったが、台拓の
南進の役割を強調し、1990年代以降の台拓研究の主要な基調になり、島外事業
の考察を重視するようになった。

　1990年代以降、日本統治時期の台湾史研究が次第にブームになり、王世慶の
紹介によって、台拓研究の"エンジン全開"を迎え、研究成果が多くなった。
王世慶の台拓研究に関する2編の論文は大きな意義と代表性を持つようになっ

た。氏の「台湾拓殖株式会社檔案とその史料価値」は、台拓檔案の重要性を掲示しているのみならず、台拓の設立、組織および事業、檔案処理と保存、檔案の接収について述べている[18]。

2008年、国史館台湾文献館から出版された『台湾拓殖株式会社檔案論文集』は前に述べたように、5編の論文を一書にまとめて編集したものである。この書籍は王世慶と朱德蘭の2編の論文を収録している。台拓は社有地の現物出資方式で経営し、社有地はその事業を支える礎石である。王世慶の「台湾拓殖株式会社の土地投資と経営：総督府出資の社有地を中心に」は、台拓の島内事業研究の先駆けであった。論文は台拓の社有地の経営形態、土地数量、価値、収租率、土地収入の台拓の売上高に占める比重の変化および戦後の接収状況を明らかにしている[19]。

1999年から2008年に至るまで、朱德蘭は次々と6編の台拓関連論文を発表し、台拓の広東の事業、活動および史料の特性を論じ、台拓研究のうち成果が最も多い学者である。本書は氏の「戦時台湾拓殖株式会社広東支店におけるタングステン鉱石の収購活動（1939～1943年）」を収録し、国策会社が軍需原料を購入し、軍側に提供した実態を明らかにした。論文では台拓は日本軍にタングステン鉱石の購入に協力したが、業績が芳しくなく、他の財閥との競争および広東支社の収益が少なく、最終的にやむをえず事業を清算した。そのために、国家の利益と会社の私利が衝突した場合、企業の利益を優先するのが台拓の経営方針であったと指摘している[20]。

「台湾拓殖株式会社の政商ネットワーク関係（1936-1945）」は、ほかの視点を切り開いた。台拓の指導幹部の社交活動、会社の贈捐活動および日本帝国の台拓に対する支援などの方面から、人的関係（人脈）および社交活動との間の関連を考察した。氏の論文で、台拓の中級、高級幹部は政界と商業界のエリートおよび政府の退職官僚であり、それによって、台拓に「ネットワークにネットワークを重ねた」政商ネットワークが構築されたと論じた。しかし、陸軍や海軍の命令通牒（通達数）の多少を通じて、戦時台拓が国家資源の分け前の受益程度は事実上、日本の旧財閥に及ばなかったと指摘している[21]。

8　　序章　導論：台湾拓殖株式会社研究の回顧と展望

　台拓の島外事業は重要な一環であった。鍾淑敏の「台湾拓殖株式会社における海南島事業の研究」は台拓の海南島事業地研究の代表作である。氏は海南島の地位、技術、資源、コストおよびその経営が日本の中央政府の干渉を受けたなどの要因によって、海南島の事業は農林業に局限されていた。しかし、台湾での経験の輸出は海南島の農業の発展効果が顕著であり、台北帝国大学（現在の台湾大学）の学術探検と試験のチャンスを提供したと主張した[22]。

　大まかに言えば、本書に収録した6編の論文は1970年代末から今日に至るまで、異なった時代の雰囲気の下で、台湾の学者の台拓研究の趨勢と重点を反映した代表的なものである。すなわち、台拓の性質、島内外事業の経営を重視すると共に、台拓を通じて台湾の経験が南洋と華南に与えた影響と限界を観察している。

4．台拓研究の新方向

　前に述べたように、1993〜2008年の間は台拓研究の頂上時期であり、おおよそ40編の論文が誕生した。しかし、それ以降、台拓を主題とする研究が少なくなり、あるいは台拓研究にボトルネックが発生するようになった。相対的に他の企業に対し、台拓研究の業績が多い。しかし、戦時植民地の代表的な企業として、新しい史料が絶えず出現し、依然としてさらに着眼すべき課題が存在する。

　まず、現在の研究成果が豊富で、比較的な視野の角度からの考察がある。すなわち、更に一歩進んで日本、韓国、満州などの国策会社との比較研究ができる。あるいは民間の大型企業、特に財閥との比較、あるいは欧米帝国下の大型企業との比較、そうすると日本帝国主義下の国策会社＝台拓の位置付けをより突出に鮮明にすることができ、日本企業の特徴および戦時中のヨーロッパとアジアの植民地帝国の特質の違いをあらわすことができる。

　次に、台拓の島外と島内の子会社と事業の専門研究を継続に行うことである。台拓が島内外で投資した会社と事業が多い。島内事業から言えば、40社に近

い[23]、今まで僅か少数の工業、鉱業および拓殖会社の成果があったが、台拓檔案を利用し、戦時に設立した各種類の会社、特に1942年以降の統制会社により深く入り込んだ理解を得ることができる。

第3に、台拓の事業と拡張から言えば、台湾、広東、海南島、仏領中南半島（ベトナム、ラオス、カンボジア）の研究成果が比較的に多く、しかし、タイ、フィリピン、英領マレー、オランダ領インドネシアの研究が少ない。わずか柴田善雅の論文だけであった[24]。台湾総督府が軍部との協力に成功していないため、基本的に日本帝国の南進決策のメカニズムから排除されたと近藤正己は指摘している[25]。言い換えれば、台湾総督府の南進政策および台拓の東南アジアの活動と事業は、事実上、他の植民帝国、土着政権に直面した。また、日本の軍隊および企業の勢力はその影響および干渉を受け、戦略を調整する必要があった。その経営形態も違いがあり、さらに一歩進んで具体的に考察する必要がある。

第4に、「戦争企業」の角度からこの種の超大型国策会社の性質を観察するほかに、最も重要なのは戦争型企業と地方社会の関係を一歩進んで明らかにすることである。例えば、工業化の役割から台拓と高雄、新竹など地域の産業構造の再構成や地方の相互作用を観察する。あるいは熱帯栽培業から台拓と浅山丘陵地区の発展の関係を考察する。他方、戦前、戦後のマンパワー、技術、組織の連続および断裂によって戦争企業および国家、地方社会の関連性を総合的に分析することができる。

第5に、台拓と植民地の人民、特に、原住民族群（エスニック・グループ）の関係も過去において注目されていない一環である。台拓が戦時台湾の産業配置、事実上、台湾の福建系（閩）、客家系、平埔族および原住民などのエスニック・グループの経済関係にどんな衝撃があったのか、非常に豊富な台拓檔案資料から考察する価値がある。

要するに、前人の研究成果の基礎の上に立ち、私たちは戦時の国策会社＝台拓が日本帝国主義の拡張および植民地の工業化、熱帯栽培業の発展上の役割と地位を明らかにしてきた。しかし、台拓は膨大な台拓檔案を残し、相当多くの重要な課題について深入りして比較し、探究するに値する。更に一歩進んで台

10　序章　導論：台湾拓殖株式会社研究の回顧と展望

拓檔案から新しい研究課題を発掘することができ、依然として我々を佳境に引き入れる宝庫である。

注

（1）　朱德蘭「十五年戦争と日本企業の経済活動」『九州国際大学社会文化研究所紀要』第43号、1999年、189頁、192頁。朱德蘭「台湾拓殖株式会社在広東的経済活動」『中国現代史専題研究報告22輯：台湾與中国大陸関係史討論会論文集』（台北、国史館、2001年）、422頁、424頁。

（2）　『台湾拓殖株式会社文書』（以下、台拓文書）、第998冊、18頁。

（3）　「台湾拓殖株式會社要項」、『台拓文書』第762冊、367頁。

（4）　凃照彦『日本帝国主義下の台湾』東京大学出版会、1975年。

（5）　企画院研究会『国策会社の本質と機能』（東京、同盟通信社、1944年）、24-28頁。河合和男「国策会社・東洋拓殖株式会社」、河合和男など編『国策会社東拓の研究』（東京、不二出版、2000年）、11-14頁に収録。

（6）　野田経済研究所『戦時下の国策会社』（東京、野田経済研究所、1940年）、3-4頁。

（7）　金子文夫「対外経済膨張の構図」原朗編『日本の戦時経済：計画と市場』（東京：東京大学出版会、1995年）、191頁、194頁に収録。

（8）　王世慶「台湾拓殖株式会社之土地投資與経営：以総督府出資之社有地為中心」『台湾拓殖株式会社檔案論文集』（南投：国史館台湾文献館、2008年）、48-49頁。

（9）　台拓関連の研究成果は、林玉茹著（森田明・朝元照雄訳）『台湾拓殖株式会社の東台湾経営：国策会社と植民地の改造』（東京、汲古書院、2012年）、第1章第2節に詳しい。

（10）　戦後台湾史研究の状況は、林玉茹・李毓中（森田明監訳）『台湾史研究入門』（東京、汲古書院、2004年）、第1章。

（11）　褚塡正「王世慶與台湾拓殖株式会社的研究及発展」『台湾文献』63：4（2012年12月）、171-172頁。

（12）　凃照彦『日本帝国主義下の台湾』東京大学出版会、1975年

（13）　梁華璜「台湾拓殖株式会社之成立経過」『成大歴史学報』第6号（1979年7月）、187-222頁。後に梁華璜『台湾総督府南進政策導論』（台北、稲郷出版社、2003年）、1-50頁に収録。

注　11

(14)　王世慶「台湾拓殖株式会社檔案及其史料価値」『台湾史料国際学術研討会論文集』（台北、台湾大学歴史系、1993年）、157-176頁。

(15)　游重義「台湾分館館蔵台湾拓殖株式会社資料及其利用」『慶祝中央図書館台湾分館建館七十八週年紀念暨改隷中央二十週年紀念館蔵與台湾史研究論文発表研討会彙編』（台北、中央図書館台湾分館、1994年）、99-116頁。簡榮聰「台湾拓殖株式会社檔案典蔵過程及其価値評估」『台湾文献』45（2）（1994年6月）、89-111頁。簡榮聰「台湾拓殖株式会社「華南事業檔案」反映之史料価値」『檔案與微縮』40（1996年）、22-41頁。周菊香「檔案評估：以台湾拓殖株式会社檔案為例」『台北文献』直116（1996年6月）、55-88頁。河原林直（鍾淑敏訳）「関於台湾拓殖株式会社檔案」『近代中国史研究通訊』26（1998年9月）、128-138頁。朱徳蘭「台湾拓殖株式会社文書中的広東檔案資料」周偉民編『瓊粤地方文献国際学研討會論文集』（海口、海南出版社、2002年）、434-471頁に収録。

(16)　その経過は褚塡正「王世慶與台湾拓殖株式会社的研究及発展」177-178頁を参照。

(17)　その会議は2001年12月27日～28日に開催、後に論文集は出版されていない。この研討会（シンポジウム）は台拓を研究対象の論文は6編、そのうち、劉序楓「台湾総督府対華南調査活動初探：以対福建之調査為中心（1937-1945）」は2008年国史館台湾文献館編の論文集に収録されていない。（http://www.tigp.sinica.edu.tw/as/weekly/90/850/index.html。2009年12月4日からアクセス）。

(18)　王世慶「台湾拓殖株式会社檔案及其史料価値」『台湾史料国際学術研討会論文集』（台北：台湾大学歴史系、1993年）、157-176頁。

(19)　王世慶「台湾拓殖株式会社之土地投資與経営」1-55頁。

(20)　朱徳蘭「日據広州時期（1938-1945）的広州社会與台拓国策公司的自來水事業」、唐力行主編『家庭、社区、大衆心態変遷国際学術研討会』（安徽、黄山書社，1999年）、400-410頁に収録。「従台拓檔案看日據広東時期的中日合辦事業」葉顕恩など編『中國伝統社会経済與現代化』（広東、人民出版社、2001年）、332-346頁に収録。「台湾拓殖株式会社在広東的経済活動」、『中国現代史専題研究報告22輯：台湾與中国大陸関係史討論会論文集』（台北：国史館、2001年）、419-439頁に収録。「戦時台湾拓殖株式会社広東支店的鎢礦収購活動（1939-1943）」、『台湾拓殖株式会社檔案論文集』、175-202頁。

(21)　朱徳蘭「台湾拓殖株式会社的政商網絡関係（1936-1945）」、『台湾史研究』12

12   序章   導論：台湾拓殖株式会社研究の回顧と展望

(2)（2005年12月）、75-119頁。

(22)   鍾淑敏「台湾拓殖株式会社在海南島事業之研究」、『台湾史研究』12（1）（2005年6月），73-114頁。「台湾総督府與南進：以台拓在海南島為中心」、『台湾拓殖株式会社檔案論文集』、205-246頁。

(23)   林玉茹（森田明・朝元照雄訳）『台湾拓殖株式会社の東台湾経営：国策会社と植民地の改造』、表5‐1。

(24)   柴田善雅「台湾拓殖株式会社の南方事業活動」、『日本植民地研究』20、2008年、1‐21頁。

(25)   近藤正己『総力戦と台湾：日本植民地崩壊の研究』（東京、刀水書房、1996年）、結論。

第1章　台湾拓殖株式会社の設立過程

梁　　華　璜

1．前言

　　台湾占領初期から日本は台湾を日本帝国の南進基地とした。歴代の台湾総督は、「南支・南洋」政策の推進を主要な政略とした。しかし、日本の内閣の目標は、たちまちにして「北進」、たちまちにして「南進」とし、方針がなかなか定まらなかった。それによって、台湾総督府の南進政策は、日本の内閣、財閥および軍閥の全面的な支持が得られなかった。満州事変（九一八事変＝柳条湖事件、1931年）以降、日本の北進問題は一段落を告げた。その上、満州（東北）の侵略によって、中国との関係がさらに緊張したほかに、イギリス、アメリカとの関係も悪化した。日本の朝野は初めて「南方」（華南および南洋を指す）問題を重視し、そこで1936年に「台湾拓殖株式会社」（以下、台拓）を設立した。

　　台拓は半官半民の企業であり、本質的には日本帝国の南進政策を推進する国策会社であり、国家の特殊な使命と組織を持つ会社であったので、「特殊会社」と称された。こうした特殊会社の組織は商法の規程に依拠せずに、国会による別途の立法によって組織されたものである。1906年に設立した南満州鉄道株式会社および1908年に設立した東洋拓殖株式会社は、共にこの種類の会社であった。その他の類似の会社（銀行を含む）は枚挙に暇がないが、一般的に特殊会社の特徴には次の4つがあげられる。

（1）国家の利益は、個人の利益よりも重視される。特殊会社が経営する事業は、国家が必要とする事業のみに触れるだけであって、会社自身の利害得失を考慮することができない。

（2）特殊会社は、政府の厳格な監督を受けなければならない。特殊会社は株

14 第1章 台湾拓殖株式会社の設立過程

式有限会社であるが、しかし、その業務行政は株主総会によって決定することはできない。特殊会社の業務行政は、国家の使命があるために、使命の目的に反することができず、政府の厳格な監督を必ず受ける。会社の組織規程の変更、利潤の分配、社債の発行、株券の譲渡などのすべては政府の認可が必要である。株主総会の決議あるいは理事長、理事、監事の決裁が、国家の利益に反する場合、政府はそれを取り消すことができる。

（3）特殊会社の高級幹部（理事長、副理事長、総経理、理事、監事など）は、一般的に言えば、政府からの直接任命ではなく、株式総会において候補者を選出し、政府はその中から任命する。あるいは株主総会で任命した後、政府の同意を求める。

（4）特殊会社は国策の推進に合わせて、当然ながら政府の保護を受け、優遇を受ける権利が与えられている。例えば、社債の発行額が支払い済み資本総額を超えることができ、しかも、その元金と利子は政府からの保障を受けることができる（以上は、企画院研究会編『国策会社の機能と本質』、24～27頁、同盟通信社、1944年を参照）。

台拓は既に南進政策を推進する特殊会社に属しており、昭和時代の台湾総督府を理解するには、政治上、経済上の南進戦略および日中戦争と太平洋戦争の「協力」における台拓のこの問題の探究は、不可欠な作業である。しかし、史料が乱雑や未公開のために、学術界においてこの課題の研究が殆どなく、筆者が知った限り、僅かに涂照彦の大作『日本帝国主義下の台湾』（東京大学出版会、1975年）において、日本資本主義の植民地（台湾）に対する経済侵略の上、台拓の性質を分析すると共に、その会社とその他の会社との投資関係、人事関係を検討し、更に進んでその会社の投資類型を帰納している。

涂氏の結論は「台湾拓殖会社の設立は、疑いなく日本資本が台湾に対する支配を一層深化させ、高度な圧制の段階に達したことを明らかに示すものである」、同時に、この意図は「台湾経済が『東亜共栄圏』の一環に編入する」（349頁）過程でもあると述べている。

筆者は涂氏の見解に賛同するとともに、その豊富な経済学の知識をもって、この問題に対する要点の特徴を探求したことに感服している。拙稿と涂氏の著書との異なるところは、台拓の設立準備と設立当初の段階から、この会社の設立の動機を探究している。特に、台湾総督府の南進政略にも分析を加える。そのほかに、この会社の資本と台湾の土地の関係を分析しているが、設立後の実際の活動については論及していない。

2．熱帯産業調査会会議の目的

1935年12月に、当時の台湾総督・中川健蔵の主宰の下で、熱帯産業調査会会議は台北において開催された。会期は5日間にわたり、会議参加者は80人前後に達し、空前の盛況であった。

この会議の名称は「熱帯産業調査会」であり、ちょっと聞けば、純学術的な熱帯産業調査研究会のようであるが、しかし、その性質は決して単純ではなかった。この会は「実際上、日本は南方（華南、南洋を指す）の発展を重視し、開催した集会であった。しかしながら、国際的な視聴の疑念を避けるために、便宜上、『熱帯産業調査会』と命名した。その調査目標は、実は台湾が華南および南洋に対する経済関係を主とし、軍事上の意義は皆無とした」[1]。

すなわち、地理学的名詞の「熱帯」を華南、南洋の代名詞とし、国際列強の華南、南洋地域における利害関係の発生の過敏を避けようとしたものである。その実情は日本の「作賊心虚」（悪事を働けば心中びくびくする）の掩飾法（ごまかし策）に過ぎない。既に、「軍事上の意義」は無く、大いに「国際的視聴」を顧慮するに及ばないとしながら、会議の名称について、粉飾を加えていたのであった。ここで既に、この会議の討論の中心問題が、台湾を根拠地として、如何に華南および南洋に向けての経済発展を行うのか、それ以外にこの時期に別途に明言できない意図があったことがわかる。台湾を占領以降、台湾総督府の歴代の総督が重視する「対岸」政策、あるいは南進政策の動機は、非常によく一致するのであった。そのために、論者はこの会議の開催は日本の内閣拓務

16   第1章   台湾拓殖株式会社の設立過程

省の「創意」と言われていたが[2]、台湾総督府が実は背後の企画者と推進者であると筆者は考えていた。その理由は次のようである。

（1）熱帯産業調査会会議の会長は台湾総督府の中川健蔵であり、副会長は総督府の総務長官の平塚広義であり、開会の全過程はこの2人が主宰していた。

（2）本会議の開会前の5月（1935年）、既にこの会議の準備として、平塚広義は三井、三菱、近海（日本近海郵船株式会社）、商船（大阪商船株式会社）の各会社の在台責任者、華南銀行の総経理などを集め、命令し、資料を蒐集した。特に、華南および南洋各地の調査報告の提供を要求し、それをもって議案を制定したのであった[3]。

（3）「治台40周年」（1934年）を借りて、台湾総督府は、積極的に南進政策を推進するために、熱帯産業調査会を開催したのであった[4]。

（4）この会議は1930年11月、台湾総督府が主催した臨時産業調査会会議と具体的な連帯関係があった。

　いわゆる「臨時産業調査会会議」は、台湾の産業政策の検討を中心とする会議であったが、華南および南洋の経済支配を長期目標としていた。この調査会の趣旨は「台湾は帝国（日本）の南端にあり、産業上の重要な地位にある。そのゆえに、開発の成果と我が国（日本）勢力の進展とは緊密な関係にある……特に、華南および南洋の資源開発は、年々推進され、本島（台湾）との関係はますます緊密になり、この時、台湾の産業政策を確立し、本国（日本）の産業政策との連繋を図って、国運の発展をもって実に当面の急務に属す」と述べている[5]。すなわち、この会議は既に台湾産業の南進の態勢を標榜していたのであった。

　また、熱帯産業調査会会議の趣旨から、2回の会議の趣旨の筋道が一貫していると知ることができる。熱帯産業調査会の趣旨は次のようである。

　　　本島（台湾）は帝国（日本）南方の要衝に位置し、隣邦の中華民国と一衣帯水、南洋のフィリピン、ボルネオ、仏領安南（ベトナム）、シャム（タイ）、ジャワなどの友邦の植民地と隣接しており、有形無形の関係が極め

て多い。こうした地理的位置に鑑み、本島の使命は本島の産業発展に、さらに一層の努力を必要とする。そのほかに、華南および南洋地域の経済に対しても、また、密接な関係を保持し、貿易の発展を促進し、もって互いの福祉を増進すべきである。

　この点に鑑みて、本府（台湾総督府）は、かつて昭和5年（1930）に、臨時産業調査会を開催し、本島の各産業の発展の方向を理解した。ここにまた、熱帯産業調査会を開催して、各界の権威者を誘い本会委員に就任させた。本島と華南、南洋の貿易およびその他の一般事項に対し、重ねて検討を加え、本島の産業、交通、文化など各方面の発展の下において、隣邦の繁栄を牽引し、もって帝国の国運の隆盛を期待する[6]。

「重ねて検討を加える」、「本島と華南、南洋の貿易」などにより、……前後2回の調査会会議の関係が極めて密接であることを証明しており、熱帯産業調査会会議は、臨時産業調査会会議の継承である。華南および南洋に浸透する経済勢力の第2次計画会議に対し、前回は既に台湾総督府の主宰開催であり、それと連帯関係を持ち、第2次会議もまた、台湾総督府によって企画され開催されていることは、道理に叶っていた。

　熱帯産業調査会会議の趣旨は、「互いの福祉の増進」、「隣邦の繁栄を牽引」と言われていた。しかし、その文面や行間から見えるのは、日本が貪欲に台湾を日本帝国の南進基地として華南および南洋に向かって、経済、運輸、文化などの各方面にその勢力を浸透させ、日本帝国の華南、南洋における意図を強固にした。すなわち、南進の意識は前回（臨時産業調査会会議）よりも一層明らかで強烈であった。

　そのために、外務省を代表して、本会議に列席した加藤三郎（書記官）はこの趣旨に含まれた意義に対し、甚だしく不安を感じた。ただ、国際的注目からの刺激を恐れ、台湾総督および総務長官に、「慎重」に注意しながら実施する必要があると提起した。特に、新聞や情報の発表時には、彼らは慎重に考慮する必要がある。同時に、将来の計画を推進する時には、まず、華南および英領ボルネオから進行し、蘭領東インドおよびフィリピンについては、「問題」の

18　第1章　台湾拓殖株式会社の設立過程

解決を待った後、始めて進行すべきであると警告していた[7]。加藤の丁寧な注
文は、結局、余計な心配の言葉ではなかったのである。熱帯産業調査会会議の
動機を、ここにその一面を見ることができた。

　その次に、この会議に参加した人々の背景によって、この会議の目的を理解
することができる。

　台湾総督府からこの会議で招聘した参加者は、政府の官員に関する者を除く
と、「少なからぬ在台の民間人、並びに広く網羅した内地（日本）、華南および
南洋各方面の有力者」であった。これを委員および臨時委員に分け、全部で41
名（政府官員を除く）であった[8]。その中、商工界の有力者が30名、すなわち、
4分の3を占め、その中の半数以上は、直接や間接に南洋で熱帯農園（ゴム、
麻、サトウキビ、椰子、カカオ、サイザルアサ（瓊麻）、レモングラス（香茅）、キニー
ネ（奎寧）の栽培）、鉱石採取、造林、漁撈などの経営者である。個々の企業背
景を示したのが表1−1である。

　上記の表のなか、井上雅二、石原広一郎、大谷光瑞の3人は、日本の南進に
対する影響力が特に大きいので、ここで再び説明する。

（1）井上雅二：明治時代（1909年）に既にマレーシアでゴム園の経営を開始
　　　し、そのほかに、スマトラ、北ボルネオ、フィリピンの拓殖にある程度
　　　の成果を収めた。イギリスがローデシア（Rhodesia）を開拓したセシル・
　　　ジョン・ローズ（Cecil John Rhodes、1853年〜1902年）と自ら比較していた。
　　　思想的には、荒尾精之の「アジア主義」に私淑し、日本帝国による中国、
　　　朝鮮、南洋の征服政策の熱烈な支持者であった[9]。

（2）石原広一郎：早くから南方のマレーシアに渡り、ジョホール（Johore）
　　　で鉄鉱を発見し、日本の最大規模の鉄鋼会社・八幡製鉄所と協力した。
　　　また、鉄鉱石の輸送用に、船舶2艘を購入し、船運会社を兼営して、
　　　1929年に石原産業海運合資会社を設立した。1934年に増資改組し、石原
　　　産業海運株式会社と改称して、マレーシア鉄鉱業を支配した。後には、
　　　フィリピンで鉄鉱業を経営した。太平洋戦争の発生後、「軍部の指示に
　　　従って南洋において採掘した鉱山は、30余カ所にも達した」[10]。

2．熱帯産業調査会会議の目的　19

表1－1　人名、企業名および企業所在地一覧表

氏名	関連企業名	企業所在地
伊藤　文吉	日本鉱業	マラヤ
井上　雅二	海外興業	日本
	南亜	マラヤ
	南洋協会	日本、台湾、シンガポールなど
井上　治兵衛	三井物産	日本、台湾のほか、広州、アモイ、マニラ、シンガポール、バンコク、ヤンゴン（ビルマ）、スラバヤ（インドネシア）、香港に支社を設置
井坂　孝	日本アルミ	日本、台湾
石原　廣一郎	石原産業海運	マラヤ
原　邦造	明治製糖	台湾
	熱帯殖産	フィリピン
法華津　孝治	南亜	マラヤ2カ所、スマトラ1カ所
	南洋栽培協会	日本
林　熊徴	華南銀行	台湾のほか、広州、シンガポール、スラバヤ、スマラン（ジャワ）に支社を設置
	ボルネオゴム	ボルネオ
太田　丙子郎	大阪商船	日本、台湾
大谷　光瑞	オランダ領東インド農林工業	ジャワ
岡野　繁蔵	大信洋行	オランダ領東インド
賀来　佐賀太郎	熱帯産業	マラヤ
顔　国年	台陽鉱業	台湾
田村　啓三	共同漁業	日本
	ボルネオ水産	ボルネオ
武智　直道	台湾製糖	「南国産業」をジャワで投資・経営
中村　精七郎	フィリピン木材輸出	フィリピン
中野　鉄牛	日本石油	日本、台湾
柳瀬　篤二郎	三菱商事	日本、台湾のほか、シンガポール、スラバヤ、香港、バンコク、マニラに支社を設置
山地　土佐太郎	スマトラゴム拓殖	スマトラ
保田　次郎	台湾銀行	日本、台湾のほか、アモイ、スワトウに支店を設置
安田　繁三郎	近海郵船	日本、台湾のほか、香港、上海に支社を設置
松岡　富雄	フィリピン産業	フィリピン
辜　顕榮	大豊拓殖	台湾
	南洋倉庫	台湾
後宮　信太郎	日本拓殖	台湾
	後宮石炭	台湾
赤司　初太郎	赤司鉱業	台湾
	昭和製糖	台湾
諸隈　彌策	太田興業	フィリピン
有田　勉三郎	華南銀行	台湾
坂本　素魯哉	彰化銀行	台湾
木村　増太郎	東京商工会議所	日本
森　平兵衛	大阪商工会議所	日本

（注）列表の人名は関連企業（グループ）の高級幹部、職位を省略。
（出所）①『熱帯産業調査会答申書』台湾総督府、1936年。②『南洋各地邦人栽培企業要覧』台湾総督府編、1935年。③『南洋栽培事業要覧』日本拓務省編、1934年版。

20　第1章　台湾拓殖株式会社の設立過程

その人脈関係は、八幡製鉄所、台湾銀行、大蔵省および軍部の「国策決定の幹部集団と連繋を保持」に終始していた[11]。財力の上においても日本帝国主義と協力し、ファシズムに熱狂し、右翼思想家・大川周明とも交流があった。二二六事件（1936年）の発生時、叛乱軍に資金提供の嫌疑がかけられた。要するに、石原広一郎は、南洋企業において輝かしい成功を収めたのみならず、その上、「また、中枢に深入りし、日本政治史を左右したと言っても過言ではない」人物であった[12]。

（3）大谷光瑞：日本の歴史悠久の仏教世家（西本願寺）に生まれた。しかし、野心に富み、謹直な僧侶生活に満足せず、遠く南洋に赴いて、セレベス（Celebes、今のスラウェシ島（Sulawesi）。インドネシア中部にある島）やジャワで、農園を経営した。しかし、氏の企業の規模、成果は前の2人に及ばなかったが、しかし、侵略思想の鼓舞に余力を遺さなかった。台拓の設立の理由について、氏は「国策上に基づいて、ある時点では占有しなければならないが、苦しんで耐えるしかない」としている[13]。

その意味は拓殖金融機構の援助に頼る必要がある。その考え方は、企業の成功の成否ではなく、領土の占領にある。そこには侵略思想が充満しており、帝国主義を鼓吹する著作に、『大谷光瑞全集』（全13巻）があり、その中の少なからぬ文章は、そのジャワの農園の別荘で書いたものであった[14]。

その中の一段に、「本人は極端な国粋主義者であり、国粋主義者のために、常に海外を流浪し、他人の長所を取り、我が短所を補い、それをもって国富の増加と国威の宣揚に致す」と言う[15]。また、日本の有識者が主張する「北守南進」や「南守北進」は皆非なり、「吾人の海外発展は、東西南北を共に進み、なぜ一方向に限る必要があろうか」[16]。この種の思想の人は、日中戦争および太平洋戦争の当時は、自然と日本帝国主義の共犯者となったのである。

以上の各委員の背景によって、本会議の関心の所在を知ることができる。まず、第一は南洋にあり、そして華南および台湾はその次である。また、大谷光

瑞、石原広一郎、井上雅二流の思想および経歴によって、本会議の立場に対する影響は、自ら測り知ることができる。

　商工界の人々を除くほかは、台湾駐在の陸海軍も招待され、それぞれの代表一人が参加した。軍部の代表は、この会議の企画とは直接関係はないが、「当初、軍部はこの会議に対する期待は極めて大であった」[17]。その会議上の高慢な言論（その最たるは陸軍代表）については後述することにする。

　会議の参加者の中、台湾総督府が従来から重視した「対岸」（福建省を指す）は、三井、三菱の両財閥および台湾銀行が設けた関係企業のほか、愛久沢直哉が、厦門（アモイ）で経営した「三五会社」はその代表であった。氏はマラヤでゴム園を経営していた[18]。

　しかし、氏の出世した地は台湾の台中州および高雄州で、広大な農場（源成農場、南隆農場）を擁し、既に1930年に、臨時産業調査会会議に参加した。列席の政府官員の中における外交人員について言うと、加藤三郎は外務省を代表したほかに、福州駐在総領事の中村、厦門駐在領事の山田、それに香港駐在総領事の水沢も出席し、3人は日本帝国の華南の権力機構の代表であり、本会議が華南に対し依然として重視していたことがわかる。

　熱帯産業調査会会議の動機は、既に台湾と華南、南洋の関係をいかに強化するかを画策し、日本の勢力をいかに拡張するかにあった。会議前には華南、南洋地域の調査資料を根拠として、報告書を彙編し全部で40余冊に達した。そこには、糖業、林業、鉱業、金融、貿易、運輸、教育、新聞、医療などの各方面が含まれていた。後にこれらの報告書を参考にして、以下のような計画書を作成し、会議の討論に提出した。その概要は次のようであった。

　第1号、貿易の発展案：台湾と華南、南洋との貿易を促進するために、相手側の生産品の輸入に対して注意するほかに、以下の措置を制定すべきである。①重要商品（砂糖、バナナ、茶葉、パイナップル缶詰など）の輸出事項、②関税制度、③商品の宣伝、紹介、調査、④仲買貿易。

　第2号、現企業および新投資企業に対する援助案：本国人（日本人）の華南、南洋に向けての発展は、極めて重要な課題であった。台湾はその地理的位置か

22　第1章　台湾拓殖株式会社の設立過程

ら日本帝国の南方の発展推進の使命を負っていた。そのために、南方地域（華南、南洋を指す）の企業から新たな投資企業に対して官民一致して、全力で協力しなければならない。それに関する事項は次の5項目である。

第1項、華南および南洋の有望な企業を、徹底的に調査し、日本および台湾の資本家の投資を指導すると共に、必要な援助を与える。

第2項、日本国籍の中小企業経営者に華南、南洋への投資を指導し、並びに少額融資の便宜を図る。

第3項、日本人の華南、南洋への移民を援助し、未開発地域を開拓する。

第4項、台湾の経済調査機関および熱帯産業の研究や試験機関を充実させ、本国人（日本人）の熱帯産業発展の資料提供の便宜を図る。

第5項、台湾で財力が豊富な拓殖機関を設立し、華南および南洋の日本企業に融資の援助を与える。

第3号、工業の発展案：華南、南洋は工業原料の生産地であり、商品の一大消費市場でもある。そのために、台湾はその地の豊富な原料を輸入し、本島（台湾）の工業化を促進し、同時に、日本国の需要を満たし、さらに華南、南洋に向けて販路を開拓すべきである。この目的を達成するために、新興工業および各種の資源の調査をただちに推進すること。

第4号、金融の改善案：貿易と企業の発展および新しい企業への投資は、金融施設への依存が極めて大きい。しかし、わが国（日本）の華南、南洋の金融施設は不足な点がなお多い。そこで次の各項について、改善と充実が期待される。①商業上の融資施設、②拓殖上の融資施設、③中小企業の融資施設。

第5号、交通施設の改善案：交通施設の整備は、互いの間の連絡、貿易の発展、企業の振興などのすべてに不可欠な課題である。そのために、鉄道、道路、航路、港湾、空運、通信設備の改善が必要である。

第6号、文教施設の改善案：華南および南洋地域の文教施設は、互いの理解の促進や親善関係の向上を促すことができる。それによって、経済協力の促進が順調になり、将来にかけて改善の強化、施設の拡張を促進させる必要がある[19]。

議案の内容から分かるように、台湾（日本帝国）、華南、南洋との間の利益に携わるものであり、いわゆる軍事案の公然として列挙されないものを除く以外に、およそ帝国主義の勢力が浸透できる措置に頼り、すべてが検討の議題事項に列挙すべきである。しかし、以上の6つの議案の審議過程の中で、全体の委員が最も「真摯な態度で熱心に討論」し、「全力を傾けて審議を加えた」ものは第2号第5項である[20]。

すなわち、台湾拓殖株式会社の設立の母案である。この母案は開会に参加した有力者にとって、最も利害関係があるのみならず、政府について言えば、本会議の主要目的は、「有力な拓殖会社の設置」であった[21]。

以上を総合すると、熱帯産業調査会会議の開催は、実に台湾総督府が指導的な地位にある。すなわち、総督府が従来から推進してきた南進政策に合わせて、その議題は南洋および華南の商工業、金融、貿易、文教を主としていた。その中で特に、会議に参加した南洋企業家にとって最も利害関係があるのは、台湾拓殖株式会社の創設案であり、この会議の主要な目的であった。

3. 台拓と熱帯産業

熱帯産業調査会会議で通過した6つの議案は、のちに国際情勢の緊迫によって、「有力な拓殖機関」の台拓の具体的な設立を除いて、残りは「絵に描いた餅」（実行できず）に終わった[22]。その理由はどこにあったか、本節で検討を加えたい。

前述のように、台拓の設立は熱帯産業調査会の決議案の第2号第5項を根拠に、その方案の説明の「半官半民の方式をもって台湾で拓殖会社を設立した。その目的は台湾で拓殖事業の経営および拓殖事業に関する融資業務の処理以外に、日本人の華南および南洋で企業の設置を援助する。日本人の企業発展のために、新規計画の企業に援助を与えて設立を促し、現存の企業に対しては企業の拡大、改善および合併などの経営上の合理化の機会を提供し、同時に、資金回転の活発化を促進する」[23]。

24 第1章 台湾拓殖株式会社の設立過程

表1-2 南洋の日本人会社と農園の創設年の統計

地域別・法人個人別	企業と農園数（所）	第1次大戦（1915年）以前創設	第1次大戦（1915年）以後創設
フィリピン			
法人	46	8	38
マラヤ			
法人	11	5	6
個人	108	12	96（不明24カ所を含む）
オランダ領東インド			
法人	28	0	28
個人	98	1	97（不明9カ所を含む）

（出所）『南洋栽培事業要覧』拓務省編、1934年版。

　すなわち、台拓は台湾、華南、南洋の拓殖事業を経営し、同時に、日本人企業に融資を加えて、そのイノベーション、発展および拡大に協力する。そのために、この企業は決して単純な開発会社ではなく、金融機構の機能を兼ねており、特に後者が重視されていた。拓殖事業は長期にわたる投資事業であるため、長期の低金利融資がなければ成功するのが困難であった。こうした金融機構は、まさに南洋の日本企業家が切実に期待するものであった。

　日本人は遠くの南洋に渡り、荒地を開拓し、熱帯農園を経営したのは、1910年前後から始まったが、第一次世界大戦後に、ピークに達した。ヨーロッパ諸国が大戦に多忙な時に乗じて、日本はイギリス、フランス、オランダなど諸国の南洋の市場を殆ど奪い取った。すなわち、日本資本主義は南洋を覆い、南洋に向かって、新しい企業に投資し発展した（表1-2を参照）。

　また、ヨーロッパ大戦が発生後、日本軍はドイツの南太平洋植民地のマーシャル諸島（Marshall Islands）、カロリン諸島（Caroline Islands）、マリアナ諸島（Mariana Islands）を占領し、日本人はこれらの地域を「内南洋」と称した。パリ講和会議はこれら3つの諸島を日本の委任統治に移管したあと、日本人の南方の経営計画は間違いなく国際的に承認が得られた。その後、欲望は留まるところがなく、セレベス島（Celebes、今のスラウェシ島）、オランダ領東インド（ジャワ、スマトラ、ボルネオなど）、サラワク、フィリピン、マラヤなどを「外南洋」と称し、それらをまとめて占有することを意図し、それを「内南洋」に移管して、

3．台拓と熱帯産業　25

日本が東南アジアに積極的に拡張する勢力の契機になった。この時、日本国内では南洋への進出を鼓吹する刊行図書が続々と現れた[24]。その中に多くの煽動的な図書があり、遂に、南洋ブームを盛り上げた。後に日本帝国主義の南進に対し、大いに協力をした「南洋協会」も、この時期に設立（1915年）したのであった[25]。

　日本人の南洋（今の東南アジアを指す）の開拓事業は、大多数が農園経営であり、

表1－3　南洋日本人の個人経営農園数と面積統計（1934年）

場所	農園数	耕作面積（エーカー）
マラヤ	－	－
フィリピン	106	71,033
ジャワ	7	43,575
スマトラ	6	6,071
オランダ領ボルネオ	52	48,177
セレベス（Celebes）	29	49,134
ニューギニア	4	1,480
英領北ボルネオ	22	11,660
サラワク（Sarawak）	20	12,120
計	246	243,250

（出所）『南洋栽培事業要覧』拓務省編、1934年版。

表1－4　南洋日本人企業経営農園数と面積統計（1934年）

地域	企業数（所）	耕作面積（エーカー）
フィリピン	37	528,258
マラヤ	10	583,505
ジャワ	8	214,011
スマトラ	17	302,015
オランダ領ボルネオ	3	95,427
セレベス（Celebes）	2	20,049
ニューギニア	2	9,248
英領北ボルネオ	3	166,620
サラワク（Sarawak）	2	39,940
計	84	1,959,073

（出所）『南洋栽培事業要覧』拓務省編、1934年版。

熱帯作物の栽培であった。例えば、マレーシア、ボルネオ、スマトラにおけるゴム、椰子を主とし、フィリピンでは麻を主としていた。その他のキニーネ、カラムシ（苧麻）、サトウキビ、茶葉、レモングラス（香芽）などであった。熱帯産業調査会会議の開催の前の年（1934年）に、日本人の南洋で経営する熱帯農園（Estate）は、個人や企業経営者を含めて、全部で330カ所（表1－3、表1－4）に達し、投資額は1億円以上に及んでいた[26]。

　ただ、この中で少数の財閥、大資本家の投資した農園以外は、多くは個人が手足を労して働き、困難を乗り越えて、苦労して始めて手に入れたものである。

26　第1章　台湾拓殖株式会社の設立過程

しかし、資本が少なく、長期の持続的経営は困難であり、ひとたび経済恐慌が発生すると、ひとたまりもなかった。例えば、ゴム栽培業について言うと、ヨーロッパ大戦の勃発前の国際市場のゴム価格は非常に高かったが、戦後は経済的不況により、ゴム価格は大きく下落し、もともと資金不足の日本の企業家は苦境に陥った。また、「銀行の虐待を受けて、踏み止まれない状態に追いやられ、遂にゴム園を手放さなければならなった」[27]。

　これを反映して、日本人経営のゴム園は銀行の優遇された融資を受けられなかった。マラヤでこの時期にゴム園を投げ売りしたのは、小企業家だけでなく、7,000エーカーを擁した大企業家の日本護謨株式会社（ゴム企業）もまた、免れることができなかった。この期間、マラヤで日本人が投げ売りしたゴム園の面積は1万町歩以上に達し、得られた金額の「3分の2」は銀行の債務の返済に充てられた[28]。

　明らかに企業家は平素から銀行に大きく依存していることがわかる。英領ボルネオにおいて、日本人経営の「マレー企業株式会社」も資金維持が難しくなり、そのヤシ園は「雑草が生え繁り、ヤシ樹はイノシシや野生の鹿がかき乱すままになって減少」に任せ[29]、こうした現象は枚挙にいとまがなく、南洋地域の日本人の栽培業の多くは、「気息奄々」の状態にあった[30]。

　銀行の融資に関しては、その前に横浜正金銀行、台湾銀行および華南銀行は、華南、南洋に支店を設けたが、ただ、横浜正金銀行（支店）は僅かに短期の貿易融資を受理したに過ぎなかった。台湾銀行（支店）は貿易融資および商業融資のほかに、かつては拓殖融資を受理した。例えば、マラヤのゴム栽培業および鉱石採掘業に融資した。しかし、1927年に日本国内が金融恐慌の打撃を受けたことにより、台湾銀行は破産し、後に再び立ち上がり営業の回復を図った。しかし、拓殖融資は受理せず、僅かに為替業務のみを行った[31]。

　華南銀行は1919年の日中合弁の銀行であり、華南、南洋の華僑および日本人の中小企業業主や企業家に融資を行うことが主要な業務であった。シンガポール、スマラン（ジャワ）、広州に支店を設けていたが、第1次世界大戦後の不況および金融恐慌の打撃を受け、資金力は大きく減少し、自身も政府の援助を受

3．台拓と熱帯産業　27

けるようになった(32)。

　熱帯農園の企業経営は、長期の固定資金を必要とするが、その利潤は必ずし
も確実に見込めるわけではない。この種の企業に対する融資は、必ず長期にし
て低金利でなければならない。一般の普通銀行はこの種の融資の受理を望まず、
まして、前述の3銀行自体も苦衷の中にあった。資金を借りる手がかりのない
状況の下で、多くの日本の企業家は、「やむを得ず、現地の中国人およびイン
ド人から年率15％〜20％の高金利の借款」を行い、長期の借款を経て、その利
子は雪だるま式に急速に膨張し、「利子を払うこともできず、苦心した経営の
結果、手をあげて債権人に譲渡するか、売却するかしかなかった」(33)。

　逆に、同じ南洋のオランダ人やイギリス人は、自国の銀行から「年率5分か
ら7分の利子の農業借款」を得ることができた(34)。このような日本企業家の困
境は、第1次世界大戦末期に次第に重視されるようになり、とりわけ台湾総督
府は台湾と南洋との地理的位置が近いのに鑑み、南洋の日本人企業家に対する
補助について、実にその責任を他に転嫁できず、1918年から補助を開始した。

　もともと台湾総督府は領台以来、日本帝国の南進基地の立場に合わせて、そ
の予算の中に、「南清（華南）貿易拡張費」の項目があった。1912年になって
この項目の経費は拡大して、「南支那および南洋貿易拡張費」となったが、そ
の金額は全部で6万円に過ぎなかった。ヨーロッパ大戦勃発後（1917年）、その
用途を拡大し、「南支那および南洋施設費」に改称した。その補助情況は、1928
年度について言えば、南洋企業に対する補助費の総額は、既に「19万円に達し
ていた。しかし、日本人の熱帯企業の規模が大きく、また、過去の不景気によっ
て受けた打撃が深刻であったので、台湾総督府の補助費は、実際には何の役に
も立たなかった」(35)。

　他方、台湾人のこの種の企業補助の方法については、早くから非難された。
それは補助を受けた南洋企業は、「1件として、台湾の経済界に貢献したもの
はなく、住民（台湾人）を導いて、そこで発展させたものはなかった。それは
恩恵的補助に過ぎず、これは無駄遣いであり、生産的なものではなかった。た
だ、供給企業（会社）の配当金の補助金のみであった」、「また、南洋方面の企

28　第1章　台湾拓殖株式会社の設立過程

表1－5　台湾総督府の南洋日本人企業補助の金額統計（円）

種類	1929	1930	1931	1932	1933	1934
利 子 補 助 金	155,200	174,195	131,990	125,460	122,240	116,130
直 接 補 助 金	49,750	33,500	27,960	66,790	55,100	57,250
計	204,950	207,695	159,950	192,250	177,340	173,380

（出所）熱帯産業調査会報告書「南支南洋ニ於ケル邦人企業ノ助成」、1935年、葉123。

表1－6　台湾総督府の南洋日本人企業補助件数統計（件数）

種類	1929	1930	1931	1932	1933	1934
利子補助件数	16	29	29	36	37	43

（出所）熱帯産業調査会報告書「南支南洋ニ於ケル邦人企業ノ助成」、1935年、葉123。

業は、大部分が内地（日本本土）から渡った事業家が経営するもので、台湾とは何の関係もなく、そのために、この種の会社の補助は全く理にかなっていなかった」[36]。

このような台湾人の批判は要点をついたものであった。南洋企業家の殆どが日本人であることを論じないが、補助の方法から言えば、「少ないのを心配せず、不平等であることを心配する」施捨に近い僅かな金額では、生産に少しの意義も発生しなかった。そこで1929年に、台湾総督府は補助の方法を変更した。試験的な性質の企業や特殊状況の企業に直接の補助を与えるほかに、「残りは一律に、企業家に銀行からの融資の部分的な利子（補助率は年率7分を超えないを限度）を補助」し[37]、華南銀行は各企業家に対する拓殖融資を主な業務とした。1929年から総督府が提供した利子の補助額は表1－5と表1－6を参照していただきたい。

上の表からわかるように、台湾総督府の南洋の日本人企業家に対する補助は、利子の補助を主たるものとしていた。補助を受ける件数は、年を追って増加したが、補助金の総額は決して増加していない。前述した総督府の予算の中、「華南および南洋施設費」は、この項目の補助金を含んでいた。この施設費の1900年度から1935年度までの総支出は、1,460万円である。1935年度について言えば、約60万円で総督府総予算の100分の1にも及ばず、また、60万円のうち、南洋方面の総施設費は、僅かに25万円に過ぎなかった（残りの35万円は華南

の施設費であった）。これでは完全に企業の補助費（50〜60％）に充てることができなかった[38]。明らかに、台湾総督府のこの方面の予算が多くないことがわかる。企業家の間には資金の必要な人が多いのに、資金が少なく、財政の困窮状態は免れなかった。

　企業家に対する総督府の利子の補助は、拓殖融資を主要業務とする華南銀行の利子収入があったために、保障された。しかし、熱帯産業調査会会議に出席した華南銀行の「副総理」（副総裁？）の有田三郎は「長期資金がなく、利子収入が掌握できないため、普通の銀行ではこのような融資（拓殖融資を指す）の業務は適切ではない」、そこで、「普通の銀行とは異なる性質の機構を設置する必要がある。すなわち、長期資金があり、元本と金利が徴収できない場合でも、余力で維持ができ、資金力で自由に裁量ができる有効な機構が必要である」と建議し、有力な拓殖金融機構の設立が、一刻も猶予がならないことを暗示していた[39]。

　このような特殊金融機構の設立の請願に関しては、早くも大正時代（1922年）に、既に聞かれるようになった。周知のオランダがオランダ領東インドで設けた「拓殖銀行」（Culture Bank）傘下の「殖民銀行」（Colonial Bank）および「オランダ貿易銀行」（Netherland Trading Society）が参考になる[40]。これらの銀行はオランダ領東インドに7、8カ所あり、農園経営者に低金利（年率5分から7分）の農業融資を行うほかに、銀行自身も農業を兼営した。すなわち、借款人の返済ができない場合、その銀行は借款人の農園を接収し、これを経営することができたのである。

　日本が管掌する拓殖事業の最高行政機構の拓務省は、「ヨーロッパ、アメリカの人民による南洋での企業が健全な発展ができたのは、拓殖銀行の賜物による」ことを認めている。そして日本の南洋における拓殖事業が不振な理由の「大半」が、拓殖金融機構の設立が遅々として進まないことであった[41]。

　拓務省はこの認識がありながら、日本の内閣は、前から対外発展の「国策」に対し、決して南進ではなく、北進であった。そのために、積極的に拓殖金融機構の計画に着手しなかった。しかし、「近年、一般情勢がやや好転し、日本

30　第 1 章　台湾拓殖株式会社の設立過程

経済の南進の必要が高まって来た。その上、台湾について言えば、時に領台40
周年（1934年 6 月）の時」に至って、日本政府はこの「大好機」を掌握し、拓
殖金融機構の設立計画の審議を開始した(42)。

　これは台湾総督の中川健蔵の熱帯産業調査会会議における挨拶の一段落の言
葉である。いわゆる「近年の一般情勢が少し好転」は、具体的にどんな事情を
指すのかがわからない。しかし、「近年」は1931年の満州事件（九一八事変）の
発生後の段階を指している。言い換えれば、九一八事変と熱河省侵略（1933年）
および冀察問題などの「北進」政策が一段落を告げた後、日本の内閣は始めて
目標を転じて南進に重点を置くようになった。台湾総督府はこれに乗じて、強
力に煽り立て、ましてやこれより先に台湾総督府も「土地をもって基礎とする
企業は、経済上の領土の拡大に等しい」と認め、疎かにはできなかった(43)。遂
に、拓殖金融機構を中心とする台湾拓殖株式会社が機運に乗じて誕生したので
あった。

4．台拓の資本背景

　台拓の総資本は3,000万円（60万株、1 株当たり50円）である。しかし、「本会
社の出資人は、政府および民間の両方面に分けられる。政府の資本は資本総額
の約半分を占め、約1,500万円は台湾の官租地、国有未開墾の荒野地および山
林などをもって資本に充てる」というものであった(44)。言い換えれば、台拓は
半官半民の会社で、官側の出資は総資本の半分である。しかし、土地（水田、
畑、山林、野原などを含む）の現物出資で、特に現有の「官租地」の約 1 万8,000
甲（1 甲＝約0.97ヘクタール）を拠出した。ここで検討すべきは果たして、官租
地の性質とはどんなものであったのかということである。

　いわゆる官租地とは、その由来はもともと日本領台以前に遡る。清朝時代の
台湾所有の抄封田、官荘地、隆恩田、息恩田などの国有地（官有地）である(45)。
日本が台湾統治以降、この種の官租地の現状を必ずしも保持せず、概して言え
ば、台湾総督府の土地測量の台湾土地調査事業（1898〜1903年）、台湾林野調査

4．台拓の資本背景　31

事業（1910〜1914年）、台湾官有林野整理
事業（1915〜1925年）の美名の下に、計
り知れない台湾農民の私有地（山林荒野
を含む）を、没収や強制的に徴収したの
である。その中の一部分は再び貸出され
たが、官租地は清朝時代に比べて大幅に
増加した。特に、「林野調査事業」の下
での測量の結果、私有林地は僅かに3万
1,202甲、国有林地は75万1,996甲を占め、

表1−7　台湾林野の調査結果（甲）

調 査 面 積	783,198
国 有 林	751,996
私 有 林	31,202

（出所）『官有林野整理事業』。

表1−8　台湾国有林の調査結果（甲）

調 査 面 積	717,835
存置する林地	319,294
存置不要林地	717,835

（出所）『官有林野整理事業』。

調査面積の96％を占めていた（表1−7を参照）[46]。1915年に実施した「官有林
野整理事業」は、上述の国有林地を再び整理したものであり、その結果は表1−
8に示されている[47]。

　2回の林地荒野の測量の結果、測定した国有林地の大多数は、もともと台湾
農民が開墾、耕作したものであり、かつ長年にわたって既に「平穏に公然と占
有状態下」にあった[48]。すなわち、所有権の紛糾はなく、私有地と見なされて
きた。しかし、清朝治台時には、林地の耕作者に対しては地券を発行せず、そ
のために、業主権は一般の水田・畑のように明確でなく、台湾総督府はこの2
回の測量作業時に、その業主権を否定し、しかも農民の濫墾や濫耕と見なして、
強迫的に徴収したのであった。

　もとの耕作者や業主の再三の陳情と抗議を経て、始めて彼らに18万7,389甲
が放領された。その残りの大多数の放領は、あるいは期限を約束して日本の会
社、資本家、退職や免職の日本人の官僚および台湾人の「御用紳士」（表1−9、
表1−10を参照）に売却した。逆に、多くのもとの耕作者や業主（縁故者）は、
長年の林地を放棄し、生活の困窮に陥るに至った。

　上述の国有地（林地、荒野を含む）は、一部分の放領や期限を約束した将来の
売却のほか、残りの一部分は貸出に、総督府はこの項目の貸出代金（官租）を
もって、固定的な収益財産とした。1910年に公布した「官租地処理規程」以降、
1935年1月までに、官租地の面積は全部で1万8,344甲であり、官租額は112万

32　第1章　台湾拓殖株式会社の設立過程

表1－9　台湾の日本人大地主と土地面積

企業・農場名称	所有者	面積（甲）
三五公司南隆農場	愛久沢直哉	4,000
三五公司源成農場	愛久沢直哉	3,700
今 村 農 場	今村繁三	1,600
日 本 拓 殖	日本拓殖会社	3,000
山 本 農 場	山本条太郎	1,000
赤 司 農 場	赤司初太郎	1,000
台 東 開 拓 会 社	台東開拓会社	20,000
三 井 合 名 茶 園	三井合名会社	17,000
台 湾 拓 殖 茶 園	台湾拓殖製茶会社＊	1,000
三 菱 竹 林	三菱製紙会社	15,000
大 宝 農 場	大宝農林部	4,000
糖 業 公 司 所 有 地	各製糖会社	70,731
樟 脳 造 林 地	台湾総督府専売局	35,000
官 営 造 林 地	台湾総督府内務局	83,000
大 学 実 験 林	帝国大学＊＊	30,000

（注）＊台拓と関係がない。＊＊台北帝大、東京帝大、
　　京都帝大、九州帝大、北海道帝大を含む。
（出所）謝春木「台湾人の要求」267～268頁。浅田喬
　　二「日本帝国主義下の民族革命運動」47頁。

表1－10　日本人退職・免職官僚の土地の放領（1926年）

地域	許可件数（件）	許可面積（甲）
台 北 州	34	294.9
新 竹 州	68	784.3
台 中 州	98	1175.5
台 南 州	124	1078.3
高 雄 州	22	452.7
台 東 庁	2	20.0
花 蓮 港 庁	12	80.8
計	370	3886.5

（出所）『台湾社会運動史』台湾総督府警察沿革誌第
　　2編中巻、1033～1934頁。

円余りに達した[49]。

　以上によって、官租地の来源とその性質の一部分を知ることができた。この種類の官租地を主要な資本とした台拓は、植民地の農民の苦しい労働の結晶の上に設立されたものであった。しかし、土地を喪失した農民は、生活を図る道が奪われた状態の下で、団結して抗争し、国有地を日本人に放領するのに反対して農民運動を起こし、次から次へと尽きることがなかった（表1－11を参照）。

　1927年においては、既にその運動は非常な勢いに達していた。1928年2月には、林地が徴収されたために、抗争に参加した農民戸数は2万2,184世帯に達し、人数は8万6,451人である。なお、1万6,793世帯、9万1,658人の関係農民があり、「まさに抗争が激化する可能性」があった[50]。

　これは台湾総督府の予測であり、農民抗争の威勢はさらに強大化することを暗示していた。特に、1926年に「台湾農民組合」が設立された後、抗日農民運

4．台拓の資本背景　33

表 1 - 11　台湾人の国有地放領反対の大事表

土地所有者	土地所在地	衝突原因	発生年月	面積（甲）
三　　菱　　製　　紙	竹山斗六嘉義 3 郡	竹林を三菱財閥に放領反対	1908～1925年	15,000（山林）
山本久米太郎農場	台中州南投郡	国有地を日本人に放領反対	1927年 7 月	943（山林）
大宝農場造林地	台中州大屯郡	盗耕を否認	1925年	2,321（山林）
大潭新官租地	高雄州東港郡	高い小作料反対	1927年	157（耕地）
赤司初太郎パイナップル園	台南州嘉義郡	国有地を日本人に放領反対	1927年 5 月	588（山林）
台湾拓殖製茶	新竹州苗栗郡	国有地を日本人に放領反対	1927年10月	4,700（山林）
大湖庄所有地	新竹州大湖郡	国有地をその庄に放領反対	1927年12月	1,286（山林・耕地）

（出所）浅田喬二「日本帝国主義下の民族革命運動」81頁。

動を演じる指導的人物によって、烏合の衆の行動から組織的な運動に引き挙げられるようになった。植民地統治者にとっては当然大きな脅威となり、少なくとも国有地の処理は非常な困難に直面するようになった。それで国有地（官租地を含む）の提供をもって、拓殖会社の設立の計画が生まれたのである。

　ところで台拓の最初の組織計画は、1919年までに遡ることができる。当時の台湾銀行理事の池田常吉が、既に「台湾拓殖興業株式会社」の組織を計画し、錯雑な拓殖事業を完成させたほか、台湾内外の各種事業に資金を提供した。特に、華南および南洋の事業を統合的に処理し、「有意義な南進政策」を推進するものであった[51]。しかし、当時の総督・明石元二郎の死去によって、遂に実現しなかったが、しかし、この構想は決して完全に抹殺されたわけではなかった。

　1924年、井沢多喜男が台湾総督に就任した時、台拓の組織問題に再び言及した。この古い話題の再提案は、当時発生していた国有地（あるいは官租地）紛争と密接な関係があった。1924年12月に、台湾総督府の行政機構の簡素化によって、命令を受けて免職や退職する官僚が非常に多く、総督府は「彼らを台湾に永住させ、在台の日本人の人口増加をはかるという趣旨」の処置として、彼らに国有地の放領を決定した[52]。

　とりわけこれは、濁水渓沿岸の沖積地（渓埔地）の約 2 万甲を「濫墾」地と見なし、もとの耕作者の掌中から強制的に徴収したもので、日本人の退職・免職の官僚に放領した。しかし、これらの水田や畑の一部分は私有のもので、河

34 第 1 章 台湾拓殖株式会社の設立過程

川水によって沖失した後に再び浮現した土地であった。従来の耕作者（縁故者）が継続的に占有すべきもので、濫墾地ではなかった。その他の一部分は、純粋な渓埔新生地であって、その中の一部の耕作権は、既に地方政府（州政府）から開墾や小作耕地として承認されていた[53]。

それにもかかわらず、総督府は一概に恣意的に開墾したと見なし、旧縁故者に継続耕作を許さなかった。その没収した土地を日本人の退職・免職の官僚に放領させ、あるいは豪商に貸出したのである。こうした略奪的な土地徴収は当然、農民の抗争を引き起こすことになり、彼らの要求は「土地所有権は開墾者に帰す」、あるいは「永久の耕作権を与えよ」というものであった[54]。

それによって、問題は膠着状態に陥った。この時期、「井沢総督は半官半民の拓殖会社の組織を計画し、全部の土地を総括してその会社の経営に任せる」としていた[55]。すなわち、予定した会社の資本金2,000万円のうち、政府株の1,200万円は総督府の官租地 5 万甲を充てるものであった[56]。

井沢総督の計画は表面上では濫墾の紛争解決の折衷方法のようであったが、事実上、別の目的があった。この点に関しては、かつて台湾総督府の「総務長官」であった木下信（任期は1931〜1932年）が帝国議会において、「台湾拓殖株式会社」案を審議時に、氏は以下のことを明らかにした。

第 1 の目的は、総督府は地主の立場から離脱したいという立場を取り、総督府が長期にわたって官租地の小作料を徴収するのは、結局、人が心から服従することができないことであった。

第 2 の目的は、土地政策に基づいて、それらの土地を一般人に放領するのは、決して賢明なやり方ではなかった。特に、濁水渓付近に数千町歩（1 町歩は約 1 甲に相当）の濫墾地があり、そのほかに、台南、台中の沿海地域にもまた、広大な有望な未開墾地がある。これらの土地を土地政策に基づいて放領した場合、いつかの間に、日本人の手から離れて種々の人の掌中に落ちることになる。これは言うべきではないことであるが、台湾の統治から言えば決して上策ではなかった。したがって、官租地および土地政策の観点からすると、会社（拓殖会社）に土地を保有させ、土地の分散を防ぐべきであった。しかし、この会社

4．台拓の資本背景　　35

は台湾の殖産事業に対し、まさに全力をもって当たるべきであった[57]。

　いわゆる「一般人」と「種々の人」は、疑いなく、台湾の農民を指している。そのために、拓殖会社の組織をもって、官租地や国有地を経営する主たる目的は、土地の独占である。それが本来の大地主の「台湾総督府」から別の一大地主の「台拓」に転移するに過ぎないのである。

　さらに進んで言えば、台拓は「半官半民」の会社であるため、将来にかけて日本人資本家や豪商が必ず介入する。彼らは個人の利益打算のために、「官租地を一般の農民に転貸出を行い、中間の利益を取り、実際に開墾耕作の農民は労が多く、利益が少ない。その上、彼らの貸付耕作契約書には、『官庁が必要の場合、任意に解約ができる』の条項があり、農民の耕作権は全く安定していない」[58]。

　そのゆえに、台湾人にとって台拓は「さながら内地（日本本土）の資本家の便宜のため」に設立された「中に立って利益を奪い取る機関」[59]や「中間搾取機関」[60]であったと考えられた。また、「台拓案は台湾の開拓が必要であったが、それは一つの表面上の理由に過ぎず、事実上、台湾の開墾可能な土地は非常に多かったが、それを台湾人に開拓させることを顧慮せず、ゆえに巨額の利益を一手に独占するために、中間利益獲得の大きな機関の設立を計画したのである」と指摘している[61]。

　このような台湾人の台拓案に対する指摘は、証拠が決して無いわけではない。それ以前（1924年12月）、朝鮮に設立された「東洋拓殖株式会社」によって、「農民の利益は問題として取り上げなかった」ので、争議の流血事件が発生し、「前人の教訓は遠くに求めず、ともに近くにあった」[62]。また、1925年から1927年の間に、「日本拓殖株式会社」と農民の間に発生した第1次、第2次中壢事件があった[63]。

　両者は拓殖会社の小作料の引き上げによる中間搾取のため、農民が種々の暴力に訴えて激起したのである。そのために、拓殖会社が人々に与えた印象は、既に土地の開墾機構ではなく、要するに「いたずらに豪紳の投機を増加し、利益を強奪する」機構に過ぎなかった[64]。

36　第1章　台湾拓殖株式会社の設立過程

　以上が台湾人の井沢総督の「台拓案」に対する批判である。ちなみに、このような台湾の民間世論の反対に加えて、日本人の予測によると台拓の設立は、台湾の官僚が掌握する「特権会社」（企業の高級職員は政府の任命）にほかならなかった[65]。そのための異議によって、井沢の台拓案は遂に実現しないで終わったのである。

　熱帯産業調査会会議から提出された「台拓案」は、実は前案のコピーに過ぎなかった。ちなみに、台湾総督府から台拓に提供した1,500万円相当の官租地は、総督府に替わって台拓が徴収した。この官租の負担率については、検討に値する。この点に対して、かつて台湾の農民の抗租を目撃した木下信は、事前に既に不安を表示し、帝国議会で総督府総務長官（平塚広義）に「官租地を会社（台拓）に提供した後、会社が自身の収入の増加を考え、小作代金を大幅に引き上げた場合、台湾統治は必ず遺憾なことになるだろう」と述べている[66]。

　これに対し、総務長官の答弁は「大まかに厳しすぎない程度に、農民に対し苛酷な待遇によって抗租事件の発生を引き起こさないように希望する」と述べた[67]。しかしながら、台湾総督府殖産局長の中瀬拙夫は熱帯産業調査会会議時に、台湾人は「血税」（軍隊に入り国のために血を流す）の代価を支払うべきで、台拓を設立して「華南、南洋方面に向かって発展」するよう表明した[68]。そのために、氏は「台湾は既に非常に開発され、非常に豊かで余裕があるにもかかわらず、台湾人は血税を支払っていない」と指摘した[69]。

　税金の徴収を軍隊に入り、決死の行動を取ることに譬えた。言わんとする所は、台湾人は重税を支払うことによって、兵役の義務を補償することになるのであった。中瀬が暗示した重税は完全に地租を指しているわけではない。しかし、台拓の権力下で最も徴収し易い重税は、必然的には官租地の租金である。ましてや、木下信も「大まかに言えば、現在の官租地の租金はそれほど高くない。台湾の農民は相当幸福と感じている」と述べている[70]。しかし、「血税」の観念を持つ台拓の企画策定者、および南進を使命とする「国策会社」にとって、将来において植民地の人々に「相当幸福」の生活を容認することができるであろうか。

4．台拓の資本背景　37

　台拓の設立後、その収入の中において、「主要な収益は、島内の土地の貸出
業と化学工業」であり、総督府が提供した「1万5,000甲の土地の地租収入は、
総収入の40%前後を占めている」[71]。

　すなわち、地租収入は総収入の半分近くを占めており、地租の分量は推して
知ることができる。また、台拓に対し土地の貸出を受ける小作農の多くは、も
との耕作人であるが、「新に契約した請負人とは言え、地方の官僚や街庄の首
長の意見を聞き、協議して選定した人であり、故に業主と小作農の協調の美風
を維持することができた」のであった[72]。

　この種の小作農の選抜方式は、地租が高い場合、将来において小作農の抗租
を引き起こすことを恐れていたためであった。言い換えれば、地租の収入は総
収入の主要部分を占め、なお、小作農は地方官僚や名士を通じて選ばれた順民
だけが、始めて貸出の対象になる。ここに台拓の地租の高過ぎることを見るべ
きであろう。

　その次に注目に値するのは、台拓に投資した民間資本の背景である。既に述
べたように、台拓は「半官半民」の会社である。証券総数は60万株（1株当た
り50円）で、そのうち、30万株は政府の出資で、残りの30万株のうち、「約10
万株は糖業会社が担当、その次の10万株は他の資本団体が担当し、最後の10万
株は社会一般の会社からの募集である」[73]。

　すなわち、糖業会社（大日本製糖、明治製糖、台湾製糖）が民間持株数の3分
の1を占め、「半民」の持株の首位を占めた。これは台湾における豊富な産業
資本（糖業資本）と、「国策会社」（国家資本）との、直接的な投資関係の発生の
始まりであった[74]。

　日本の領台以降、台湾総督府のない知恵を振り絞った保護下にあって、この
種の糖業資本は実に手段を択ばず、高度に台湾の農民を搾取して得られた成果
である。そこで台拓の政府持株は、総督府が台湾の農民から略奪した土地（林
地、荒野）をもって資本に充てたものであり、民間持株は糖業会社が台湾のサ
トウキビ農民を搾取した血と汗の金銭によって累積した糖業資本を主としたも
のである。ここに台拓のこうした二重体質の国策会社であることを見るべきで

38 第1章 台湾拓殖株式会社の設立過程

ある。

社会一般の会社に対する株式募集は、1936年9月10日から申請（9月12日まで）の受付が開始されたが、結果は当日即完売となった。株式の購入申請者は、「258万895株以上」に達した[75]。「成績が良好で、南満州鉄道株式会社の設立以来、いまだかつてないことであった」[76]。

このように資本家が台拓の株券を争って購入した原因は、もとより南進企業の前途が有望であったからである。しかし、さらに重要なのは、日本政府のこの会社の株主に対する3つの大きな優遇があったからである。

（1）持株金額が完全に支払われていない前には増資が認められた。

（2）株主会議を経ないで社債の発行が認められた。しかも、社債の発行株数は支払い済み資本額の3倍を超えることが認められた（一般の企業の場合、社債の発行持株は支払い済み資本額を超えることができない）。さらに進んで、その社債の元本と利子の償還は政府の保障を受ける。

（3）配当金の分配は、民間持株を優先とする。すなわち、民間の持株の配当金は、支払い済み資本金が6％（6分）に達しない以前には、政府の持株の配当金が支払われない。民間の持株の配当金が7分に達した場合、政府の持株は始めて4分の配当金を受け取ることができる。配当金が8分に達した場合、政府の持株と民間の持株は始めて同額の配当金を受け取ることができる[77]。

このように、政府の株主に対する特別な保護によって、台拓の重要性を概観することができる。1941年8月、株主総数は2,718名に達し、その中の5,000株以上の者は、台湾総督府および前述の3大製糖会社のほか、三井物産、三菱本社、塩水港製糖、住友本社、台湾銀行、安田銀行、東洋拓殖株式会社、愛久沢文などが含まれていた[78]。

1942年、台拓は断じて倍額の増資（6,000万円）を行い、実際に払い済み資本金は4,875万円に達した。また、1939年以降、4回にわたる社債の発行の結果（1943年に至る）、調達金は8,000万円に達した[79]。設立以降、10年未満でその資金は、うなぎ登りに増加し、資本金は1億円に近い大会社になった。

5. 台拓の使命

　台拓は「半官半民」の会社である。その「理事長および副理事長は、拓務大臣の認可を経た後、台湾総督府が命ずる」。理事は「株主総会において倍数の人数を選出した後、再び台湾総督が拓務大臣の同意を得た後、その中から任命する」[80]。また、台拓の業務は政府の監督を受けなければならない[81]。言い換えれば、台拓の組織は一般の商法を根拠とせず、国会で通過した特別法を根拠に組織され、かつ政府が台拓における権限は極めて大きい。この種の会社は「特殊会社」と称された。

　その前に満州（東北）および朝鮮侵略の時、それぞれに設立した「南満州鉄道株式会社」（創立は1906年）および「東洋拓殖株式会社」（創立は1908年）も特殊会社に属するものである。これらの特殊会社の設立の目的は、完全に営利をもって目的とせず、概して言えば、「利を求める前に、まず公益を求める」、「国家が必要とする事業の経営に当たっては、損得を度外視する」、必ず、「国策の推進に全力をもって当たるべし」であり、その故に特殊会社もまた、「国策の代行機構」や国策会社と言うべきであろう[82]。

　これによって、台拓の将来に展開する業務方針は、日本帝国の国策の南進政策に必ず応じなければならない。しかし、南進政策の推進のステップは、台拓の業務計画を審議する台湾総督府と熱帯産業調査会会議に参加する「有力者」の間の見解に相違があり、ここに分析を加えて、台拓の主要な使命を探究することにする。

　台拓の設立の趣旨は、「島内（台湾）の未開墾地を開拓し、各種の栽培事業、移民事業および関連事業を経営する。並びに、本国人（日本人）の華南および南洋の拓殖事業に協力し、特に拓殖資金の提供を主とする」ということであった[83]。すなわち、その任務は2つの方面を含んでいた。台湾本島の事業のほか、華南、南洋の拓殖事業をも顧みなければならず、何れを重視するか、何れを軽視するかの論議であった。

40　第1章　台湾拓殖株式会社の設立過程

　台湾総督府の本来の意見は、台拓は「既に台湾の土地を資金としたため、台湾の資金力で台湾を開発するべきである。その後、同時に海外の工作に向かう」とした[84]。明らかに、総督府は台湾経済の開発をもって「基礎の培植」であることを暗示した[85]。

　その後、始めて華南および南洋の発展に向かうとした。その本意を見ると双方に配慮しながらも、台拓の財力では島内の事業と南方事業を同時に推進することができないので、島内の事業の基礎を深く育成したあと、南進すべきであった。こうした先に台湾、後に南進の構想は、直ちに台湾軍参謀長の荻洲立平の反対を受けた。氏が言うのに、「会社（台拓）の設置には同意する。しかし、島内の産業を開発するために、設けることは同意できない」とし、「会社の設置が台湾島内の事業を基礎とし、その基礎が安定した後に始めて南方に前進することについて、本人は同意することができなかった。この国をあげて外に向けて躍進の時に、このような考え方の存在は許されない」としていた[86]。

　平然として、率直に南進を島内事業よりも優先すべきであるとした。氏が言う「躍進」とは、どんな意味であろうか。満州事変（九一八事変）以降、日本が作り上げた「満州国」は、国際連盟によって承認が得られず、怒って国際連盟から離脱（1933年）した。また、それ以降の日本は韁を離れた馬のように、全世界を敵として戦争を発動した。日本政府は常に「躍進」をスローガンとして、全国の軍民に鞭を打ち、対外的に推進するようになった。そのために、「躍進」とは、実は対外的侵略の代名詞に他ならなかった。

　荻洲立平は熱帯産業調査会の委員の中で、唯一の陸軍代表であった。軍部代表として、特にその意見の「躍進」とは、自ら想像することができる。氏の見方によって台拓は「僅か350万円」の回転資金によって、台湾は拓殖事業のほかに、華南および南洋の拓殖事業の双方に気を配ることは、甚だしく疑問であった。可能であるとしても、「何年の後」になるかはわからない[87]。

　島内事業と南進事業を同時並進しようとする場合、台拓の回転資金の増加は不可避である。そのために、荻洲がかつて企業家により多くの「熱情」および「精神」を支払って、台湾総督府に協力するように呼び掛けた。特に、「目下の、

糖業資本家の銀行の預金が予測では1億円に達した」状況において、回転資金の増加はもはや問題ではなかった[88]。

氏は台拓の計画書にも不満であった。南洋問題に対しては、詳細な調査があるが、華南地域に対しては詳細な調査が無い。そこで、「重点を南洋に置くよりも、華南に置くこと」を主張した。もし、重点を華南に置かない場合、「国策の推進に順応することができない」と言った[89]。

氏が指す「国策」の具体的な内容は知ることができない。しかし、少なくとも1934年4月に日本の情報部長の天羽英二が発表した「天羽声明」を取り込む必要があった。この声明は日本が列強と共同で「東アジアの平和と秩序を維持」するが、「しかし、日本の立場と使命は必ずしも列強と一致するとは限らない。……列強は満州事件（九一八事変）および上海事変のように特殊状況の発生を考え、中国で共同措置を実施する場合、その名義は財政や技術の援助であっても、終始一貫して政治的な意義を持ち、東アジアの平和に危機を及ぼす」ことを再び強調し、その故に、日本は必ず反対すると指摘した[90]。

明らかに、日本は中国の指導権を独占的に制覇すると示した。天羽声明は全中国に対する政策を大まかに述べているが、しかし、上海事変から既に日本が長江以南を重視していたことを示していた。この時期の日本の「国策」から言えば、華南問題は南洋よりも切迫していた。そのために、荻洲はもとの計画書に対して南洋を重視し、華南を軽視した傾向に異議を示した。

台拓の業務に対し、氏が主張した拓殖融資の処理のほか、台拓自身もまた、拓殖事業を経営すべきである。もし少々の融資を扱った場合、過去の南洋の企業家に対し、責任をもって貸付業務を行った銀行と同様であり、日本の南進に対しては何の意義もない[91]。

最後に台拓のもとの計画の「第5の、有力な拓殖機関を設置する」の一項に対し、荻洲は「必ず迅速に準備し、実施すべし」を加えるように提議した[92]。すなわち、台拓の早期の誕生を促したものである。この修正案も大会を通過した。氏が台拓の設立に対し、早急を迫ったのは、自らの軍人としての見方があるからであった。

42 第1章 台湾拓殖株式会社の設立過程

　氏がかつてこのように指摘した。「この時期、この時刻の機会を掌握すれば、戦勝の契機を掌握したのに等しい」、「この時、華南に着手すれば必ず成功する。南洋もまた同じである。もし慎重にしていれば、必ず時機を逸することになる。果たして軍縮問題が甚だしく、騒がしく論じられるようになれば、我々は発言の機会を失い、また、軍事的行動をとることができなくなる。目下の我々は得意の頂点にある時に、北満州問題も既に一段落を告げたことによって、まさに南洋問題の処理の一大好機である」[93]。

　その語気は明らかに、満州事変の満州（東北）侵略の目的を果たした余勢をもって、迅速に華南および南洋へと進軍しようとしていた。いわゆる「軍縮問題」云々によって、荻洲の頭の中には、既にこれから開催（1935年12月）されるロンドン海軍軍縮会議が浮かんでおり、日本の軍備はワシントン軍縮会議（1921年12月）のように、再びアメリカ、イギリスなどの干渉を受け、華南と南洋における「躍進」の武力が失われることを恐れていたのである。

　以上を総観すると、軍部代表の主張は完全に軍事上の野心に基づくと同時に、軍部の南進に対する焦りが暴露されていることを知ることができる。しかし、荻洲はこの会場において「大声で叫び」たてた[94]。これは会議に参加した総督府の官員と企業界のまだ納得しない人々に対し、激して発奮させるためであった。そして、台拓を直ちに設立するように切望した。そこで彼らの反応はどうであったのか。

　かつて、総督府財務局長の岡田信は南進に対する態勢を次のように示した。「今日の華南および南洋は一つの敏感な地域であり、故に静養の病人をあしらうようにすべきである。虎視眈々の態勢を取るのは固より差しつかえないが、必ず高度な警戒心の下で前進しなければならない」[95]。

　軍部代表の見解に完全に同意できないことの暗示である。ところで、会議に参加した全体の委員は、少なくとも台拓の経営方針の「台湾を主と為し、華南と南洋を副と為す」には賛同せず、なお「可能な限り迅速に、海外の経営事業に進む」の一節に対しては、了解の表示を行った[96]。
事実上、各委員の腹案と軍部代表の荻洲の主張は、もはや偶然にも同じであっ

た。彼らは台拓の設立と発展を譬えて、「日本精神に富んだ一人の子供を生み育て、その上、心血を注いで栽培するようなものである」としていた[97]。

言外の意として、台拓は健全な組織を要するのみならず、かつ強烈な日本民族意識と日本帝国の国家意識の下に、華南および南洋に向けての業務を展開しなければならない。かかる考え方は、まさに日の丸の旗を先頭に、経済的侵略を進行させる意味にほかならない。したがって、本質的に企業界を代表する各委員と軍部代表の野心は完全に一致していたのである。

まさに、検討中の「台湾拓殖株式会社」案の第2特別委員会会長の井坂孝は、熱帯産業調査会の報告で、「本委員の全体認識は、帝国（日本）の経済上の南進にあることは、疑問の余地のないことである。……そして、台湾をもって南進の跳躍板とすることも最も適切なことである」。しかし、「大局的に言えば、島内（台湾）の業務を展開するよりも、海外で事業を探したほうが良い。結局、会社は海外事務を本務として決して本末転倒してはならない」[98]。

本案は第69回臨時帝国議会の審議の際、台拓の発展目標はさらに明確となった。衆議院議員の桜井兵五郎が台拓の将来の経営方針について、拓務大臣の永田秀次郎に見解の表明を要求した時、永田が行った答弁の速記の記録を禁止した[99]。

その原因は、日本の南進計画に関わるからにほかならない。そのために、高度な秘密保持が必要であった。拓務大臣の永田は、「平和方式をもって南方の種々の事業を経営するのは容易ではない。ただ、強力な外交活動に待つのみである。……その具体的な内容は、申し上げることができない。無論いかにしても、日本は目下の尻込み志向を維持することはできない。尻込み状態を保った場合、どこにも進むことはできず、目下の環境ではなすべき事業が無いからといって沈黙を保つのは許されない。すなわち、国家は現状の境遇を打破する努力をしなければならない。……現在の日本は、如何なることがあっても、現状に対し沈黙を保持していることはできない」[100]。甚だしきに至っては、「南洋本位主義は、変更すべからざる方針である」と述べていた[101]。

拓務大臣のこのような快刀乱麻を断つような答弁は、台拓の南進目標が極め

44 第1章 台湾拓殖株式会社の設立過程

て確固としたものであり、その上なお、「強力な外交活動」をもって、現状を打破することである。ここで明らかなのは、「経済協力」の趣旨を超えて、経済侵略の意図であった。

台拓の設立以前においては、東洋拓殖株式会社、南洋拓殖株式会社、興中会社、南洋興発株式会社などの「国策会社」も華南および南洋の経済開発が目標の１つであった[(102)]。台拓の設立後、上述の各会社と台拓との間には、華南および南洋の業務上、錯綜の発生が免れ難く、あるいは各会社の設立は、重複する恐れがあった。ただ拓務大臣はかつて強調した「今後の華南および南洋の事業は、まさに台拓が独占的な経営方針をもって推進する」[(103)]。すなわち、南進の国策会社の中、台拓はその牛耳を執り、明らかにその使命は重大であった。

熱帯産業調査会会議および第69回臨時帝国議会（衆議院）は、台拓の南進をもって「本務」と主張する時、日本外務省は終始慎重に事を運ぶことを主張した。外務省代表の加藤三郎は台拓の業務について、「融資業務に止まり、会社自身の拓殖事業の経営は、国際関係上、悪い影響を引き起こす」、甚だしい場合、「人々に東インド会社のような一般的な印象を与える」としていた[(104)]。

福州駐在日本総領事の中村も、台拓自身の華南および南洋の拓殖事業は、必然的に対外的に重大な影響を発生し、「あるいは外国の恐怖感を引き起こす」ことを憂慮している[(105)]。しかし、彼らは決して真正面から台拓の南進に反対していないが、ただ日本政府が「公然」と台拓の業務に口を出し、その波及の範囲が拡大するのを恐れるだけである」[(106)]。

それを図るために、加藤は台拓の社長と副社長の任命が台湾総督によるのを必要とせず、株主総会による聘任に変更するように提議した。しかしながら、「実際上、株主の半分は政府の持株で、そのために、政府の意思で招聘（社長と副社長）することができた。すなわち、名を捨てて、実を取る方法である」[(107)]。

かつて、福州総領事の中村も提言した。日本政府は福建省建設庁所管の事業に介入し、それを日中「共同」事業として、同時に華南方面の事業発展上、日本は必ず人員を派遣して、この事業を支配する[(108)]。ここで知るべきは、彼ら外務省官員は職務上、外交紛争の発生を恐れていたため、台拓が日本政府の指

導下において、公然としての南進には反対していたが、暗中の策動については、なおじっとしていられなかった。

　当時、日本外務大臣の有田八郎は、日本帝国の南進に対し、自らの胸中に成算があった。帝国議会貴族院が台拓案の検討時（1936年5月23日）に、議員の赤池濃が有田外務大臣に次の数点に関する答弁を要求した。①政府の南進政策に対する方針には、どんな決定があるのか。②いわゆる「華南」の地の範囲が広いため、福建に対してはどうするのか、広東に対してはどうするのか、あるいは他の地にも拡大するのか。③現在、華南地域の反日感情が激化の時期であり、政府は「特別工作」の準備を行ったのか[109]。

　この3点の質疑は日本の南進政策の核心問題に深く関わっていた。しかし、有田外務大臣の答弁は、議会の速記記録が禁止された[110]。この種の高度な機密保持は、実に「此処に銀貨三百両無し」（隠そうとして、かえってばれてしまう譬え）である。日本外務省の対華南侵略も計画を隠そうとすれば、かえって事実がますます現れてくる。

　その次に、台拓の社長および副社長の任命方式は、この企業の主要な業務が華南や南洋にあると予想がつく。台湾総督府が制定した「台湾拓殖株式会社法」の原案によれば、社長、副社長の決定は「勅令をもって定める」とある[111]。

　しかし、衆議院での審議時は、各議員は「勅令」の2文字が漠然とし過ぎると思った。同一の議会に提出した東北興業株式会社案およびその前に設立した東洋拓殖株式会社は、その高級幹部の任命方式は、すべてがその組織規程の中に明確に記載されており、なぜ台拓だけが詳細な任命方式を記載しないのか。この点について、拓務大臣の永田秀太郎の答弁は、「台拓は対外（海外）向け発展傾向の機関であり、その人事権は運用上に相当の弾力性がなければならない。そのために、固定的に規定された立法を加えず、勅令をもって任命する」と言うものであった[112]。

　しかし、衆議院は「勅令」の任命によって、議員の同意権を削減したことであり、最終的に原案中の第6条に修正を加えた。すなわち、社長、副社長および理事は、勅令の規定により、主務大臣の認可を経た後、台湾総督によってこ

46   第1章　台湾拓殖株式会社の設立過程

れを任命する」とした[113]。主務大臣とは拓務大臣であり、台湾総督の直接の
上司である。行政秩序から言えば、衆議院が提出した修正案は、道理に叶って
いる。しかし、衆議院に修正案を提出した理由は、この種の行政系統の権力問
題ではなかった。それは「台拓は必ず華南および南洋への発展を重点とする」
ため、この時期の外務省との協調が不可欠であった[114]。

　「あるいは国防上、陸海軍とも重大な関係があった」。この場合、拓務大臣
の出席がなければ、協議はできなかった。故に台拓の社長と副社長などの高級
幹部の人選は、まず拓務大臣の同意を取り付けたあと、始めて台湾総督から任
命した（台湾総督と台拓の実際の業務は明らかに接近していたため）[115]。言い換えれ
ば、台拓法第6条の修正は純粋に台拓の将来に南進の余地を残すものにほかな
らなかった。

　以上の論証から台拓の主な使命が、華南および南洋に積極的に伸張する日本
の国策にあることがわかった。「台湾拓殖」の名称は実は「偽装」（Camouflage）
に過ぎなかった[116]。まさに韓国の拓殖を主要な業務とする「東洋拓殖株式会
社」を、韓国人の反感を深く恐れて、「韓国拓殖」と称せず、「東洋拓殖」と称
したのと同様であった[117]。

6．結語

　以上の検討をまとめると、「台拓」の設立準備の動機は、主として華南およ
び南洋の日本の経済勢力を育成し、将来の軍事侵略の道であることを知ること
ができた。台湾本島の拓殖はその次のことであり、あるいは台湾の拓殖事業も
また、南進を支援する一つの手段に過ぎなかった。したがって、いわゆる「台
湾拓殖」は、実は羊頭狗肉の看板を掛けたものであった。台拓の設立（1936年
11月）は、台湾総督府が以前から推進中の「南支・南洋」政策の一つの大きな
具体的な措置であり、同時に1936年8月、日本の内閣が決定した「帝国外交方
針」（この中で、日本は「南洋方面への平和的前進の展開を策定」──『外交年表並主
要文書』下、345頁）、そして、1936年9月には、海軍大将の小林躋造（南進派総

代表）が台湾総督に就任（規定では以後、すべては現役の海軍将校が台湾総督に就任）し、この三位一体が形成され、日本の南進政策の新態勢が開始されたのであった。

　台拓の資本は土地部分や資金部分を問わず、すべてが日本帝国の台湾統治期間に、台湾の農民から略奪、あるいは搾取による累積された資本であり、この種の資本が日本帝国の南進の動力となったのである。

注

（1）　日本外務省外交史料館所蔵『各国産業状況報告雑纂　台湾総督府依頼熱帯産業調査関係』（以下、『報告雑纂』）から蒐集した「台湾総督府熱帯産業調査会報告書」（以下、「調査会報告書」）。

（2）　注（1）に同じ。

（3）　『報告雑纂』、「台湾総督府熱帯産業調査会設置ノ件」。

（4）　「調査会報告書」。

（5）　台湾総督府「臨時産業調査会答申書、台湾産業計画説明書」付録、1930年。

（6）　台湾総督府「台湾総督府熱帯産業調査会規程並趣旨書付調査方針」（『報告雑纂』収録）。

（7）　「調査会報告書」。加藤三郎の提言は、①オランダ領東インドは1933年以降、日本製品の輸入および日本人の入境に制限を加え、双方の外交関係は低潮に陥っている。会談を重ねているが、局面の打開は困難である。②フィリピン方面についても、推測するに満州事変（九一八事変）以来、アメリカと日本の関係の悪化が影響している（『日本外交年表並びに主要文書』下、102頁、286頁を参照）。

（8）　「調査会報告書」。

（9）　矢野暢『「南進」の系譜』中公新書、1975年、122〜123頁を参照。

（10）　同上書、110頁。

（11）　同上書、112頁。

（12）　注11に同じ。

（13）　台湾総督府「熱帯産業調査会会議録」（以下、「会議録」）、1936年。

（14）　矢野暢、前掲書、123頁。

（15）　大谷光瑞『大谷光瑞全集』第19巻、大乗社、1936年、475頁。

48 第1章 台湾拓殖株式会社の設立過程

(16) 同上書、472頁。

(17) 「調査会報告書」。

(18) 色部米作「南洋に於ける邦人の事業」台湾総督府官房調査課、1925年、10頁。

(19) 台湾総督府「熱帯産業調査会答申書」、1～27頁。

(20) 「調査会報告書」。

(21) 注20に同じ。

(22) 楠井隆三『戦時台湾経済論』南方人文研究所、1944年、56頁。

(23) 「熱帯産業調査会答申書」、55～56頁。

(24) 第1次世界大戦の勃発後、日本で出版された南洋に関する主な書籍は、①内田
　　　嘉吉『国民海外発展策』、②大森信次郎『南洋金儲百話』、③吉田春吉『南洋渡航
　　　案内』、④副島八十六『帝国南進政策』、⑤山本美越乃『我国民の海外発展と南洋
　　　新占領地』など。そのほかに、雑誌『実業の日本』（創刊1903年）、1915年には
　　　「南洋号」を題とする臨時発行の南洋特集を刊行（矢野暢『「南進」の系譜』69～
　　　74頁を参照）。

(25) 「南洋協会」の創立は、1915年1月に日本東京に本部を置く。発起人は当時の
　　　台湾総督府総務長官の内田嘉吉、渋沢栄一、井上雅二などを含んでいた。この協
　　　会の主な任務は、①南洋の産業、制度、社会、その他の各事項の調査。②南洋の
　　　情況を日本国内に紹介。③日本の情況を南洋に紹介。④南洋企業の発展に必要な
　　　人材の養成。④南洋博物館および図書館の設立。その中で最も具体的な成果があ
　　　るのは④であった。この協会の設立以降、発行した機関誌『南洋協会雑誌』（後
　　　に『南洋』と改称）は、1945年の日本敗戦までに中断することなく、明治時代の
　　　「南進論」を継承し、工作上に発揮した効用は極めて大きい。この協会はのちに
　　　大阪、台北、シンガポール、マニラ、スマトラ、バンコクなどの地に分会を設置
　　　した。かつ台湾総督府によって経費の補助を与えた。矢野暢『「南進」の系譜』
　　　76～77頁。樋口弘「南洋における日本の投資と役割」235～236頁を参照。

(26) 色部米作「南洋における邦人の事業」53頁。

(27) 同上書、14頁。

(28) 同上書、15頁。

(29) 同上書、41頁。

(30) 熱帯産業調査会報告書「南支南洋ニ於ケル邦人企業ノ助成」（以下、「企業ノ助
　　　成」）、1935年、葉41。

注 49

(31) 台湾経済年報刊行会編『台湾経済年報』1941年版、771頁。

(32) 同上書、361頁。

(33) 「企業ノ助成」、1935年、葉122。

(34) 色部米作「南洋における邦人の事業」64頁。

(35) 「企業ノ助成」、葉121。

(36) 1934年度まで、台湾籍の南洋企業家が補助を受けたのは僅か3件である。①華南銀行（林熊徴）、②南洋倉庫株式会社（林献堂）、③錦記製茶株式会社（陳天來）。ただしこの3社は台湾籍企業家が独自で経営した会社ではない。「南支南洋邦人助成事業一覧表」。華南方面において、台湾籍住民は多数であったが、この方面の企業補助費は殆ど無かった。いわゆる「南支施設費」は、学校、病院、新聞社、社会団体の補助費を指し、故に「華南の台湾人の子弟で台湾総督府所管の学校に進学した者、あるいは若干の補助的な恩恵を受けた者」を除き、そうでない台湾人は、「ただ納税負担の義務があるのみで、総督府の補助を享受する権利はなかった」。『台湾民報』1925年4月11日。

(37) 「企業ノ助成」、葉121。

(38) 「熱帯産業調査会会議録」149頁を参照。北山富久郎「台湾を中心とする我が南方政策の回顧と検討」（『台北帝大記念講演集』第5輯、1936年5月、258〜260頁）。

(39) 「熱帯産業調査会会議録」190頁。

(40) 木村増太郎「我邦の南方発展と台湾の使命」下、『台湾時報』6月号、1922年。

(41) 拓務省『拓務要覧』1937年版、727〜728頁。

(42) 「熱帯産業調査会会議録」5頁。

(43) 色部米作「南洋における邦人の事業」64頁。この書籍の作者は台湾総督府の技佐であり、その見解は総督府の立場を代表するものと考えられる。

(44) 日本外務省外交史料館所蔵『各国産業状況報告雑纂　台湾拓殖株式会社設立要綱』。

(45) 台湾総督府内務局編『官有地の管理及び処分』1935年、23頁。

(46) 同上書、3頁。

(47) 台湾総督府殖産局「台湾官有林整理事業報告書」1926年、280頁。浅田喬二「日本帝国主義下の民族革命運動」1973年、37頁を参照。

(48) 台湾旧慣調査会『台湾私法』第1巻下、77頁。

(49) 『官有地の管理及び処分』1935年、23〜25頁を参照。

50　第1章　台湾拓殖株式会社の設立過程

(50)　台湾総督府警務局「台湾社会運動史」(台湾総督府警察沿革誌、第2編中巻、1025頁。

(51)　井出季和太『台湾治績誌』成文出版社、1936年、1199頁。

(52)　「台湾社会運動史」、1033頁。

(53)　謝春木「台湾人の要求」1981年、138頁。

(54)　同上。

(55)　「台湾人の要求」1981年、139頁。

(56)　『台湾民報』第90号、1926年1月31日。

(57)　枠木誠一『「台湾拓殖」の出来るまで』1936年、123頁。

(58)　『台湾民報』第84号、1925年12月20日。豪商の中間搾取について、当時の台湾新民社経済部長の陳逢源も当局を覚醒をさせるために、「従来の官租地の小作は、多くの地方の有力者の介入によって、中間搾取が少なからず、故に今後は十分に話し合って、小作農と直接小作契約を結び、同時にその契約内容を、必ず一般小作契約の典範とすべきである」。陳逢源『新台湾経済論』台湾新民報社、1937年、402頁。

(59)　『台湾民報』第84号、引用文の括弧内の文字は筆者が追加したものである。

(60)　「台湾人の要求」1981年、139頁。

(61)　『台湾民報』第97号、1926年3月21日。括弧内の文字は筆者が追加したものである。

(62)　『台湾民報』第84号、1925年12月20日。東洋拓殖株式会社と朝鮮農民との間に発生した流血事件は、1924年12月のことである。その年、朝鮮黄海道載寧郡北栗面は、水災と病虫害が発生し、農作物は空前の不作となった。しかし、東洋拓殖株式会社は依然として、往年の貸出率をもってその下の小作農に向かって、小作料を徴収した。小作農は「小作料不納同盟」を結成し、会社の要求を拒否した。東洋拓殖株式会社は2回にわたって、日本帝国主義の警官の支援下に、小作農の穀物を差し押さえしようとしたが、農民集団の強力な抵抗に遭遇した。目的を果たせず、最後に武装警官隊が出動し、武装した在韓の日本人移民を集めて恐怖集団の木棍隊を組織し、力を合わせて徒手空拳の朝鮮農民を襲撃した。農民は憤懣の余り、農具をもって武装し反抗した。双方に多数の犠牲者が出たが、農民の逮捕された者は数十人以上に上った。浅田喬二「日本帝国主義下の民族革命運動」1973年、202～220頁を参照。

(63) 謝春木「台湾人の要求」1981年、280頁。中壢事件は日本籍大地主の後宮新太郎の保管する「日本拓殖会社」とその小作農との間に発生した衝突事件である。この企業は約3000甲の水田・畑を持ち、小作農に貸出し稲米を耕作させた。1929年にこの会社は小作料を倍額に引き上げた。そこで小作農は「台湾農民組合中壢支部」の指導下、この会社に小作料の引き下げを要求した。会社は要求に応じないばかりでなく、人員を派遣し米穀を差し押さえ、小作農の稲刈りを阻止した。しかし、農民の反抗に遇って会社は、警察局に援護を求め、遂に83名の農民が逮捕された（1927年8月、第1次中壢事件）。本事件の発生によって、翌年（1928年）3月、台湾農民組合中壢支部および桃園支部は解散を迫られる運命に直面した。しかし、少数の幹部は警察の圧力にも屈服せず、各支部の保留を堅持した。一方、解散を執行しようとする警察との衝突の発生は、遂に35名が暴力の行使および公務執行妨害罪をもって逮捕された。これが第2次中壢事件である。「台湾社会運動史」1064～1066頁。「台湾民報」第170号。

(64) 「台湾人の要求」1981年、280頁。

(65) 「台湾民報」第90号、1926年1月31日。

(66) 枠木誠一　『「台湾拓殖」の出来るまで』1936年、144頁。

(67) 同上書、145頁。

(68) 「熱帯産業調査会会議録」197頁。

(69) 同上。当時、台湾人は兵役に服する義務は無かった。

(70) 「『台湾拓殖』の出来るまで」1936年、144頁。

(71) 企画院研究会編『国策会社の機能と本質』1943年、151頁。

(72) 台湾拓殖株式会社「業務概要」1938年12月、19頁。

(73) 桜田三郎「台湾拓殖株式会社事業概観」1940年、143頁。

(74) 凃照彦『日本帝国主義下の台湾』東京大学出版社、1975年、331頁。

(75) 『本邦会社関係雑件』収録「台湾拓殖株式会社設立経過報告書」。

(76) 中外新聞社『躍進大観』1937年版、357頁。

(77) 「台湾拓殖株式会社設立経過報告書」157頁。「国策会社の機能と本質」149頁。

(78) 「国策会社の機能と本質」148頁。

(79) 加藤恭平「南方建設と台拓の事業」、『台湾時報』1943年10月号に掲載。

(80) 桜田三郎「台湾拓殖株式会社事業概観」1940年、157頁。

(81) 注80に同じ。

52 第1章 台湾拓殖株式会社の設立過程

(82) 企画院研究会編『国策会社の機能と本質』1943年、5〜6頁。

(83) 「台湾拓殖株式会社事業概観」1940年、164頁。

(84) 「熱帯産業調査会会議録」182頁。

(85) 注84に同じ。

(86) 同上書、202頁。

(87) 「熱帯産業調査会会議録」217頁。荻洲立平が指摘した回転資金「350万円」は、台拓の総資本額の中、非土地投資部分の1,500万円の初回の出資額ではない。実際の金額は375万円（すなわち、4分の1）。350万円は荻洲の誤記であろう（同上書、215頁）。

(88) 同上書、215頁。

(89) 同上書、179頁。

(90) 日本外務省編『日本外交年表並主要文書』下、286頁。

(91) 「熱帯産業調査会会議録」213頁。

(92) 同上書、214頁。

(93) 注92に同じ。

(94) 日本外務省「台湾総督府熱帯産業調査会報告書」（加藤三郎提出の報告）。

(95) 同上書、219頁。

(96) 同上書、220頁。全体委員は華南に対する方針について具体的な表示がないが、台拓の設立の翌年（1937年）、福州で「福大公司」を設立し、台拓の分社とした。華南の重要性が重視されていることがわかる。

(97) 同上書、225頁。

(98) 同上書、291頁。

(99) 枠本誠一『「台湾拓殖」の出来るまで』、92頁。

(100) 同上書、119〜120頁。

(101) 同上書、126頁。

(102) ①興中公司は日本「南満州鉄道株式会社」の子会社である。創業は1935年12月、資本額は1,000万円、実際の投資額は500万円。この企業の重要な使命は、満州事変（918事変）に合わせて、日本帝国主義の華北5省に対する侵略政策である。先駆機構をもって華北地域の経済侵略を推進するものであった。しかし、華南地域に対する経済工作は原則的に推進ができた。この会社はのちには「北支那開発株式会社」によって吸収合併された（中西利八『工業人名辞典』附録48頁）。

② 「東洋拓殖株式会社」は1908年12月に創業、資本額は5,000万円、実際の投資額は3,500万円（1937年統計）。半官半民の国策代行会社である。もとは朝鮮の拓殖事業を経営し、拓殖融資を処理し、日本人が朝鮮に移住し、拓殖に従事するのを扶助するのが、主要業務である。後にその「経営」範囲は、東北、華北、華中、東部シベリアおよび南洋までに拡大した。日本帝国主義の朝鮮侵略の過程に、この企業は朝鮮の土地略奪を中心業務とし、日本政府に協力して、朝鮮の植民地化を完成した（同上書）。君島和彦「東洋拓殖株式会社の設立過程」『歴史評論』第282号に掲載。③ 「南洋興発株式会社」は1919年11月に創業、資本金は4,000万円、実際の投資額は3,000万円。会社の所在地はサイパン島であった。その会社は日本政府の保護下にあり、南洋の製糖業の経営を主とし、綿花の栽培、牧畜、採鉱（燐鉱石）、漁撈、真珠養殖などを副とした。その資金の一部は「東洋拓殖株式会社」から得ていた。そのため、日本では西南太平洋における南進政策を推進する国策会社という。『工業人名大辞典』付録、125頁。④ 「南洋拓殖株式会社」は1936年11月に創業（台拓と同時に設立）、資本額は2,000万円、実際の投資額は1,500万円。その主要業務は日本帝国「南洋庁」が経営する燐鉱石採掘業（アンガウル島（Angaur））を引き継ぎ、そのほかに、水産業を兼営した。日本帝国の南進政策の推進上、南洋興発株式会社と相呼応した。同上書、125頁。

(103)　『「台湾拓殖」の出来るまで』、184頁。

(104)　「熱帯産業調査会会議録」193〜194頁。

(105)　同上書、203頁。

(106)　同上、194頁。

(107)　同上。

(108)　同上、198頁。

(109)　『「台湾拓殖」の出来るまで』、370頁。

(110)　同上書、371頁。

(111)　同上書、3頁。

(112)　同上書、73〜74頁。

(113)　同上書、406頁。

(114)　1936年5月、日本外務省がかつて、拓務省に書面で通知した。「台拓の予定は台湾島のそとにあり、華南と南洋における創立、経営事業にあり、その会社の本地域の事業は予想としては、帝国（日本）の外交および通商政策と多くの関係が

54　第1章　台湾拓殖株式会社の設立過程

発生した。……この会社は台湾以外の事業および台湾以外に分社や事務所を設立する。貴省（拓務省）と認定前に本省（外務省）と協議を行う。台拓の台湾島外の活動は、帝国の外交および通商政策に合わせるために、台拓の対外活動の事項は事前に外交官と連絡し、了解を得ること。以上、なるべくこの会社に指示するように願う」。日本外務省外交史料館所蔵『本邦会社関係雑件　台湾拓殖株式会社』。

(115)　『「台湾拓殖」の出来るまで』、410～411頁。

(116)　同上書、420頁。

(117)　山辺健太郎『日本統治下の朝鮮』岩波新書、1971年、25頁。

第2章　台湾拓殖株式会社檔案とその史料価値

王　　世　　慶

1．台湾拓殖株式会社の設立

　日本が台湾を領有して間もなく、明治38年（1905）から台湾総督府は日本の南進政策を担い、華南において文教・経済事業を展開した。大正8年（1919）、明石総督時代、台湾銀行理事の池田常吉は、台湾拓殖株式会社の設立を立案した。その設立の目的は、台湾島内外の各種事業に対し、長期的な事業資金を供給し、それらの計画および実行の原動力としようとしたものである。特に、華南、南洋における事業と統一的に連携し、南進政策を遂行して、複雑な拓殖事業の完成を目指すものであった。

　台湾総督府との関係から見た場合、そこには2つの大きな利益があった。第1に、経済政策の実施面では次のことが考えられる。（1）島内で執行した拓殖開墾事業などの根本的な政策のなか、単純な営利企業や個人企業では遂行できない事業を完成することができる。（2）華南や南洋に対する経済政策の実行が容易になる。第2に、台湾の統治上においても大きな利益がある。（1）次第に発展する台湾人の財力、智力を利用することができる。（2）台湾人の活動を促進し、日中親善の支柱とすることができる。（3）ヨーロッパやアメリカと対抗するために、台湾人に日本人の互助協力の大精神を発揮させ、不満や猜疑の思惑を除去させ、皇国臣民として、共鳴同化させることである。しかし、明石元二郎総督の死去によって、実現しなかった[1]。

　その後、昭和10年（1935）5月14日、熱帯産業調査会[2]の設立が公布された。また、多くの検討が重ねられた結果、昭和10年10月19日、台湾拓殖株式会社の設立が再び提議され、台湾の華南、南洋に対する経済的使命の達成が期待され

56　第2章　台湾拓殖株式会社檔案とその史料価値

るようになった[3]。

　当時の日本は、毎年100万人の人口増加の圧力と、国内の工業原料は極めて不足であり、内政、国勢の最も深刻な問題であった。これらの重大な問題を解決するために、拓務、大蔵、外務、陸軍、海軍各省の調査研究の評価を経て、台湾における華南・南洋に対する自然的、地理的な使命を充分に利用し、台湾拓殖株式会社の設立を決定した。台湾島内の未開墾地を拓殖耕作し、移民事業および華南・南洋の拓殖事業を推進した。それをもって、国際的な事業を遂行する目的である[4]。

　こうして台湾拓殖株式会社法案が決定され、昭和11年（1936）5月12日、帝国議会第69回特別議会に提出され、熱烈な質疑と答弁、討論を経て通過した[5]。同年6月2日、法律第43号をもって、台湾拓殖株式会社法が公布された[6]。同年7月29日に勅令第238号で、台湾拓殖株式会社法施行令が公布された。同時に勅令第239号で台湾官有財産評価委員会官制が公布された[7]。同年7月30日には、会社設立委員が公表され、委員長に伯爵・児玉秀雄が任じ、副委員長に台湾総務長官・平塚広義と三菱合資会社理事・加藤恭平が選ばれた。委員には官側から内閣書記官長、法制局長官、外務、大蔵、陸軍、海軍の各省次官、拓務省各次官、参与官、各局長、台湾総督府内務、殖産および財務各局長、事務官など16人、民間からは熱帯産業調査会委員およびその他の名望家62人であった。8月24日、25日の2日間に設立委員会が召集されたが、これら設立委員会の顔触れからも、官方的色彩が濃厚であることが窺える。11月15日、創立大会が召集され、11月25日に三菱合資会社理事・加藤恭平が社長に任命され、12月5日、正式に業務が開始された[8]。本店は初めに台北市北門町8番地に設けられたが、昭和12年（1937）8月15日、台北市栄町3丁目1番地の帝国生命館内に移転した。

　台湾拓殖株式会社の資本金は3,000万円で、大正8年（1919）創立の台湾電力株式会社の資本金と同額である。半官半民の台湾の両会社は、共に株数は60万株で、そのうちの半数の30万株は、台湾総督府による株式の引き受けであり、その他の30万株の中の20万株は、製糖会社、生命保険グループ、銀行グループ、

各財閥などの引き受けとし、その残りの10万株は民間の引き受けであった。政府出資の1,500万円は、台湾の官租地、官有の未墾原野、山林などの土地をもって資本とした。台湾官有財産評価委員会の評定によれば、水田が7,999甲1755、旱田（畑）が5,348.8151甲、養魚池が1,022.7733甲、建物の敷地が147.2484甲、山林原野が384.8631甲、雑種地が139.1737甲であって、合計は1万5,042.0491甲であった。台湾拓殖株式会社はその事業を遂行するために、支払資本金の3倍の台湾拓殖債券を発行することができた。しかも、完全に支払されていない持株の場合においても、増資ができた。この2つの点は台湾拓殖株式会社の特権であった[9]。

　昭和16年（1941）12月8日、日本は太平洋戦争を発動した。その後、いわゆる「南方共栄圏」の新しい占領地の重要資源を開発するようになった。そして、台湾島自身の急速で高度な国防国家体制を整備するために、島内の生産性と海外事業を拡張するようになった。台湾拓殖株式会社は時局の発展に合わせ、創立の使命を達成するために、昭和17年6月30日の定期株主大会において、3,000万円の増資が通過した。そのうちの30万株の1,500万円は台湾総督府が現物土地の2,600甲余を出資し、残りの30万株の1,500万円は民間の株主に1株当たりに1株を配分した。増資後の資本額は6,000万円に達した[10]。

2．台拓の組織と事業

（1）台拓の組織

　文書檔案の収発帰檔のすべては、その組織の各部署をユニットとして発送、収受の処理を行った。そのために、先に台湾拓殖株式会社の組織と事業の変遷を紹介し、その檔案の収発保存分類系統を理解する。台湾拓殖株式会社の組織は台湾拓殖株式会社法第6条の規定によって、社長、副社長各1人、理事3人以上、監事2人以上を置く。社長、副社長は勅令によって、該社の法令規定を施行する。拓務大臣の認可を経て、台湾総督が任命し、5年をもって任期とする。理事は株主大会において、2倍の候補者から選出され、拓務大臣の認可を

58 第2章 台湾拓殖株式会社檔案とその史料価値

経て、任命される。常務理事と参与理事に分かれており、任期は4年であった。監事は株主大会において選任され、その内の1人は常任監事であり、任期は2年であった[11]。

台湾拓殖株式会社は、昭和11年11月15日に創立大会を開催し、12月5日に正式に事業を開始した。その後、昭和12年2月10日に台湾拓殖株式会社社則を制定した。そこでは社長、副社長、理事、監事の役員会の規定を除くほかは、社員と組織および事務分掌などの事項を会社に設置する規定があった。社則によれば、台拓には参事、副参事、技師、書記、技手、見習などの社員が置かれ、別途に雇員および運転手、守衛、タイピスト、用務員、電話交換手、雑役などの雇傭人が置かれていた。その組織は本社に社長室、総務部、拓務部、業務部が設けられていた。

社長室には、秘書、調査、検査の3つの課が置かれ、総務部には、文書課、経理課、拓務部には、土地課と拓殖課、業務部には、企画課、事業課が置かれ、華南および南洋の海外事業を担当した。部には部長を置いたが、理事をもってこれに充てた。課には課長を置き、参事や技師をもってこれに充てた。必要な時には、課の下に係を設けることができた。また、別に業務上の需要に応じ、必要な地域に支店、出張所、あるいは駐在員を配置することができた。支店には支店長を置き、出張所には所長または主任を置き、支店、出張所には課あるいは係を設けることができた。当時、設けられた支店、出張所には、東京支店、台中支店、台南支店、高雄支店、台東出張所、花蓮港事務所があった[12]。その組織系統は表2−1の通りである。

昭和14年（1939）9月1日、社則が改定された。本社に社長室、総務部、拓務部、業務部を置いていたが、社長室にはもとの秘書、調査、検査の3つの課を設けたが、後には、鉱業、船舶の2つの課を増設し、併せて5つの課となった。総務部はもとの文書、経理の2つの課を設けたが、調査課を増設して3つの課になった。拓務部は当初の土地課、拓殖課の2つの課のほかに、企業課を増設して3つの課になった。業務部は、もともとの企画課、事業課の2つの課が海外事業を担当し、南支課、南洋課の2つの課を改めて設けた。同時に、本

2．台拓の組織と事業　59

表2-1　台拓の組織系統表（1）（昭和12年2月10日）

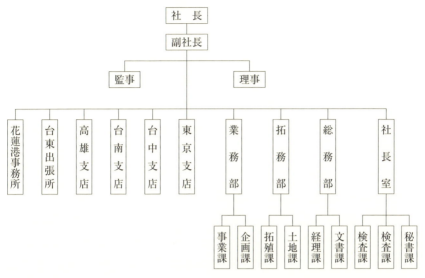

社および東京支店に科学室を設け、科学室の各部門の専門科学委員を配置し、社長の諮問に応じるようにした[13]。支店には東京、台中、台南、高雄の4つの支店、出張所には台東、広東の2つの出張所、事務所には花蓮港、海口、三亜、汕頭、香港、マニラの6カ所、それにバンコク、ハノイ、シンガポール、南京には駐在員を派遣した。別途に嘉義には化学工場を設置していた[14]。昭和14年における職員・職工の総数は788人であり、その内訳は社員304人、嘱託31人、雇員294人、雇傭人159人となっている[15]。

　昭和15年（1940）1月20日、華南の広東に支店を設置した。7月25日に台拓広東事務分掌規程を制定した。それによれば、広東支店には庶務係、経理係、企画係を設け、別にまた鉱業処、恒産処、農産処および水道処の4つの処が附設された。鉱業処には総務部と技術部を設け、総務部には庶務、経理、営業の3つの係を設け、技術部には第1係、第2係の2つの係があった。恒産処には庶務係と技術係を設けた。農産処には庶務、経理、農務業務の4つ係を設けていた。水道所には庶務、経理、営業、水廠、給水、試験の6つの係があった[16]。

60　第2章　台湾拓殖株式会社檔案とその史料価値

　昭和16年（1941）2月1日、再び社則の改正が行われた。社長室に新たに人事課が設けられ、計6つの課となった。総務部には資材課、主計課が増設され、5つの課となった。業務部の南支課、南洋課にはそれぞれ1つの課を増設した。つまり、南支第1課、南支第2課、南洋第1課、南洋第2課となったのである。南支第1課は、海南島以外の華南各地域の事業を管轄し、南支第2課は、海南島の各項事業を管轄した。南洋第1課は、アジア大陸に連接する南洋各地域およびバターン島（Bataan[*1]）の各項事業を担当し、南洋第2課は、南洋諸島の各項事業を管轄した[17]。

　昭和16年（1941）12月8日、太平洋戦争の勃発後、日本軍占領の広範な南洋諸島で、台拓は新しい占領地の産業開発の進展に合わせて、昭和17年（1942）10月24日に社則を改正した。本社には社長室、総務部、拓務部、南方第1部、南方第2部、林業部を改めて設置した。社長室には、秘書、人事、電信、調査、鉱業の5つの課および検査役を設置し、総務部には文書、物資、営繕、経理および主計の5つの課を設け、拓務部には、土地、拓殖、企業の3課を設けた。業務部を廃止し、改めて南方第1部、南方第2部を設けた。南方第1部には、第1課、第2課を置き、第1課は大東亜戦争による新しい占領地域（香港を除く）の農業調査、企画、経営などの事項を管掌した。第2課は大東亜戦争による新しい占領地域（香港を除く）の農業以外の各種の産業調査、企画、経営などの事項を担当した。南方第2部には、第3課、第4課を置き、第3課は華南（香港を含む）ならびに海南島の各種産業の調査、企画、経営、経済建設、移民、船舶などの事項を管掌した。第4課はタイ、フランス領インドシナ（ベトナム）の各種産業の調査、計画、経営、経済建設、移民などの事項を担当した。林業部は作業課（作業、工務、物資の3係に分ける）、鉄道課（運転、運輸、保線の3つの係）、庶務課（文書、販売、会計、物品の4つの係）を管掌した[18]。

　昭和18年〜19年（1943〜1944）は台拓事業の全盛期であった。台湾島のほか、華南、南洋の各占領地域に支配を拡大させた。そこで台拓は昭和19年3月15日および7月1日に前後して社則を改正し、その事業の拡大に対処した。すなわち、本社には社長室、総務部、拓務部、土地部、南方第1部、南方第2部、林

業部があった。社長室には改めて秘書課、人事課、電信課、企業課、資料課の
5つの課と検査役を設けた。総務部には文書課、物資課、営繕課、経理課およ
び主計課の5つの課を設けた。拓務部には、拓殖課を置き、土地部には、土地
管理課と開墾干拓課の2つの課があった。南方第1部には、第1課、第2課を
置き、南方第2部には、第3課、第4課を置き、林業部には、作業課、鉄道課、
庶務課の3つの課を設け、本社と東京支店には、科学室を置いていた。海外事
業は華南のほか、中南半島のベトナム、タイ、マレー、シンガポール、ビルマ、
インド、フィリピン、英領北ボルネオ、オランダ領南ボルネオ、セレベス
(Celebes)[*2]、オランダ領ジャワ、スマトラ島、ニューギニア島、オーストラリ
アなどの広大な地域に拡大しつつあった。

　国内外には支店、出張所、事務所を設けた。事業所および駐在員は、次の通
りである。国内支店は、東京、台中、台南、高雄の4つの支店、出張所は新竹、
台東、花蓮港、羅東、豊原、嘉義などの6カ所、事業所は瑞穂苧麻事業所があっ
た。国外支店は、広東、海口、楡林、サイコン、ハノイ、バンコク、昭南島
(今のシンガポール)、ジャカルタ、マカッサル (Macassar)[*3]などの9つの支店、
出張所は、香港、スラバヤ (Surabays)[*4]、ポンティアナック (Pontianak)[*5]の3
つの出張所である。事務所は汕頭、三亜、六郷、ハイフォン (Hài Phòng)[*6]、イ
ポー (Ipoh)[*7]、ペナン (Penang)[*8]、マニラ、アビ (Api)[*9]、パダン (Padang)[*10]
などの9カ所があった。支所はサンダカン (Sanda Kan)[*11]支所の1カ所、事業
所はロアンソン、クリアン (Khleangs)[*12]、アンダマン (Andaman)[*13]、ペラ
(Perak)[*14]、ケダ (Kedah)[*15]、タイアン・ガンビル (Gambir)[*16]、トロアエル、
バタンガス (Butangas)[*17]、ネグロス (Negros)[*18]、ブラガン (Bulacan)[*19]、クダッ
(Kudat)[*20]、ケニンガウ (Kenigau)[*21]、ボートブレアー (Port Blair)[*22]、ベルラ
ン (Beluran)[*23]、ラハッ・ダトゥ (Lahad Datu)[*24]、タワウ (Tawau)[*25]、アンボ
ン (Ambon)[*26]、リオ (Lio)[*27]、ゲンポールクレツブ、トダナン (Todanan)[*28]、
コタプラタールなどの21カ所である[19]。その組織系統は表2-2に示される。

　昭和20年 (1945) 8月15日、日本は敗戦を迎え、天皇は同盟軍の投降を受諾
した。同日、台拓は社則を改正し、もと社長室に属していた人事課、企業課を

表2-2　台拓の組織系統表（2）

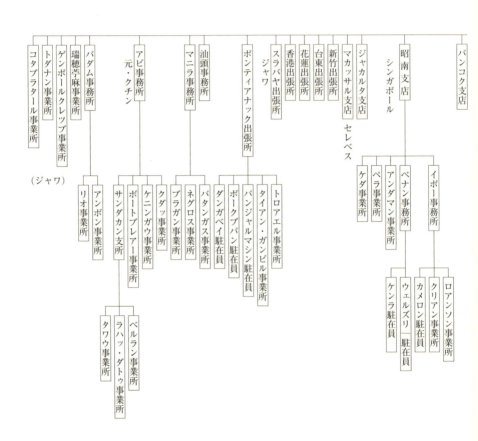

2．台拓の組織と事業　63

(昭和19年7月)

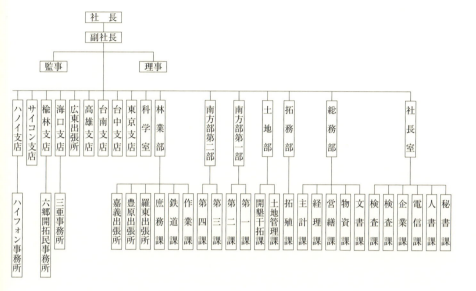

64　第2章　台湾拓殖株式会社檔案とその史料価値

総務部に属することにし、もとの総務部の文書課を改めて総務課とし、また、もとの総務部に属していた主計課を廃止して経理課と合併した。拓務部は拓殖課のほかに、農産課を増設した。また、土地部では増設した総務課を改めて3つの課とした。もとの南方第1部および南方第2部は、合併して改めて南方部とし、下に総務課、第1課、第2課を設けた。林業部およびその所属の出張所は、全部を撤廃した[20]。

民国35年（1945）11月、台湾拓殖株式会社本社と台湾島内にある支店、出張所、事業所、所属工場およびその財産は、すべて台湾省行政長官公署の台湾拓殖株式会社接収委員会によって接収された[21]。

（2）台拓の事業

台拓の設立の目的は、拓殖事業の経営と拓殖資金の供給にある。その主要な事業は、①拓殖に必要な農業、林業、水産業および水利事業、②拓殖に必要な土地の取得経営と処分、③委託を受けた土地の経営と管理、④拓殖に必要な移民事業、⑤農業者、漁業者および移民に対する拓殖上に必要な物品の供給と生産品の加工販売の購入、⑥拓殖に必要な資金の供給、⑦上記の各項事業所の付帯事業、⑧上記各項のほか、拓殖上に必要な事業をあげている。ただし、経営に要する⑦項と⑧項の事業には、台湾総督の認可を経なければならない。また、台湾島外において経営の①項の諸事業については、その事業および地域では、台湾総督府への申請を経て、拓務大臣の認可を受けなければならない[22]。

創立当時においては、会社名は「台湾拓殖」に定め、台湾官民が最も主要な出資者であった。しかし、その事業の計画では華南、南洋に拡大し、南洋を主要な事業地域とすることであった。そのため、帝国議会議員や世論の質疑を受けた。拓務大臣の永田は、「南洋本位主義は変更ができない」と述べている。

所定の事業の概要は、（1）土地の経営。海埔、渓埔の新生地の開拓および開墾事業。①政府出資の土地をもとの佃農（小作人）に貸し出す。②官有の海埔（干拓地）を放領して、新生地を開拓する。③官有の必要がない林野を承領して開墾する。④開拓した海埔の新生地および開墾の土地を、次第に売り渡す。

2．台拓の組織と事業　65

（2）栽培事業。国策に伴って、日本国内に不足する各種原料を増産するために、台湾の特殊な気候や地勢を利用し、農産物、林産物の生産を奨励すると共に、その付帯事業の実施。（3）農業移民事業。身心の健全な日本本国人を台湾に移住させるために、台湾総督府の計画によって、国庫の補助を受け、官有の未開墾地において、移民村を建設し、「日台融和」に貢献する。（4）拓殖資金の供給。台湾および華南、南洋の各種拓殖企業に対し、必要時に随時、投資あるいは資金の貸し付けを行い、資源の開発を図り、台湾と華南、南洋の経済協力を強化する。同時に、台拓が経営する各種事業の順調な発展を推進するために、その付帯する必要な資金を供給する。（5）海外の各種事業。海外の事業については、正確かつ適切な調査を行い、その上で確実に有利な事業を選んで着手し、調査を経て、次第に実施を進行する[23]。

　日中戦争が勃発し、広東、海南島を占領後、昭和14年（1939）から積極的に広東、海南島の産業および交通、水道工事などの各項建設に、開発投資が行われるようになった。太平洋戦争の勃発後、昭和17年からは更に南洋の新しい占領地に拡大し、いわゆる「南方共栄圏」の各種産業に、投資を開始した。一方、高度な国防体制の整備に合わせて、台湾島内の生産力を拡充し、島内の台湾綿花株式会社、台湾国産自動車株式会社、台湾化成工業株式会社、南日本汽船株式会社などの24の企業への投資が行われ、その投資総額は1,174万円に及んだ。昭和18、19年のこれらの事業の最盛期の島内、海外の主要事業は、次の通りである。

1．台湾の島内事業
（1）社用地の貸し出しは16,861甲。（1甲＝約0.97ヘクタール。）
（2）開墾事業：開墾申請の土地、24,452甲。
（3）干拓事業。台湾西部の海埔（干拓地）新生地、20,000甲の造成を計画、昭和19年3月に、台南州の海埔新生地の拓墾4,668甲が完成。
（4）栽培および造林事業。都蘭事業地777甲。初鹿事業地870甲、池上万安事業地843甲、新開園事業地955甲、池上事業地877甲、鶴岡事業地714甲、

66　第2章　台湾拓殖株式会社檔案とその史料価値

　　玉里大里事業地1,060甲、玉里長良事業地469甲、口湖新港事業地704甲、新化事業地1,940甲、魚池頭社銃櫃事業地900甲、大湖獅潭事業地900甲、合計11,009甲。瑞穂苧麻綿試験場の建造。

（5）鉱業：亀山炭鉱、鶯歌三徳炭鉱、鶯歌三友炭鉱。

（6）移民事業：台中州名間庄新高村、台中州清水街昭和村の日本人移民の処理、南部台湾人353世帯の移民を、花蓮港、台東両庁下において、開墾耕作に従事。

（7）投資：台湾綿麻、台湾国産自動車、台東興発、台湾パルプ工業、台湾野蚕、台湾畜産興業、南日本塩業、東邦金属製錬、星規名産業、台湾化成工業、拓洋水産、新興窒素工業、南日本化学工業、台湾産金、台湾単寧工業、南日本汽船、台湾通信工業、日本協同証券、台湾石炭、台湾石綿、帝国石油、台湾故銅鉄屑統制、新高都市開発、開南航運など24の企業への投資で、投資金額は計1,174万円。

2．海外事業

（1）広東：水道事業、マッチ事業、塩務、鉱業、鉄工業、栽培事業、中山大学農場、貿易、広西のマンガン鉱、汕頭事業。

（2）海南島関係企業

①農林開発企業：台拓の海南島の事業は農林事業に重点を置く。昭和14年5月に、海口近郊の秀英と瓊山に苗圃を設立、三亜に野菜園を開設、一方では、農事旧慣調査を行い、他方では、台湾の優秀品種を導入し、農民に蓬莱種水稲、サトウキビ、野菜および繊維作物の栽培を指導し、成功を収めて、成果は良好であった。昭和19年4月、さらに資本金1,000万円をもって、台拓海南産業株式会社を設立し、各種事業を経営した。主要産業は、1）秀英と瓊山農圃、2）三亜野菜園、3）陵水農場南橋分場約65,500甲、4）三亜農場馬嶺分場約21,000甲。

②自動車事業：公共バスを開設し、海口、三亜を中心に合計30路線を擁した。その長さ1,827キロに及んでいた。同時に、貨物トラック運送および自動

車運転講習所を設置。

③建築事業：海口建築企業を開設し、各開発会社の事務所および住宅など
　を建設した。

④煉瓦製造：台湾から熟練の職工を雇用し、海南島人に煉瓦の製造を訓練し
　た。

⑤製氷事業：軍、政府、病院および一般民衆に供給した。

⑥畜産事業：1）屠畜事業、2）酪農事業、3）皮革事業、4）生畜輸出事
　業、海南島軍民に供給するほか、広東、香港に輸出する。5）骨粉骨油化
　成事業、6）畜牧事業、藤橋牧場を設け、乳肉牛、役牛2万頭の養育計画。

⑦採石事業：潭口採石場の設置など[24]。

（3）香港：水道局、農林拓殖大埔農場、鉱業。

（4）フィリピン：①綿作事業、②綿花工場、③稲作事業、④精米所、⑤麻類
　事業、⑥莧麻事業、⑦その他の作物。

（5）ベトナム：①綿花事業、②鉱業（太原鉄鉱、燐灰石、石炭、石油、マンガン
　鉱、クロミウム（クロム）鉱、黒鉛鉱）。

（6）タイ：①綿花事業、②チーク木材業、③タングステン鉱。

（7）マレー：①稲作事業、②畜産事業、③ゴム事業、④製塩事業、⑤鉄鉱。

（8）シンガポール：①昭南ゴム事業、②パヤレバー牧場（Paya Lebar）、③ジ
　ョホールマサイ農場（Johor Masai）、④アンダマン（Andaman）諸島林業、
　農畜産業、倉庫。

（9）スマトラ：①綿作事業、②稲作事業、③畜産事業、④製塩事業。

（10）インドネシア：①ジャワ製油事業、②規那（キニーネ）事業、③ゴム事
　業、④畜産事業、⑤製材工場、⑥鉱業、⑦石灰工場。

（11）イギリス領北ボルネオ：①タワウ（Tawau）農事試験場、②稲作、③精
　米工場、④麻園、⑤単寧（タンニン）事業。

（12）オランダ領南ボルネオ：①ゴム事業、②単寧（タンニン）事業、③鉱業
　（石油、硫黄）、④スンダ（Sunda）、バリ（Bali）、ロンボク（Lombok）諸島
　の畜産事業。

68　第2章　台湾拓殖株式会社檔案とその史料価値

(13) セレベス（Celebes）：①綿作事業、②綿花工場、③マカッサル（Macassar）牧場、④製塩事業。

(14) ニューギニア：ニューギニア事業地。

(15) オーストラリア：農林、畜産、鉱業。

(16) インド：農林、畜産、鉱業[25]。

　上述の事業地域は、華南、南洋の各地に拡大しているのみならず、インドやオーストラリアにまで発展していることがわかる。その中でも海南島の投資と開発は、最も早かった。海口、楡林両支店を設けるほかに、さらに資本金1,000万円の台拓海南産業株式会社を設立し、各種事業を経営した。もし、侵略と開発、建設と経営が30年継続していた場合、その建設の成果は第2の台湾を造り上げたことであろう。

3．台拓文書檔案の取扱と保存方法

　日本の各級の政府機関においては「文書取扱規程」および「文書編纂保存規程」を制定している。台湾拓殖株式会社についても昭和17年（1942）2月10日に、「文書取扱規程」が制定され、総則、収文分発、擬案、供閲、発文、通信の規定を含んでいる。

　続いて、同年3月19日に、「文書編纂保存規程」が制定された。規定は次のようであった。

（1）決裁を経た公文原案、収文発文の草稿およびその他一切の文書記録は、各課長の責任によって各課係が分類、編纂、保存を行う。ただし、官庁の認可・許可、指令、理事、監事会議の決議書、報告書およびその他の重要文書は秘書課長の責任下の編纂を行う。保存、帳簿、証明書、図表（写真を含む）については、文書取扱に準ずる。

（2）保存文書は、文書決裁の原案、往来文書と付属文書は、案件の結了をもって、全案件を一括して保存する。

3．台拓文書檔案の取扱と保存方法　69

（3）文書は暦年ごとに分類し、案件の終決日時にしたがって、1件ごとに編纂する。ただし、会計文書については、会計年度に従う[26]。

（4）いくつかの分類に跨った文書は最も主要な種類に編入し、他方、写本やそれに相当する事項の記載は参照用紙に記入すること。

（5）文書の保存期間は5種類に分けられ、文書の保管期間の標準区分による。第1種類は永久保管、第2種類は10年間の保管、第3種類は5年間の保管、第4種類は1年間の保管、第5種類は閲覧後に廃棄する。その保管期間の計算は案件終了後の翌年から計算する。

（6）第1種類の永久保管：①定款、例規、株主総会の決議録、営業報告書、貸借対照表、財産目録、損益計算書、証券株券および社債関係文書の永久例証文書。②政府の命令、政府に提出する文書および許認可、指令などに関する文書。③役員会決議書および報告書、④登記と訴願および訴訟に関する文書。⑤役員任免文書。⑥権利義務に関する永久例証文書。⑦各年度予算および決算関係文書。⑧その他の永久保存の必要な重要文書、帳簿および図表。

　　第2種類は10年間の保管：①政府に対する上申の一般文書、暫定的な主管官庁の命令、通牒（公文通知）、②会計原帳、日記帳、補助簿および各種計算表、③証明文書、④営業に関する往来文書、⑤その他10年間以上の保存が必要な文書、帳簿および図表。

　　第3種類は5年間の保管：①満期あるいは解約の契約書、ただし、契約期間の進行中のもの、あるいは契約期間の改訂のものはこの基準によらず、別途に保存する、②その他の5年間以上の保管が必要な一般文書、帳簿および図表。

　　第4種類は1年間の保管：①職員の身分に関する申請書、報告書、②暫定的な文書、帳簿および図表。

　　第5種類は閲覧後に廃棄：1年間保存の必要がない文書、帳簿および図表。

（7）保存期間は、主管課長の決定による。その場合、文書の右上部の欄外に、

70 第 2 章 台湾拓殖株式会社檔案とその史料価値

　　保存年数を記載する。保管期間の特定、あるいは文書の特定が困難な場
　　合、社長の決定を申請する。

（8）保存文書は、目録、装丁リストを付し、年次、保管期間および類別を記
　　載し、同時に保存文書件の名簿および文書類別簿を記載し、保存する。

（9）保存文書は、各課の文庫や鉄製の金庫に保管される。重要文書と永久保
　　存文書は、文書課の文書保存倉庫に保管される。文書保存倉庫は、文書
　　課長によって管理される。

（10）保存期限を過ぎた文書は、社長の決裁を経た後、主管課長が検査役の立
　　会によってこれを廃棄する。ただし、閲覧後の廃棄の文書については、
　　この限りではない[27]。

　台拓は昭和11年（1936）に創立以来、昭和20年（1945）の日本敗戦までのわ
ずか10年間であったが、その檔案は概ね5年以上保存のものが多く、そのため
の多くはなお廃棄されず、保存されていた。

4．台拓檔案の引継と整理経過

　昭和20年（1945）8月15日、日本は敗戦で投降した。10月25日、台湾は光復
（台湾の中華民国政府への返還を指す）を迎えた。台湾省行政長官公署は、台湾拓
殖株式会社接収委員会を立ち上げた。民国35年（1946）11月、台拓の台湾島内
の財産を接収した。台拓檔案は接収委員会の接収後、台湾省行政長官公署の秘
書処に保管した。民国42年（1953）7月、台湾省政府秘書処は、台湾総督府檔
案を台湾省文献委員会に引き渡し、これを受け継いだ。民国47年（1958）6月、
台拓檔案は、台湾省文献委員会への引き渡しが終了した。台湾省文献委員会が
引き継いだ後、台北市延平南路111号の弁公庁には書庫がなかったので、これ
らの檔案を所蔵するために、板橋の王氏の民家を借りて収納した。その後、三
重市の民家を借りて搬送して所蔵した。さらに、民国53年（1964）夏、中和郷
廟美村の林氏の民宅に移送した。民国61年（1972）5月上旬、台湾省文献委員
会は、命令を受けて台北市から台中市南京路18号干城営房に移転した。台拓檔

案は別途、台中県大里郷内新中興路1段11の7号の民家を借りて保管した。しかし、ほどなく租借期限が来たので、改めて大里郷草湖中興路1段256、258号の民家を借りて収蔵した。民国70年（1981）6月、台湾省文献委員会は、干城弁公区から台中市南屯区黎明路37の8号の勤政楼7階に移転した。台拓檔案も勤政楼の地下室に移送所蔵された。民国81年（1992）1月20日、南投市中興新村光明一路252号に建設した台湾省文献史料館が落成し、台拓檔案などの史料はいくつかの変遷を経て、該館に搬送所蔵されることになった。

　台湾省文献委員会に台拓檔案が引継がれたあと、台北市と台中市においては共に適切な書庫がなく、ほとんど民家を借用して放置されていた。空間スペースが狭く、書架に所蔵し整理することも出来なかった。中興新村の台湾省文献史料館に移送後、すなわち、民国81年（1992）7月から整理され、架上にあげられ、民国82年（1993）6月には初歩的な整理上架が完了した。

　台拓檔案は昭和9年（1934）から昭和21年（1945）まで、全部で2,825冊にのぼり、先述のように年度別、組織別ごとに、課・係ごとに分類編纂して保存され、各年度の冊数は次のようである（表2－3）。

台湾拓殖株式会社檔案の年度別の冊数目録[28]

昭和 9 年（1934）	1冊
昭和11年（1936）	50冊 (ママ)
昭和12年（1937）	74冊
昭和13年（1938）	118冊
昭和14年（1939）	213冊
昭和15年（1940）	356冊
昭和16年（1941）	303冊
昭和17年（1942）	328冊
昭和18年（1943）	301冊
昭和19年（1944）	259冊
昭和20年（1945）	143冊

表2-3　台拓檔案課別冊数の統計表

年別	秘書課	人事課	調査課	資料課	鉱業課	船舶課	電信課	法規課	審議係	文書係	主計課	経理課	調度課	資材課	物資課	営膳課	用度課	株式係	土地課	拓殖課	企業課	南支課	南洋課	接収委員会	合計
昭和9年										1															1
11年										21		10						20							51
12年			2							15		33						20				1	3		74
13年			7	2						31		58						15				3	2		118
14年			6				1	8	2			96	30	3	2			26	2	1		33	3		213
15年	1	9	4		1			15		11	28	158	40	37	5			13	2	1		27	4		356
16年	3	3	9		3			4	1	10	27	107	42	35	2			17				24	16		303
17年	4	6	5			6		6		13	24	105	22	5	56	1		31			6	22	16		328
18年	8		5					8		11		163		1	54	1		16				14	20		301
19年	9	3			1	6				5	10	160	16								10	22	9		259
20年	6	2			1			8		9	2	78	12	6								18	1		143
21年		14	10		3			17			1	50	12	4	1			1				1		143	257
昭和11年〜	1									4		2						6							13
12年〜			1					2		3		12						1				3	2		24
13年〜	3							2		4		11	1					1			1	1	8		32
14年〜	1						1	1		2	10	10						1			1	10	1		38
15年〜						1		17		6	1	10	3	3	3		1	5				15	8		73
16年〜		5		4	2			14		6		8	6		1			10			4	6	11		80
17年〜		5	1					9		2	15	12						10				3	6		64
18年〜	1	3						2		4		11						8	1			4	4		39
19年〜		3	2							3		24						5				3	1		43
20年〜	1	2						1		1		7									1	3			16
合計	38	55	39	21	14	7	12	88	2	164	121	1124	156	84	201	6	1	187	6	3	95	178	80	143	2825

（注）台湾省文献委員会の洪麗花編『台湾拓殖株式会社年度別冊数目録』に基づいて作成。

昭和21年（1946）　257冊

計　　　　　　　　2,403冊

年度を跨る分冊目録

昭和11年（1936）から　13冊

昭和12年（1937）から　24冊

昭和13年（1938）から　32冊

昭和14年（1939）から　38冊

昭和15年（1940）から　73冊

4．台拓檔案の引継と整理経過　73

昭和16年（1941）から　　80冊

昭和17年（1942）から　　64冊

昭和18年（1943）から　　39冊

昭和19年（1944）から　　43冊

昭和20年（1945）から　　16冊

計　　　　　　　　　422冊

総計　　　　　　　2,825冊

　台湾省文献委員会はさらに一歩進んで、毎冊ごとの檔案の冊名および冊ごとの案件の事由目録を編製し、同時に保存用としてDVDを作成することを計画して、数セットを作成し、閲覧研究に開放するようにしている。

　その檔冊の名称を具体的に言えば、昭和14年（1939）の213冊の中、「南支課」は33冊、そのうち、「広東事業全般（極秘）」、「両広地勢塩務調査報告」、「海南島塩業調査」、「海南島自動車事業」、「海南島楡林煉瓦工場」などの檔冊がある。昭和15年（1926）の356冊のうちには、「第4回定時株主総会書類」、「広東海南島重要物資需給調査書類」、「東京支店経理状況」、「海口建築公司綴」、「帝国議会説明資料業務概要」、「海南島農林開発事業」、「単寧工業書類」、「特殊事業南油公司関係書類」などの檔冊がある。

　昭和16年（1941）の303冊の中には、「事業概況説明書」、「増資事業説明資料」、「広東ヲ中心トスル対南洋貿易ニ就テ」、「各支店出張所事業報告書類」、「南支南洋事業中金利所要額調査付属書類」、「海南島事業計画書」、「海南島農林関係書類」、「海口支店秀英、瓊山農園」、「藤橋牧場」。「三亜農場」、「増資特別委員会書類（極秘）」、「人事課往復書類」などの檔冊がある。

　昭和17年（1942）の328冊の中には、「楡木工務所」、「比島綿作事業」、「マレー、スマトラ米作事業」、「陵水農場製糖機械関係書」、「広東、香港、ニューギニア事業地」、「三徳鉱業所」、「開南航運関係書類」、「楡林工務所人夫輸送書類（各州海軍官役人夫海南島渡航名冊）」、「昭和17年増資事業計画書（南方占領地ニ於ケル事業計画書）」、「昭和17年度事業予算概算書（島内事業、島外事業）」などの檔冊

74　第2章　台湾拓殖株式会社檔案とその史料価値

がある。

昭和18年（1943）の301冊の中には、「新高都市開発株式会社設立案参考資料（秘）」、「セレベス綿作原議綴」、「スンダ列島事業所」、「畜産雑件（バリ、ロンボク関係、豪州、インド方面事業)」、「仏印太原鉄鉱区採鉱計画図」、「仏印燐灰石鉱山苦力表綴」、「仏印ウオンビ（Uong Bi）炭田、ラオス油田調査資料関係図」、「高平マンガン関係図」、「大東亜省委託海南島開拓民入植事業経営計画書」、「台拓関係法令」などの檔冊がある。

昭和19年（1944）の259冊の中には、「各地店所事務分掌」、「花蓮港出張所」、「台拓厚生会規則、規程」、「重要工場事業調査書」、「台拓事業説明書記録（海外)」、「陸軍及び海軍特別志願兵ニ係ル（台拓職員中)」などの檔冊がある。

昭和20年（1945）の143冊の中には、「南日本塩業株式会社財産目録」、「セレベス綿作」、「台東出張所」、「広東支店綴」、「極秘文書収発簿」、「海外勘定内訳簿」、「民国34年度決算書」などの檔冊である。

昭和21年（1946）の257冊の中には、大部分は接収移行リストである[29]。

台拓の東京支店事務所分掌規程によると、規定は昭和18年8月20日からであり、東京支店にも南支課、南方課、泰仏印課が設けられ、該当地域の経済建設、資源開発および付帯の各種事業を掌管した。華南および南洋の台拓各支店、出張所および所属機構は、該当部署の事務分掌規程によって、該当機構の対外文書は、抄副本を取った上で、本店および東京支店に順次送達した[30]。そのため、東京支店には支店自身が保存している檔案のほかに、華南、南洋各支店所からの往来文書が保存されている。日本の敗戦後、台湾島外の台拓檔案は東京支店に保存されている檔案のほか、その他の華南、南洋の台拓各支店、出張所および所属機構の檔案は、恐らく敗戦後に台拓海外駐在人員によって焼燬されたか、または各該当地域の政府によって接収されてしまった。

5．台拓檔案の史料価値と研究利用

台拓檔案は台拓本店に残された檔案である。台拓本店と各支店、出張所など

の所属機構および台拓と政府関係機関などとの往来文書である。

　檔案の冊数について言えば、決算、一般会計、金銭出納、有価証券、資金運用などの業務を管掌する経理課の檔案が最も多く、1,124冊である。その次は、物資需給、配給、分配、保管および輸送を管掌する資材課のものが多く、合計で285冊である。第3は株式係の187冊である。第4は南支課の178冊である。第5は文書課の164冊である。第6は建築、営繕を管掌する調度課と営繕課の162冊である。第7は接収委員会の引き渡しの登記台帳の143冊である。第8は予算、社債、借入款と政府歳計関係を管掌する主計課の121冊である。第9は法規係の88冊である。第10は南洋課の80冊である。詳細は表2－3を参考にして頂きたい。

　既に述べたように、台拓の事業は初期においては台湾島内の（1）土地管理、干拓および開墾事業、（2）拓殖に必要な農林業、水産業、水利事業ならびに移民事業、（3）拓殖資金の供給をもって、台湾の天然資源などの開発を行うなどの主要事業であったが、拓務大臣の永田秀次郎は、衆議院付託委員会会議において、委員の木下信に対する答弁で、「台湾拓殖の事業は台湾を主とし、南支・南洋は従とするが、南洋主義は変更ができない」と述べていた[31]。

　そのために、台拓の設立初期においては、華南、南洋の拓殖事業を企画し、ならびに業務部に企画課と事業課の2つの課を配置し、海外事業の調査、企画、経営を行っていた。しかし、南進戦争の進展にしたがって、改めて南支課、南洋課を設置し、その後、南支第1課、第2課、南洋第1課、南洋第2課を増設した。太平洋戦争の勃発後、再び改めて南方第1部を設け、その下に第1課、第2課、南方第2部の下に第3課、第4課を置いた。日本軍の南洋占領地域の拡大に伴って、産業開発および経済建設に進出し、従事するようになった。

　台拓は創設から日本の敗戦による終焉を迎えるまで、わずか10年に過ぎない。その経営の事業は、台湾島内の拓殖、開拓、干拓、農林栽培、移民、島内の農工鉱業、交通事業への投資を行った。日本軍の南進侵略戦争と共に、華南、東南アジア、南洋およびオーストラリアに及ぶ広大な占領地域の拓殖事業による資源の開発に、投入した人力、物力、財力を比較すると、台湾島内よりも多い

のであった。日本政府は、別途に東洋拓殖株式会社、南洋拓殖株式会社を設け、華南、南洋の産業開発に参入したが、東洋拓殖株式会社は当時の満州、モンゴルと中国大陸を主要な事業区としていた。南洋拓殖株式会社は「委任統治」のマリアナ（Mariana）、マーシャル（Marshall）、カロリン（Caroline）諸島およびニューギニア島のパプア（Papua）を主要とする事業区であった[32]。華南、南洋地域は総じて台拓の拓殖の規模が最大のものであり、その開発規模の経営地域が最も広範囲であり、それはオランダ東インド会社およびイギリス東インド会社の経営範囲を遥かに凌駕していた。太平洋戦争の前の列強のイギリス、アメリカ、フランス、オランダ、ポルトガルが所属する広大な東南アジア、南洋諸島、オーストラリアおよび華南を含んでいたのであった。

　これらの檔案は台拓本店の台湾島内および海外の支店、出張所、事務所など所属の事業機構の株主名簿、組織、人力、財力の動員および経営事業の調査、計画、実施成果のすべての記録を含んでいる。例えば、台湾滞在の日本人と台湾人を動員し、華南、海南島、南洋などの各地に赴任した人員の名簿もあり、海外各地の事業計画、事業報告も多く、史料価値が極めて高い。

　これらの檔案にその他の台拓文献資料を利用し、台拓の台湾島内の機構および各種の事業を研究することができる。それは社有地の貸し出し、開墾事業、干拓事業、農林事業、移民事業、鉱業、新高都市株式会社および他の投資会社の状況および光復接収後、つまり台拓の廃止後の台拓の財産取扱状況をも含んでいる。しかも、「台拓と南方共栄圏の建設」の主題の下で、（１）日本の占領時期の台拓の華南、広東、広西の機構と事業、（２）日本占領時期の台拓の海南島の機構と事業、（３）日本占領時期の台拓の香港の機構と事業、（４）日本の占領時期の台拓のベトナムの機構と事業、（５）日本の占領時期の台拓のタイの機構と事業、（６）日本の占領時期の台拓のマレー、シンガポール（昭南島）の機構と事業、（７）日本の占領時期の台拓のフィリピンの機構と事業、（８）日本の占領時期の台拓のスマトラの機構と事業、（９）日本の占領時期の台拓のインドネシアのジャワの機構と事業、（10）日本の占領時期の台拓の南・北ボルネオの機構と事業、（11）日本の占領時期の台拓のセレベス（Celebes）

の機構と事業、(12) 日本の占領時期の台拓のニューギニア、オーストラリア、ビルマ、インドの機構と事業など、台拓がいわゆる「南方共栄圏」の下で行った華南、南洋の全体の産業開発、経済建設およびその役割を検討することができる。

台拓の華南、南洋の産業開発と経済建設は、一方面では軍糧に合わせた軍需用物資の供給のために、その事業を開発することにある。他方面では、南進政策に合わせて国家経済が必要とする、事業を推進することである。台拓は台湾総督府の官民の資本を主とし、主宰者は日本政府、日本人であるが、台湾を根拠地にしていていたために、多くの台湾人を華南、南洋の産業開発および経済建設などの事業に動員していた。総じて当時の台湾の官民全体が参入したのであり、そのために、台拓檔案を利用して大東亜戦争の日本占領期間を研究すると、台拓の華南、南洋の各地の産業開発、経済建設の日本に対する利益について、それに太平洋戦争への役割、作戦関係および該当地域の国家との関係と影響を研究することによって、台湾史の東洋史、世界史の上での関係と地位を向上させることができる。これらの諸問題に対し台拓檔案は研究史料として利用することに大きな価値を持っている。研究機構や大学の歴史研究所と収蔵機構の台湾省文献委員会を開放し、協力して研究を進め、しかも、「台拓と南方共栄圏の建設」の学術シンポジュームを開催すべきであろう。

注

（１）　井出季和太『台湾治績志』台北、台湾日日新聞社、昭和12年、1199頁。

（２）　もとの名称は南方経済調査会であったが、国際情勢を考慮し、熱帯産業調査会に変更した。

（３）　『台湾治績志』、1200頁。

（４）　『台湾拓殖株式会社関係法令及び定款』台湾拓殖株式会社（以下、台拓と略称）、昭和15年、17頁。枠本誠一『「台湾拓殖」の出来るまで』東京、財界之日本社、昭和11年、代序３頁。

（５）　詳しくは、枠本誠一『「台湾拓殖」の出来るまで』を参照。

（６）　『台湾総督府府報』第2714号、昭和11年６月20日。

78　第2章　台湾拓殖株式会社檔案とその史料価値

（7）　『台湾総督府府報』第2747号、昭和11年7月31日。

（8）　『台湾治績志』、1200頁、1204頁、1208頁。台湾総督府編『台湾統治概要』昭和20年、344頁。

（9）　『台湾拓殖株式会社関係法令及び定款』21頁。『台湾治績志』、1200頁、1205頁。『「台湾拓殖」の出来るまで』東京、財界之日本社、昭和11年、代序1頁。

（10）　台湾総督府編『台湾統治概要』昭和20年、344頁。

（11）　『台湾治績志』、1200頁、1201頁。昭和12年2月10日制定「台湾拓殖株式会社社則」、『台湾拓殖株式会社社報』第8号、昭和12年2月12日。

（12）　『台湾拓殖株式会社社報』第8号、昭和12年2月12日。

（13）　昭和14年9月1日改正「台湾拓殖株式会社社則」。

（14）　台拓文書課編『台湾拓殖株式会社事務概観』台北、台拓、昭和15年、134頁、135頁。

（15）　注14に同じ。

（16）　昭和15年7月25日に制定の台湾拓殖株式会社広東事務分掌規程。

（17）　昭和16年2月1日改正の「台湾拓殖株式会社社則」。

（18）　昭和17年10月24日改正の「台湾拓殖株式会社社則」。

（19）　昭和19年7月1日改正の「台湾拓殖株式会社社則」、『台湾拓殖株式会社規定輯覧』19〜74の17頁。『台湾拓殖株式会社社報』第146〜154号、昭和19年2月29日〜6月30日。

（20）　昭和20年8月15日改正の「台湾拓殖株式会社社則」、『台湾拓殖株式会社規定輯覧』17〜29頁、36〜45頁。

（21）　台湾拓殖株式会社檔案、『民國35年接収清冊』。

（22）　「台湾拓殖株式会社法」『台湾総督府府報』第2714号、昭和11年6月20日。「台湾拓殖株式会社法施行令」『台湾総督府府報』第2747号、昭和11年7月31日。『台湾治績志』、1200頁、1203頁。

（23）　『台湾治績志』、1203頁、1204頁。

（24）　『台湾統治概要』344〜355頁。

（25）　台湾拓殖株式会社檔案、昭和14年〜20年。

（26）　日本政府の会計年度は4月1日〜翌年の3月31日。

（27）　『台湾拓殖株式会社規定輯覧』81〜87頁。

（28）　台湾省文献委員会洪麗花編製の『台湾拓殖株式会社檔案年度別冊数目録』によ

注　79

る。

(29)　台湾拓殖株式会社檔案、昭和14年～21年。

(30)　『台湾拓殖株式会社規定輯覧』71頁、72頁、83頁。

(31)　『「台湾拓殖」の出来るまで』7頁、8頁、122～126頁、129頁。

(32)　『「台湾拓殖」の出来るまで』23頁、24頁、54～56頁。

訳者加注

（＊1）　バターン島（Bataan）はフィリピン北部ルソン島の西側のバターン半島。

（＊2）　セレベスはインドネシア中部にある島。植民地時代はセレベス島（Celebes）
　　　と呼ばれたが、インドネシア独立後は一般的にはスラウェシ島と呼ばれる。

（＊3）　マカッサル（Macassar）はインドネシアの都市。旧名はウジュン・パンダン
　　　（Ujung Pandang）。スラウェシ島の南部に位置し、南スラウェシ州の州都。

（＊4）　スラバヤ（Surabays)はインドネシア第2の都市であり、東ジャワ州の州都。

（＊5）　ポンティアナック（Pontianak）はインドネシア・カリマンタン島に位置する
　　　西カリマンタン州の州都。

（＊6）　ハイフォン（Hài Phòng）はベトナム北部最大の港湾都市。

（＊7）　イポー（Ipoh）はマレーシアのペラ州の州都。

（＊8）　ペナン（Penang）はマレー半島北西部の13の連邦州の1つ。

（＊9）　アビ（Api）はもとのクチン（Kuching）、マレーシア、サラワク州の州都。

（＊10）　パダン（Padang）はインドネシア、西スマトラ州の州都であり最大の都市。

（＊11）　サンダカン（Sanda Kan）はマレーシア・サバ州の州都コタキナバルに次ぐ
　　　第2の商業都市。

（＊12）　クリアン（Khleangs）はカンボジアにあるアンコール遺跡群のうち、アンコー
　　　ル・トムの王宮の東側に位置する2つのヒンドゥー教遺跡。

（＊13）　アンダマン（Andaman）はインド東部のベンガル湾に浮かぶ、インドに属す
　　　る島々。南の方にあるニコバル諸島と共に、インドの連邦直轄地域アンダマン・
　　　ニコバル諸島。

（＊14）　ペラ（Perak）はマレーシア西海岸の州。

（＊15）　ケダ（Kedah）は半島部マレーシアの北部西岸に位置する州。

（＊16）　タイアン・ガンビル（Gambir）はインドネシアの首都ジャカルタの中心部に
　　　あるジャワ島の主な都市を結ぶ駅。

80　第 2 章　台湾拓殖株式会社檔案とその史料価値

（＊17）　バタンガス（Butangas）はフィリピン共和国のルソン島のカラバルソン地方のバタンガス州の州都且つ最大都市。

（＊18）　ネグロス（Negros）はフィリピン中部のビサヤ諸島にある島で、フィリピン 4 番目の大きさの島。

（＊19）　ブラガン（Bulacan）はフィリピン北部ルソン島の中部に位置する州。

（＊20）　クダッ（Kudat）は東マレーシア・ボルネオ島北端のサバ州にある町。州都のコタキナバルからは約190kmの距離である。

（＊21）　ケニンガウ（Kenigau）はマレーシアのサバ州ブタラマン省。

（＊22）　ボートブレアー（Port Blair）はインドのアンダマン諸島とニコバル諸島からなるインド連邦直轄地域、アンダマン・ニコバル諸島最大の都市。

（＊23）　ベルラン（Beluran）はマレーシア・サバ州のサンダカン省のブルラン郡。

（＊24）　ラハッ・ダトゥ（Lahad Datu）はマレーシア東部、ボルネオ島北東部のサバ州タワウ省ラハダトゥ郡。

（＊25）　タワウ（Tawau）はマレーシア・サバ州にある都市で、コタキナバル、サンダカンに次ぐサバ州で三番目に大きい都市。

（＊26）　アンボン（Ambon）はインドネシア東部の最大の都市の一つで、マルク州の州都でもある。

（＊27）　リオ（Lio）はマレーシアのサラワク州の町。

（＊28）　トダナン（Todanan）はインドネシアの中部ジャワの町。

第3章 台湾拓殖株式会社の土地投資と経営
―総督府出資の社有地を中心に―

王　世　慶

1．前言

　　領台以降、台湾総督府は既に40余年を経て、官民協力で各方面のインフラ建設、教育の向上、産業の発展などに、極めて顕著な成果と発展を収めて来た。しかし、その天賦と資源は依然として多くの企画や経営についての考察が必要である。しかも台湾の重要性はその豊富な天賦と資源だけではなく、最も重要なのはその優越な地理上の位置である。それは南進政策の国策に合わせて、華南、南洋の経済協力による相互の福祉の増進を強化するようになった。まず、昭和10年（1935）5月14日に熱帯産業調査会を設立した。10月19日に会議を開催し、台湾拓殖株式会社（以下、台拓）の設立する提言があり、それによって台湾対華南、南洋の経済建設の使命を達成するように期待された[1]。

　　そこで日本政府は台湾と華南、南洋の拓殖事業の経営および拓殖資金の提供を目的とし、半官半民の特殊企業の国策会社を設立した。すなわち、昭和11年（1936）5月12日に帝国議会第69回特別会議を開催し、台湾拓殖株式会社法案を提出して、熱烈な質疑応答を経て、同年5月25日に議会両院を通過した。同年6月2日に法律第43号で台湾拓殖株式会社法を公布し、同年7月29日に勅令第239号で台湾官有財産評価委員会官制を公布した。7月30日に会社設立委員81人を公布し、委員長は伯爵の児玉秀雄、副委員長は総督府総務長官の平塚広義と三菱合資会社理事の加藤恭平である。8月24日、25日に設立委員会が開催された。11月15日に創立大会が開催され、11月25日に三菱合資会社理事の加藤恭平が社長となり、12月5日に登記が完了し、当日より正式に業務が開始され

82 第3章 台湾拓殖株式会社の土地投資と経営

た。初めに本店は台北市北門町8番地に設けられたが、昭和12年（1937）8月15日に台北市栄町3丁目1番地の帝国生命館内に移転した[2]。

　台拓の資本金は創立当初3,000万円、株数は60万株、1株の金額は50円であった。内訳の半数の30万株は台湾総督府の出資株で、その残りの30万株の20万株は糖業連合会、三井、三菱、銀行グループ、生命保険グループなどの企業に分配され、残りの10万株は日本内地と台湾の民間有力者の持株となった[3]。創立当初、日本内地の内地人（日本人）の株主は2,952人、持株数は204,530株である。台湾の株主は台湾総督府が投資した30万株以外に、日本人の株主は992人、持株数は74,390株で、台湾人の株主は668人、持株数は21,080株である。台湾の株主は1,661人、持株数は395,470株であり、総株主は4,613人、持株数は60万株であった。日本人の株主数は3,944人で、台湾人の668人と比べて3,276人も多い。日本人株主の持株数は278,920株で、台湾人の持株数の21,080株に比べて257,840株も多い。台湾人個人の株主の持株数が最も多いのは林熊徴、顔國年の2人で、それぞれ1,000株を持ち、それぞれ5万円を出資した[4]。

　台拓の土地投資経営は、総督府の土地投資、すなわち社有地の経営のほか、官有地の開墾、干拓の海埔新生地の開拓および土地の購入などの事業が含まれている。本論はまず、総督府が出資した土地の経営、出資の根拠、出資土地の種類別面積の評価、移転の経過、土地の所在地分布、増資土地の情況、土地経営管理の行政系統、社有地の貸出料の受け入れ情況、社有地の貸出の営利情況および貸出の台拓の営利上における重要性、それに光復（台湾の中華民国政府への返還）後の台拓の社有地の接収情況に至るまでを考察するのが目的である[5]。

2．総督府の台拓に対する土地投資

（1）土地投資の根拠および創立時の土地投資

　昭和11年（1936）6月3日、法律第43号をもって公布した台湾拓殖株式会社法第4条の規定に基づいて、政府は台湾総督府の管理の金銭以外の財産を出資することができた。また、昭和11年7月30日、勅令第238号公布の台湾拓殖株

2. 総督府の台拓に対する土地投資　83

表 3 - 1　総督府出資の土地評価表

地　　目	面　積 (甲)	価　　格 (円)	1甲当たりの価格 (円)	筆　　数
田	7,999.18	11,928,662.98	1,491.24	15,551
畑	5,388.82	2,505,441.21	468.41	8,072
建　　設　　地	147.2484	213,044.72	1,446.84	1,003
魚　養　殖　池	1,022.7723	393,568.40	384.81	322
雑　　種　　地	26.1730	43,116.26	1,647.36	365
山　　　　林	122.6436	1,263.79	99.95	30
野　　　　原	372.2195	28,421.96	76.36	587
池　　　　沼	24.4406	5,495.91	224.87	18
用　　水　　路	88.5601	54,491.64	615.31	2,068
合　　計	15,042.0491	15,173,506.93	1,008.74	28,016
差 し 引 き 額		173,506.34		
内　　　　訳		92,238.86	1 年の12分の 5 の公課	
内　　　　訳		81,267.48	1 年の12分の1の官租に相当	
差し引いた価格		15,000,000.59		

（出所）『台拓檔案影本』V.170、「参考資料（二）昭和13年」。

式会社施行令第 1 条の規定をもって、政府は台湾拓殖株式会社法第 4 条の規定
で出資する時に、出資の目的の財産価格を台湾官有財産評価委員会に諮問を行
う必要がある。第 5 条の規定には、台拓の経営事業は、（1）拓殖に必要とす
る農業、林業、水産業および水利事業、（2）拓殖に必要とする土地の獲得
（土地の権利を含む）、経営および処分、（3）委託による土地の経営、管理など
があげられている。

　これによって、台湾総督の中川健蔵は同年 8 月 8 日に、総内第980号函をもっ
て、政府による台拓の出資の1,500万円の土地評価について台湾官有財産評価
委員会に意見を伺った（表 3 - 1）。

　台湾官有財産評価委員会の評価の同意を経て、台湾総督の中川健蔵は昭和11
年11月16日に台湾拓殖株式会社設立委員長の児玉秀雄に「出資命令書」を公布
した。その内容は次のようであった。（1）政府は台湾拓殖株式会社法第4条の
規定に基づいて、附件の如く、政府出資の土地清冊（3 冊）の財産価格1,500万
円をもって台拓に投資する。（2）土地の所有権を出資し、昭和11年11月16日
に台拓に移転する。台拓は出資分の金額30万円相当分の株券30万株を総督府に

84 第3章 台湾拓殖株式会社の土地投資と経営

提出する。当時、台拓はまだ正式に設立されていないため、設立委員長の児玉
が株券の一時保管を行い、11月25日に台拓が設立時に設立委員長の児玉が社長
の加藤恭平に引き渡す[6]。

　その後、台拓は昭和11年8月27日に認可された台湾拓殖株式会社定款第10条
によって、政府の出資財産は下記のようであると承認した。

一、田（水田）	7,999甲	1分7厘5毛5系	
二、旱（畑）	5,348甲	8分1厘5毛1系	
三、魚養殖池	1,022甲	7分7厘3毛3系	
四、建設地	144甲	2分4厘8毛4系	
五、山林原野	384甲	8分6厘3毛1系	
（1）山林	12甲	6分4厘3毛6系	
（2）原野	372甲	2分1厘9毛5系	
六、雑種地その他	139甲	1分7厘3毛7系	
（1）雑種地	26甲	1分7厘3毛0系	
（2）池沼	24甲	4分4厘0毛6系	
（3）用水路	88甲	5分6厘0毛1系	
合計	15,042甲	0分4厘9毛1系	

　　　以上　価格15,000,000円

　その財産価格1,500万円に対する全金額払込済みの株券30万株を発給した[7]。
　昭和11年（1936）11月1日、台拓設立委員会と総督府地方課が、政府の出資
財産の移転事項について協議した。その協議内容は、（1）政府出資の財産移
転：①政府が出資すべき財産は、評価委員会で決定した官租地の一筆ごとの評
価調査リストであり、会社設立委員長は台湾総督府に出資する土地の移転を要
求する。②台湾総督府は評価委員会が決定した官租地の一筆ごとの評価調査リ
ストおよび地籍図謄本を設立委員長に渡すこと。設立委員長は領収証を台湾総
督に提出し、それをもって出資した土地の実地の引き渡しを完成したと見なす。
③引き継ぎの時期は、官租地の処分の差し引き、および付随する調定するなど

2．総督府の台拓に対する土地投資　　85

の要因を随時に考慮すること。11月中旬の適切な時期に行う。（2）出資する
財産の登記：①出資財産の官租地の保存登記は、昭和11年11月15日までに、す
べての処理を完了する。②会社の設立後、政府が出資する土地所有権の移転登
記に必要とする登録税をなるべく早く準備して処理する。該当する管轄の地方
長官に所有権の移転の登記手続きを履行するように要求する。③前項の要求を
受ける地方長官は、所属する登記官庁に対し、登記手続きを直ちに処理すると
嘱託すること[8]。

　台拓は台北、新竹、台中、台南、高雄の各州の税務課、宜蘭、南投、嘉義、
屏東の税務出張所および台拓会社が設立した事務所に、土地管理事務員を配置
する。地方配置員は各種の帳簿および関連する文書の事務の引き継ぎを行う。
①政府が出資する土地に関する官租地の台帳およびその他の関連文書は、税務
課および税務出張所と協議すること。過去の政府の使用者から引き継いて管理
し、移管リストを作成する。②配置員は前項の文書を引き継ぎ時にその目録を
製作し、設立した事務所に報告する。③配置員は引き継ぎの各種の帳簿および
文書を適切に処理し、保管しなければならない[9]。

　そして、政府の出資土地の15,042甲44厘9毛1系、総筆数28,016筆は、昭和
11年11月25日に国庫からその所有権を台拓に移転した[10]。昭和12年3月25日、
該当する州知事に政府出資の不動産所有権の移転登記の申請を完成させる。登
録税4万5,000円13銭を支払った。登録税は台拓会社法第4条の規定の3‰
（1千分の3）とする。一般の登録税よりも30‰（1千分の30）低い。各州の移転
登記の筆数は台北州の2,498筆、新竹州の303筆、台中州の8,869筆、台南州の
12,601筆、高雄州の3,745筆、合計で28,016筆である[11]。ちなみに、台湾総督府
の昭和12年の官租地（公有無賦地）の面積は、昭和11年の108,889甲（105,613ヘ
クタール）から93,098甲（90,297ヘクタール）に減少している[12]。

　台湾総督府の官租地の15,000甲余は、当時の官租地の7分の1を占めていた。
台拓に投資した理由は、台湾総督府の総務長官を歴任した木下信が帝国議会で
「台湾拓殖株式会社」案の審議時の答弁において、「第1の目的は、総督府は地
主の立場から離脱することを望んでいた。それは総督府が長期にわたって官租

86 第3章 台湾拓殖株式会社の土地投資と経営

地の貸出費を徴収することは、人々を心服させるものでないからである。第2
の目的は、土地政策に基づいてこれらの土地（官租地）を一般人に放領させる
のは決して賢明な方法ではない。特に、濁水渓付近に数千町歩（1町歩は3,000
坪、約1甲に相当）の氾濫開墾地や、台南、台中沿海地域に相当広大な有望な未
開墾地があり、これらの土地を土地政策によって放領させた場合、いつかの間
に日本人の手から離れ、種々の人の手に入ってしまう。これは本来言うべきで
ないが、台湾の統治の上から言えば、上策でない。そのために、官租地および
土地政策の観点から、会社（台拓）に土地を保有させ、土地の分散を防ぐこと
ができる。その会社（台拓）は台湾の殖産事業に全力を投入する」と述べてい
る[13]。まさに梁華璜が語ったように、いわゆる「一般人」と「種々の人」は明
らかにすべてが台湾の農民を指している。したがって、拓殖会社を組織し、官
租地や国有地を経営するのは、その主な目的は土地の独占である。これはもと
もとの大地主の「台湾総督府」から別の大地主の「台拓」に移転したに過ぎな
い[14]。台拓から言えば、政府が出資した土地は台拓の重要な財産になり、台拓
の財務の基礎を強固にすることができた。会社の経済と信頼の核心になり、民間
資金を容易に吸収することができ、会社の事業を発展させることができた[15]。

（2）増資時の土地投資

　台拓の創設の翌年（1937）7月7日、日中戦争が勃発し、日本軍は前後して
華南の広東、海南島を占領した。さらに、昭和16年（1941）12月8日、太平洋
戦争が発動され、中南半島および南洋諸島を占領した。台拓は政府の南進戦争
に乗じて、島内外の経済、産業、拓殖などの各種事業を拡大し、国策会社とし
ての使命を達成するため、資本金の増加を計画した。政府に増資を要求した理
由は、「本社は設立以降、4年半の間に対外的に日中戦争が発生し、対内的に
生産力の拡充計画が要求された。特に、最近の帝国南方経済の施策が拡大し、
今後の本社の南方事業に対する使命がますます重要になると信じていた。この
ような情勢のもとで、本社が増資の場合、設立当初と同じように、政府に極力
出資を懇請し、有力な指導と支援を希望していた」ことにある[16]。

2．総督府の台拓に対する土地投資　87

表 3 - 2　政府増資出資の現物4,000万円の土地調査書（昭和16年 6 月）

区　分	地目	面積 （甲）	貸付小作料 （円）	1 甲当たりの 小作料（円）	1 甲当たりの 地価（円）	地価総額 （円）
官　　租　　地	田	1,562	208,407	133.42	1,900	2,967,800
	畑	2,001	79,150	39.55	750	1,500,750
	その他	378	31,467	83.24	1,300	491,400
	計	3,941	319,024	86.95	－	4,959,950
国有財産法によ る貸付許可地	田	768	44,300	57.68	1,300	998,400
	畑	4,912	72,703	14.8	530	2,603,360
	その他	7,439	390,191	52.45	920	6,843,880
	計	13,119	507,194	38.66	－	10,445,640
特別処分令の貸 付許可地	田	16,023	45,203	2.82	480	7,691,040
	畑	15,937	44,144	2.76	190	3,028,030
	その他	15,497	42,565	2.74	190	2,944,430
	計	47,457	131,912	2.77	－	13,663,500
特別処分による 開墾地貸付許可 地	田	1,733	11,906	6.87	1,200	2,079,600
	畑	4,656	34,506	7.41	486	2,234,880
	その他	1,683	8,196	4.92	480	798,240
	計	8,052	54,608	6.78	－	5,112,720
集 団 保 留 地		9,530	－	－	50	476,500
平地不要存置地		87,911	－	－	50	4,395,500
番 地 未 処 分 地		13,818	－	－	10	138,180
計		183,828	1,012,738	－	－	39,192,040

（出所）『台拓檔案影本』V.1078下。

　そこで昭和16年（1941） 6 月20日、 1 億円と6,000万円の両種類の増資方案を計画し、10年間の事業計画書および政府増資の現物出資の4,000万円と1,500万円の土地調査書を作成した。その増資方策および政府の増資出資の土地調査書は次の通りである。

　第 1 案：昭和17年度、現存の資本金3,000万円を 1 億円に増額する。その増資額の7,000万円のうち、4,000万円は政府の現物出資4,000万円に頼り、残りの3,000万円は民間から出資を集める（表 3 - 2 ）。

　第 2 案：昭和17年度、現存の資本金3,000万円を6,000万円に増資する。その増資額3,000万円の半分は政府の現物出資1,500万円、残りの1,500万円は民間から出資を集める（表 3 - 3 ）[17]。

88　第3章　台湾拓殖株式会社の土地投資と経営

表3-3　政府増資による出資現物1,500万円の土地調査書（昭和16年6月）

区　分	地目	面積（甲）	貸付小作料（円）	1甲当たりの小作料（円）	1甲当たりの地価（円）	地価総額（円）
官　租　地	田	1,562	208,407	133.42	1,900	2,967,800
	畑	2,001	79,150	39.55	750	1,500,750
	その他	378	31,467	83	1,300	491,400
	計	3,941	319,024	80.95	－	4,959,950
国有財産法による貸付許可地	田	768	44,300	57.68	1,300	998,400
	畑	4,912	72,703	14.8	530	2,603,360
	その他	7,439	390,191	52.45	920	6,843,880
	計	13,119	507,194	38.66	－	10,445,640
計		17,060	826,268	－	－	15,405,590

（出所）『台拓檔案影本』V.1078下。

　その後、7月初に増資計画要項の草案を制定し、7月8日に台湾総督府で協調会議の開催時に提出して、討論を行った。ならびに、資本金をもとの3,000万円から7,000万円に増加した。増額の4,000万円のうち、政府からの現物出資2,500万円で、残りの1,500万円は民間から出資を集める。政府に現物出資を要求した理由は次のようであった。

　「本社の事業はその性質上、直ちに収益を得るものは非常に少ない。そのために、事業の経営は相当困難である。創立時に政府より収益財産の現物出資の提供があったが、しかし、設立以来、内外の情勢が急速に進展し、本社の事業も大きく拡大して発展した」。

　「この間、本社は一方では事業資金を調達し、あるいは株券の支払い金や借入金、社債の運営に頼り、見るべき相当な事業成績をあげることができた。しかし、株主と借入金の債権者に対する信用を維持するために、安定した業績が不可欠であり、国策会社であっても、損益の計算を無視することができない」。

　「本社の過去の損益状態は次のようである。

　　昭和14年度（1939）　土地投資利益　　405,115.86円

　　昭和14年度（1939）　土地投資利益　　402,517.83円

　　インドシナ鉱業事業利益　　　　　　453,884.06円

　　計　　　　　　　　　　　　　　　　856,401.89円」

2．総督府の台拓に対する土地投資　89

表3－4　台拓増資時の総督府出資の土地財産価格総括計算表

種　　別	価　格（円）	要　　項	
伐採事業のすべて	12,201,443.12	嘉義阿里山 豊原八仙山 羅東太平山 営林所本所	4,950,356.79円 3,011,815.50円 4,228,674.74円 10,596.09円
官　　租　　地	2,867,656		
計	15,069,099.30		
差　し　引　く　額	伐採事業用地公課	1,443.12	1年間の12分の2の公課に相当
	官　租　地　公　課	8,671.88	1年間の12分の2の公課に相当
	官　　　　　　租	58,983.69	1年間の12分の4の官租に相当
	計	69,098.69	
差　し　引　い　た　額		15,000,000.61	

（出所）『台拓檔案影本』V.2847、「台拓増資総督府出資財産価格総括計算表」。

「また、特殊利益を計上して、始めてどうにか6％の利益を分配できる。昭和16年度の予算は、約150万円である。特殊利益を計上しないと、引き続いて6％の利益を分配することができない。華南方面の興業費を廃棄した場合、前記の150万円を除いて、50〜60万円を補充する必要がある。すなわち、合計200万円以上の利益金が必要になる。昭和17年度以降も当分はこのような状態が継続すると予想される。そのために、この際、総督府の特別支援を希望する。新たに出資すると、年間250万円から300万円の収益の財産を得ることができる」[18]。

その後、総督府から3,000万円の増資が同意され、すなわち、資本金が6,000万円に増加した。増資の3,000万円は依然として総督府から現物出資1,500万円、30万株、残りの1,500万円は民間からの出資による株券の購入に頼っている。遂に、昭和17年6月30日に開催された第6回株主総会の決議を通過した。また、同日の拓務大臣の認可を得た。総督府は昭和17年9月1日に現物出資を行った[19]。

増資時、総督府の現物出資の1,500万円には、総督府のすべての伐採事業が含まれている。すなわち、総督府営林所が経営した嘉義の阿里山、豊原の八仙山、羅東の太平山の3大営林場、および総督府官租地である。その増資出資の土地財産価格は前頁のようである（表3－4）。

90 第3章 台湾拓殖株式会社の土地投資と経営

表3-4から分かるように、増資時の総督府出資の土地財産のうち、3大営林場の伐採事業の全価格は、総督府の増資額の81%強を占め、官租地は19%弱を占めている。総督府の2回の投資金額から言えば、官租地の投資額は総督府の投資額の59.5%を占め、3大営林場の伐採事業の全投資額は40.5%を占めていた。

増資時の総督府の土地出資の種類は次のようである。

田（水田）	1,076.0073甲
旱（畑）	1,457.9478甲
魚養殖池	11.3026甲
建設用地	25.3135甲
山林	0.7560甲
原野	33.0894甲
雑種地	0.2433甲
池沼	7.0216甲
合計	2,611.6817甲

以上の価格は2,867,656.18円であり、官租地公課税の8,671.88円および官租の58,983.69円を差し引くと、実際の価格は2,800,000.70円である[20]。

増資後、台拓の第1、2次総督府の土地投資面積は、合計17,653.7308甲で、価格は1,780,000円である。その土地の種類および面積は次のようである。

田（水田）	9,075.1828甲
旱（畑）	6,806.7629甲
魚養殖池	1,034.0759甲
建設用地	172.5619甲
山林	17.3996甲
池沼	31.4622甲

2．総督府の台拓に対する土地投資　91

野原　　　　　405.3089甲

用水路　　　　 88.5601甲

合計　　　　17,653.7308甲

価格　　　　1,780,000円 [21]

　総督府の2回の出資の土地は、台湾の西部の台北、新竹、台中、台南、高雄
などの5つの州に分布していた。そのうち、台南州が最も多く、7,141.5003甲
を占めていた。次は台中州の4,593.2101甲、その次が高雄州の3,040.6755甲、さ
らにその次が台北州の1,910.6024甲で、新竹州が最も少なく203.7390甲である。
昭和17年（1942）10月末、各州社有地の分布は次のようである（表3－5、表3－
6、表3－7）。

表3－5　第1回総督府が出資した社有地の地方別面積表

（昭和17年10月末、単位：甲）

地目／州別	台北州	新竹州	台中州	台南州	高雄州	計
田	794.5792	80.28	2752.1695	3814.6956	851.1745	8292.8988
畑	327.2752	0.9888	1326.1388	2176.7781	985.5486	4816.7195
魚養殖池	－	－	5.9069	214.3288	124.1133	344.349
建　設　地	24.3393	1.4612	72.2548	70.962	15.5599	184.5472
山　　林	8.627	－	9.5591	714224	－	89.6085
雑　種　地	1.1208	－	10.4737	21.2751	0.5452	33.4148
池　　沼	0.2775	0.17	0.2998	2.6196	10.2476	13.6145
野　　原	56.8615	0.5557	184.58	21.1722	65.4454	328.6148
神　社　地	－	－	1.35	－	－	1.35
寺　廟　地	－	－	－	0.1555	－	0.1555
墓　　地	－	－	－	4.0834	－	4.0834
道　　路	3.81	0.4754	12.527	26.4626	4.6521	47.9271
鉄道用地	－	－	－	0.1355	－	0.1355
鉄　　道	－	－	0.0008	0.1303	－	0.1311
溝　　渠	－	－	－	－	2.9368	2.9368
用　水　路	－	0.0026	11.9962	101.5521	3.0941	116.645
堤　　防	0.0518	－	0.5413	0.2803	－	0.8734
合　　計	1216.9423	83.9337	4387.7984	6526.0537	2063.3175	14278.0456

（出所）『台拓檔案影本』V.1138、「昭和17年帝国議会説明資料業務概要」。

92　第3章　台湾拓殖株式会社の土地投資と経営

表3-6　第2回総督府が出資した社有地の地方別面積表

(昭和17年10月末、単位：甲)

地目／州別	台北州	新竹州	台中州	台南州	高雄州	計
田	139.0693	96.7289	177.6521	282.0735	380.4385	1,076.0073
畑	544.3957	14.6449	24.1442	316.329	558.4343	1,457.9478
魚養殖池	－	－	－	6.9145	4.3881	11.3026
建設用地	4.1277	0.5407	3.386	1.7457	15.5135	25.5135
山　林	－	0.756	－	－	－	0.7560
雑　種　地	－	－	0.1154	0.1201	0.008	0.2435
池　沼	0.3490	4.5062	－	0.6335	1.5329	7.0216
野　原	5.7184	2.629	0.114	7.6303	16.9977	33.0894
合　計	693.6601	119.8053	205.4117	615.4466	977.358	2,611.6817

(出所)『台拓檔案影本』V.1138。

表3-7　第1回、第2回の総督府が出した社有地の地方別面積表

(昭和17年10月末、単位：甲)

地目／州別	台北州	新竹州	台中州	台南州	高雄州	計
1　回　目	1,216.9423	83.9337	4,387.7684	6,526.05	2,063.32	14,278.05
2　回　目	693.6601	119.8053	205.4117	615.4466	977.358	2,611.68
合　計	1,910.6024	203.7390	4,593.2101	7,141.50	3,040.68	16,889.73

(出所)『台拓檔案影本』V.1138。

3．社有地の経営管理

(1) 社有地管理の行政系統と管理施策

　台拓の設立後、昭和12年2月10日に台湾拓殖株式会社社則を制定し、拓務部を設置して、その下に土地課、拓殖課の2つの課を設け、土地の管理経営や拓務事務を管掌した。そのうち、政府投資の土地、すなわち社有地は土地課が管掌した。その職掌は、(1) 土地の経営と管理、(2) 官有地の放領と放租の申請、(3) 土地の取得と処分、(4) 委託土地の経営と管理。昭和14年9月1日に社則を修正し、土地課の職掌は (1) 社有地の管理、(2) 官有地の放領と放租の申請、(3) 土地の開墾と干拓工事、(4) 水利施設の土木工事およびその他の土地改良工事、(5) 土地の取得および処分、(6) 土地の管理と経営の

3．社有地の経営管理　93

委託となっている[22]。

　昭和19年（1944）3月15日になると、拓務部は拓務部と土地部の2つの部に分かれ、土地部は総務課、土地管理課、開墾拓務課の3つの課に分かれた。土地の管理経営に関してはそれぞれ土地部の総務課と土地管理課が管掌した。総務課に庶務係、企画係の2つの係を設け、企画係は（1）土地の総合的利用、（2）社有地の分合に関する事項、（3）土地の貸出の協調に関する事項、（4）その他の前の事項に付帯する調査事項を管掌した。土地管理課は庶務係、社有地管理係、事業地係、測量製図係などの4つの係を設けた。社有地の経営管理に関する職掌は、社有地管理係は（1）財産台帳に関する保管事項、（2）社有地の等級に関する査定事項、（3）社有地の契約および契約解除に関する事項、（4）契約保証金に関する取扱事項、（5）小作料（貸付料）の調査に関する収納と減免の事項、（6）小作料の滞納取扱に関する事項、（7）社有地の小作料およびその他の負担に関する事項、（8）社有地の異動手続きに関する事項、（9）社有地の処分、認可、申請に関する事項、（10）社有地の諸登記申請に関する事項、（11）各州の土地整理組合に関する事務連絡事項、（12）土地の取得および処分に関する事項、（13）水利組合の手続きに関する事項、（14）支店、出張所の社有地事務に関する監督事項を管掌する。測量製図係は（1）社有地および事業地の地図謄本に関する保管事項、（2）地図の保管および出納に関する事項、（3）社有地、事業地の地図調査、製作および訂正に関する事項、（4）社有地の改良に関する事項、……（10）測量、製図技術に関する事項、（12）製図、写真に関する事項、を職掌としていた[23]。

　各州に分布する社有地は、本社が台北州、新竹州をそれぞれ直轄管理し、台中支店が台中州を管理、台南支店が台南州を管理、高雄支店が高雄州を管理した。昭和14年に新竹出張所を設立したあと、新竹出張所が新竹州の社有地を管理した。島内支店の組織はそれぞれ拓殖課、土地課、庶務課の3つの課を設けている。土地課は（1）社有地および委託の土地に関する管理、（2）官有地の放領と放租の申請、（3）土地の開墾および干拓の工事に関する事項、（4）水利施設、土木工事およびその他の土地改良工事に関する事項を職掌してい

94　第3章　台湾拓殖株式会社の土地投資と経営

た[24]。

　各支店（出張所）にもそれぞれの組織および事務分掌の規定があった。例え
ば、台南支店は庶務係、経理係、土地課および拓殖課に分けられていた。その
うち、土地課の職掌は、（1）土地の租借契約に関する事項、（2）社有地の小
作料の核定に関する事項、（3）契約保証金に関する事項、（4）地籍異動の整
理に関する事項、（5）社有地の土地登記簿と承租人登記簿の整理に関する事
項、（6）集計簿の追加と除却の整理に関する事項、（7）各種の報告に関する
事項などであった。

　土地課の下には5つの係に分けられていた。その職掌は、（1）土地租借契
約係：①承租人の身分資産調査事項、②契約書の制定事項、③契約保証金に関
する事項。（2）社有地の小作料核定係：①集計簿に関する参閲事項、②小作
料の領収に関する事項。（3）社有地登記簿および承租人登記簿の追加と除却
の整理係：①土地異動に関する整理事項。（4）地籍測量係：①境界鑑定に関
する事項、②小作料減免地に関する測量事項。（5）庶務係：①消耗品に関す
る出納事項、②備品に関する事項となっていた[25]。

　政府出資の土地、すなわち社有地の管理の完備周到を図るために、台拓は
（1）財産（土地）台帳を編製し、政府出資の官租地の一筆ごとの評価調査書、
社有地台帳、社有地集計簿、土地価格地租（田賦）額集計簿の正副本を編製し
た。正本は本店、副本は支店（出張所）に備えた。（2）貸付地台帳、貸付地名
寄帳、貸付料名寄帳集計簿、貸付地集計簿、貸付料免除地台帳、貸付料低減地
台帳の正副本。正本は本店、副本は支店（出張所）に保管した。（3）政府交付
の会社所有地の地図謄本は、正本は本店、副本は支店（出張所）に保管し、社
有地の管理経営に万全を期すことにしている[26]。

（2）社有地の経営：貸付収租

　台拓の創立時、政府出資の土地は、15,042甲0分4厘9毛1系で、筆数は
28,016筆、1,500万円の出資に相当する。その管理経営の利用は、台拓の目的で
ある拓殖事業の経営の源泉であり、台拓の各種事業の根幹であった。台拓社有

3．社有地の経営管理　95

地の経営管理は、総督府の拓殖政策および農業政策、総督府の農作物の栽培の
奨励、土地改良の推進に合わせて、農作物の増収を期することにあった。昭和
11年（1936）11月25日、土地所有権が国庫から台拓に移行された後、台拓は政
府出資の官租地の趣旨に鑑み、従来の総督府の貸付方針に基づいて、もとの小
作農に貸付、耕作させた。

　そこで昭和11年12月11日、計22条の社有地の貸付規定を制定し、土地の貸付
事務の取扱基準を作成した。主な規定は次の通りである。

（1）貸付地の貸付料金は、もとの官租地の小作農貸付率を参考にし、貸付の
　　　社有地を1等級から30等級までに選定している。最高の1等級は、1甲
　　　ごとに毎年の貸付率は600円、最低級の30等級は10円であった[27]。貸付
　　　の調定の直轄地域の台北、新竹の2つの州は本社が取扱を行った。その
　　　他の各州はそれぞれの支店において行った。新竹出張所の設立後、新竹
　　　州は該当所が担当した。一筆ごとの土地貸付等級の選定は、それぞれの
　　　土地の肥瘠、耕耘の難易、水利、輸送の便利か否かなどによるとともに
　　　収穫量の収益を調査し、隣地の類似した土地の収穫の貸付を参考にして
　　　決定した。総督府との協議によって、出資財産の土地の一筆ごとの評価
　　　調査書の貸付の9割をもって社有地の貸付料とした。本社、支社、出張
　　　所は収納貸付事務のために、貸付料収納簿、収納合計簿、滞納額整理簿
　　　を備えること。

（2）貸付期限および契約条項の制定。

（3）承租人は連帯保証人や保証金を提供する。

（4）天災地変などの不可抗力が発生した場合、貸付料の免除や減額の規定。

（5）貸付料の収納は年間2期に分ける。前期は7月1日から9月30日までと
　　　し、該当年額の半分を支払う。後期は12月1日から翌年の2月末までと
　　　し、該当年額の半分を支払う。

（6）社有地台帳およびその他の貸付に関する各種の帳簿を編成し、貸付事務
　　　の処理方法を規定する[28]。

　この現金支払いの小作料方式が、民間一般の地主への米穀実物支払いの小作

96　第3章　台湾拓殖株式会社の土地投資と経営

料と異なっていたのは、台拓にとって、資金の運用が便利でより有利であったからである。

　1年目（昭和12年）の貸付契約期限は暫定的に1年間（昭和12年1月から12月末）であった。小作料の徴収方法は、官租地の貸付方式に従った。小作農の料金支払いの便宜を図り、該当地の市尹、街庄長[29]が各地の土地整理組合長の委託を受けて、徴収を代行し、台拓に納入した。当日や翌日に、該当地の郵便局や銀行から台湾銀行本社の台拓の口座、あるいは郵便局の台湾第6700号の台拓口座に振込んだ。同時に、小作料支払い通知書を台拓本社、支社や出張所に引き渡す。台拓はもとの官租代理支払いの規定に照らし、受取った小作料の2％の金額を市尹、街庄長の謝礼とした[30]。

　1年目、すなわち、昭和12年の社有地の貸付契約は該当年の3月上旬から契約が開始された。4月上旬にほぼ契約が完了した。まだ貸付がされていない土地の大部分も引き続いて契約を結び、この年の5月末に貸付状況は社有地面積の94.77％に達した（表3-8、表3-9）。

　昭和13年1月から第2回の貸付契約が始まった。台湾民間の一般の旧慣に従って、期限は3年間であった。すなわち、昭和13年1月から昭和15年12月末までであった。政府出資の社有地はもともと15,040甲7分8厘1系であった。ちなみに、昭和13年中に667甲8分3厘7毛5系を販売したため、残りは14,372甲9分4厘2毛8系であった。昭和13年5月に2回目の貸付契約を完成し、貸付甲数は14,241甲1分1毛5系に達し、受け取ることができる小作料分は1,513,173円8銭に達した。そのうち、台南州が最も多く、6,469甲9分6毛3系に達した。新竹州が最も少なく、91甲2分1厘9毛6系に過ぎなかった。小作料は台中州が最も多く、74万7,793円18銭に達した。新竹州が最も少なく、2万516円40銭に過ぎない。貸付されていない土地の131甲8分4厘1毛1系は土地改良後に貸付、あるいは公共の道路、用水路に充てることにした。昭和13年5月の第2回の5カ所貸出契約締結後の各州の貸付状況は表3-10に示されている。

　昭和14年（1939）12月18日までに、台湾総督府は南進政策の推進に合わせて、主要農作物の増産のために、農業の生産費に占める主要部分の小作料の適正化

3．社有地の経営管理　97

表3－8　台拓1年目の社有地の貸出状況（昭和12年4月）

区 分	担当部署	甲数（甲）	貸出小作料（円）	筆 数	件 数
契約完成	本　　店	13,052,119	144,534.80	2,782	1,056
	台中出張所	3,828.56	723,024.10	8,018	3,019
	台南出張所	9,071.13	596,140.10	15,832	6,798
	計	14,254.89	1,463,699.00	26,632	10,873
契 約 中	本　　店	3.06	91.90	19	5
	台中出張所	510.18	16,831.20	828	179
	台南出張所	273.91	6,515.00	537	147
	計	767.15	23,468.10	1,384	331
合　　計		15,042.05	1,487,167.10	28,016	10,204

（出所）『台拓檔案影本』V.089、「第1回定時株主総会一件書類（上、下）」、昭和12年。

表3－9　台拓1年目の社有地の甲数および小作農の出租率と未出租地

区 分	全甲数（甲）	出租地（甲）	出租率（%）	未出租地（甲）	未租率（%）
甲　　数	15,042.0491	14,254.8949	94.77	787.1542	5.23
貸出可能地（円）	1,487,167.10	1,463,699.00	98.42	23,468.10	1.58
筆　　数	28,016	26,632	95.06	1,384	4.94
貸出可能件数	11,204	10,873	97.05	331	2.95

（説明）　5月末当時、未出租地の土地は、小作料が高い土地と河川沿岸で流失しやすい土地。および再貸出者が締約当日に契約を締結していないもの。
（出所）『台拓檔案影本』V.089。

表3－10　昭和13年2回目契約の各州別貸出土地統計表

州別	貸出甲数（甲）	貸 出 料（円）	筆 数	件 数
台北州	1,214.0964	132,769.90	2,495	913
新竹州	96.2196	20,516.40	383	127
台中州	4,359.1440	747,793.18	8,847	3,250
台南州	6,469.0963	464,895.60	12,712	4,853
高雄州	2,107.5432	147,198.00	3,947	2,200
合計	14,241.1015	1,513,173.08	28,384	11,345

（出所）『台拓第3回営業報告書』昭和14年3月31日、4－5頁。

を図った。そのために、「小作料統制令」を公布し、昭和14年9月18日の小作料額を限度として規定した。しかし、特別に低額のものは、地方長官から適正価格に調整することができ、高額小作料のものは市街庄長や地方長官から適正価格に調整することができた[31]。この法令を公布したあとは、一般の小作料は

98 第3章 台湾拓殖株式会社の土地投資と経営

昭和14年9月18日（いわゆる9・18統制令）の小作料を基準にしていた。そのために、台拓も勝手にすべての貸付社有地の小作料を引き上げることができず、台拓にとって土地の収益に大きな影響を及ぼすことになった[32]。

第3回の貸出契約の年限も3年間と決めていた。すなわち、昭和16年1月1日から昭和18年12月までである。農業企業の本来の性質に適合させるために、一方では小作農の収入を確保し、しかも順次に土地改良を推進して生産の増収を図った。かつ、小作農の面倒を見て、万全な土地の管理経営を図り、創立から昭和17年10月の間に、公用地やその他の原因で土地の販売が763甲余に達した。

昭和17年10月21日に増資分を倍にしたあと、政府の増資のための出資土地は2,611甲6分8厘1毛7系であり、第1次の出資土地と同じく管理経営が慎重であった。増資出資土地の官租地は依然として小作農に貸出し、第1回の政府からの出資社有地の貸出期限と一致していた。暫定的に貸付期間は1年間で、すなわち、昭和18年1月1日から同年12月末までであった。並びに、昭和17年12月中に貸付契約書の締結を完成させた[33]。

第4回の貸付契約（増資土地の第2回契約）の年限は依然として3年間に決められていた。すなわち、昭和19年1月1日から昭和21年12月末までであったが、善良な小作農には引き続いて貸出していた[34]。

第1回の政府による社有地の貸出のうち、一部に土地の処分、販売によって少しの変動があったが、大部分の小作料の収入は151万円前後であった。増資後の毎年の小作料の多くは172万円以上であった。昭和11年度から昭和18年度に至る地方別貸出状況は表3－11に示されている。

昭和14年（1939）3月末の社有地の貸出状況から言えば、この年の社有地の全面積は14,372甲9分4厘2毛6系のうち、貸出は14,241甲1分1毛5系であり、貸出率は99％である。未貸出地は131甲8分4厘1毛1系であり、全社有地の0.9％であった。全ての可貸出地の小作料152万1,710円58銭のうち、貸出の小作料は151万3,173円8銭で、全部の可貸出小作料の99.4％を占めていた。未貸出小作料は8,537円50銭で、全体の0.5％を占めていた。昭和14年3月末、全

3. 社有地の経営管理　99

表 3 - 11　昭和11年度から昭和18年度の各州の社有地の貸出状況

年　　度	州　別	甲数（甲）	貸出可能 小作料（円）	土地 筆数	契約 件数
昭和11年11月25日から 昭和12年3月末	本　　　　社	1,308.0653	144,454.90	2,801	1,058
	台中出張所	4,381.0835	740,057.10	8,738	3,127
	台南出張所	9,352.2900	602,655.10	16,477	7,019
	計	15,042.0491	1,487,167.10	28,016	11,204
昭和12年4月1日から 昭和13年3月末	台　北　州	1,217.0517	133,791.30	2,578	916
	新　竹　州	91.2237	20,864.10	317	125
	台　中　州	4,387.7410	728,405.70	9,167	3,106
	台　南　州	6,976.5805	478,359.00	13,472	4,755
	高　雄　州	2,367.1832	160,592	3,867	2,115
	計	15,040.7801	1,522,013.00	294,011	11,017
昭和13年4月1日から 昭和14年3月末	台　北　州	1,214.0964	132,769.90	2,495	913
	新　竹　州	91.2196	20,516.40	383	127
	台　中　州	4,359.1440	747,793.18	8,847	3,250
	台　南　州	6,469.0963	464,895.60	12,712	4,853
	高　雄　州	2,107.5452	147,198.00	3,947	2,202
	計	14,241.1015	1,513,173.08	28,384	11,345
昭和14年4月1日から 昭和14年3月末	台　北　州	1,215.2236	132,742.80	2,692	913
	新　竹　州	91.2196	20,516.40	321	127
	台　中　州	4,373.9381	745,963.28	8,200	3,148
	台　南　州	6,480.3830	469,644.00	13,059	4,840
	高　雄　州	2,087.1511	145,843.70	3,885	2,119
	計	14,247.9154	1,514,710.18	28,857	11,147
昭和15年4月1日から 昭和16年3月末	台　北　州	1,215.2236	134,025.10	2,658	886
	新　竹　州	83.8213	19,953.00	302	125
	台　中　州	4,374.5896	745,772.98	9,113	3,144
	台　南　州	6,482.0361	468,269.60	14,597	4,843
	高　雄　州	2,058.4163	144,736.10	3,940	2,090
	計	14,214.0869	1,512,356.78	30,610	11,088
昭和16年4月1日から 昭和17年3月末	台　北　州	1,208.4573	132,039.00	2,676	893
	新　竹　州	83.4557	19,511.40	300	125
	台　中　州	4,351.3869	742,018.68	9,159	3,143
	台　南　州	6,461.7172	467,671.50	15,820	4,919
	高　雄　州	2,057.1157	143,550.30	4,044	2,132
	計	14,162.1330	1,504,790.88	31,999	11,212

昭和17年4月1日から 昭和18年3月末	台　北　州	1,850.2887	172,168.00	3,635	1,379
	新　竹　州	197.8678	40,696.80	1,035	501
	台　中　州	4,496.3347	781,439.08	9,444	3,374
	台　南　州	6,939.8754	512,968.30	17,588	1,888
	高　雄　州	2,933.7639	214,009.00	7,125	3,796
	計	16,418.1305	1,721,281.18	38,827	15,938
昭和18年4月1日から 昭和19年3月末	台　北　州	1,880.7366	173,404.30	3,692	1,401
	新　竹　州	202.9381	41,636.60	1,063	513
	台　中　州	4,544.6408	792,021.58	9,603	3,395
	台　南　州	7,062.8030	520,072.30	18,411	5,982
	高　雄　州	30,182,294.0000	220,059.70	7,700	3,715
	計	16,709.3479	1,747,194.48	40,469	15,006

（説明）
（1）昭和13年4月1日の本期初め、社有地の面積は15,040甲7分8厘1系。この期は667甲8分3厘7毛5系を販売。期末の昭和14年3月末の面積は14,372.9426甲。しかし、この期間に131.841甲は貸出していない。土地改良が進行し、貸出と公共用道路や水路を準備している。

（2）昭和14年4月1日から本期が初め、社有地の面積は14,372.9426甲、この期に23.8969甲を販売処分した。期末の昭和15年3月末の面積は14,349.0457甲。しかし、この期間には101.1303甲が貸出していない。土地改良の準備、貸出準備、公共道路や水路に充てる準備をしている。

（3）昭和15年4月1日の本期の初め、社有地の面積は14,349甲余り、この期に35甲余りを販売処分した。期末の昭和16年3月末の面積は14,313甲余り。しかし、この期間に99甲余りは販売処分をしていない。土地改良の準備、貸出準備、公共道路や水路に充てる準備をしていた。

（4）昭和16年4月1日の本期初め、社有地の面積は14,313甲8分9厘4毛。この期に3甲3分3厘1毛8系を販売。期末の昭和14年3月末の面積は14,310甲5分4厘2毛2系。しかし、この期間に148甲4分2系が貸出されていない。土地改良の準備、貸出の準備、公共用道路、水路に充てた。

（5）昭和17年4月1日の本期の初め、社有地の面積は14,313甲8分9厘4毛。この期に3甲3分3厘1毛8系を販売処分。期末の昭和17年3月末の面積は14,310甲5分4厘2毛2系。この期に467甲8分7厘2毛8系が貸出していない。土地改良、貸出準備、公共用道路、水路に充てる。貸出甲数16,418甲1分3厘5系のうち、1回目出資土地は14,132甲8分8厘2毛8系、増資土地は2,285甲2分4厘7毛7系。

（6）昭和19年3月31日の期末の社有地の面積は16,877甲7分9厘6系。この期の政府の1回目の出資土地14,709甲3分4厘7毛9系、増資出資の土地は2,609甲6分1厘3毛2系。出租地は16,709甲3分4厘7毛9系、出租率は99%。未出租の土地は168甲4分4厘2毛7系、比率は9%。全貸出額は174万7,194円48銭、比率は99.3%。未貸出地の小作料は1万759円、比率は6%。

（出所）『台湾拓殖株式会社第1回至第6回営業報告書』台拓、昭和12年〜17年。『台拓檔案影本』V.1810、「第7回定時株主総会関係書類、昭和18年第7回営業報告書」V.1810、「第8回定時株主総会関係書類、昭和19年中、下」。

3．社有地の経営管理　101

表3－12　社有地貸出地・未貸出地の比率（昭和14年3月末）

区　分	全　額	貸出地	対全体の比率	未貸出地	対全体の比率
面　積（甲）	14,372.9426	14,241.1015	0.990	131.8411	0.009
小作料（円）	1,521,710.58	1,513,713.08	0.994	8,537.50	0.005
筆　数	29,802	28,384	0.952	1,418	0.004

（出所）『台湾拓殖株式会社事業要覧　昭和14年』台拓調査課、昭和14年10月、12頁。

表3－13　社有地の貸出小作料の収納、未収納の比率（昭和14年3月末）

州別	調定小作料（円）	収納小作料（円）	未収納小作料（円）	収納率（%）
台北州	131,152.32	130,423.57	728.75	99.4
新竹州	19,974.90	19,974.10	0	100
台中州	745,348.93	744,996.06	352.87	99.9
台南州	467,805.34	467,772.64	32.7	99.9
高雄州	151,584.80	151,584.80	0	100
合計	1,515,868.20	1,514,751.97	1,114.32	99.90

（出所）『台湾拓殖株式会社事業要覧　昭和14年』台拓調査課、昭和14年10月。

ての可貸出地の小作料151万5,866円29銭のうち、既に収納小作料は151万4,751円97銭であり、未収納小作料は1,114円32銭である。収納小作料の比率は99.9%、未収納小作料の比率は0.1%である。社有地貸出、未貸出比率および社有地の貸出収納小作料と未収納小作料の比率は表3－12と表3－13に示されている。

　そのほかに、台拓が小作農から受け入れた保証金について、昭和14年3月末の契約で決められた小作料151万3,173円8銭のうち、受け入れた保証金は125万9,514円90銭であり、保証金の払い済み契約貸出小作料に占める割合は83.2%である。保証金を提供した小作農は1万587世帯である。台拓が小作農に提供した土地の保証金は契約小作料の1年分の金額である。台拓は小作農に年率2分4厘の利子を支払う。この点は一般の地主の小作農に対する磧地金（保証金）には利子の支払いがなく、条件が比較的優遇されている。神社、寺院、公共団体および非営利を目的にする団体などの承租人に対しては、保証金の提供を免除している。社有地の収納保証金の比率は表3－14に示されている。

　台拓は社有地の維持管理のため、社費をもって河川堤防を築造し、水利施設を改善し、防風林、防水林を植樹し、低湿地や塩分地帯の排水路を築造した。土地を改良し、農作物の増収を図り、小作農に農業技術の導入を指導した。そ

102　第3章　台湾拓殖株式会社の土地投資と経営

表3-14　貸出社有地の保証金支払い比率（昭和14年3月末）

州別	契約小作料（円）	保証金（円）	保証金小作料比率（％）	件（戸）数
台北州	132,769.90	120,936.00	91	850
新竹州	20,516.40	19,608.00	95.5	123
台中州	747,793.18	622,965.00	83.3	3,083
台南州	464,895.60	369,138.00	79.4	4,465
高雄州	147,198.00	126,867.00	86.1	2,066
合計	1,513,173.08	1,259,514.90	83.2	10,587

（出所）『台湾拓殖株式会社事業要覧　昭和14年』台拓調査課、昭和14年10月、13～14頁。

表3-15　台拓社有地の各州農作物の植付面積（昭和16年3月末、単位：甲）

州別	蓬莱米	在来米	サトウキビ	サツマイモ	陸稲	落花生	バナナ	黄麻	その他
台北州	281	374	343	77	－	4	－	－	1,096
新竹州	42	41	－	－	－	－	－	－	85
台中州	979	416	2,375	168	28	50	3	124	4,250
台南州	1,299	226	2,172	1,882	107	214	－	－	5,902
高雄州	151	654	404	518	3	－	83	－	1,830
合計	2,754	1,711	6,296	2,646	139	269	86	124	13,163

（出所）『台湾拓殖株式会社事業要覧　昭和16年度』台拓調査課、昭和16年、11～12頁。

表3-16　各製糖会社に貸出した社有地一覧表（昭和16年3月末、単位：甲）

製糖会社	台北州	台中州	台南州	高雄州	合計
台湾製糖会社	－	20	－	89	110
明治製糖会社	－	312	13	－	326
大日本精糖会社	15	204	555	－	775
塩水港製糖会社	－	409	5	－	415
新興製糖会社	－	－	－	67	67
合計	15	948	573	156	1,693

（説明）甲以下の単位は計算しない。
（出所）『台湾拓殖株式会社事業要覧　昭和16年度』台拓調査課、昭和16年、12頁。

して、国策農作物を植え、休耕地および野原の開墾作業の奨励に尽力した。

　昭和16年（1941）3月末の統計によると、社有地のうち水田（田）は約60％を占め、畑（園）は34％を占めていた。両者の合計は1万3000甲余で、すべてが開墾済みの水田、畑である。台拓と小作農の契約のうち、必要とする作物の栽培が限定的に規定され、主要食糧としては米穀およびサトウキビの2大農作物のほか、政府の増産政策に合わせて、化学産業の原料のサツマイモを栽培した。

3. 社有地の経営管理　103

表 3 - 17　社有地の貸出、未貸出比率（昭和18年 3 月末）

区　分	全　数	貸出地	貸出比率 (%)	未貸出地	未貸出比率 (%)
面　積 (甲)	16,886.0033	16,418.1305	97.2	467.8728	2.8
小作料 (円)	1,765,262.48	1,721,281.18	97.5	43,981.30	2.5
筆　数	41,533	38,827	93.4	2,706	6.6

（出所）『台拓檔案影本』V.1717、「第 7 回定時株主総会関係書類」、昭和18年。

表 3 - 18　社有地の貸出小作料納入、未納入比率

州別	調定小作料 (円)	小作料納入済み (円)	小作料未納入 (円)	納入比率 (%)
台北州	127,615.04	121,286.14	6,328.90	95.0
新竹州	19,473.45	19,473.45	0	100.0
台中州	736,852.78	719,068.75	17,784.03	97.6
台南州	457,284.85	453,102.85	4,182.00	99.1
高雄州	136,742.89	132,570.64	4,172.25	96.9
合計	1,477,962.01	1,445,501.83	32,467.18	97.8

（出所）『台拓檔案影本』V.1717、「第 7 回定時株主総会関係書類」、昭和18年。

昭和16年 3 月末の社有地の州別農作物の栽培面積は表 3 - 15に示されている。

そのほかに、台拓の社有地のうち1,700甲（社有地総面積の11%）を、島内の製糖会社に貸出、糖業の発展に協力した。貸出の状況は表 3 - 16に示されている。

再び増資後、昭和18年 3 月31日の社有地の貸出状況から言えば、この年の社有地の全面積は 1 万6,886甲 3 毛 3 系であった。そのうち、第 1 回の出資地は 1 万4,274甲 3 分 2 厘 1 毛 6 系で、第 2 回の出資地は2,611甲 6 分 8 厘 1 毛 7 系であり、合計で 4 万1,533筆である。貸出土地は 3 万8,827筆、 1 万6,418甲 1 分 3 厘 5 系で、貸出率は97.2%であり、未貸出地は2,706筆で、467甲 8 分 7 厘 2 毛 8 系であり、全社有地の2.8%を占めていた。全社有地の小作料は176万5,262円48銭で、貸出地の小作料は172万1,281円18銭であり、全小作料の97.5%を占めていた。未貸出地の小作料は 4 万3,3981円30銭であり、全小作料の2.5%を占めていた。昭和18年 3 月末の調定した貸出額は147万7,969円 1 銭のうち、既に収納した貸出額は144万5,501円83銭で、未回収貸出額は 3 万2,467円18銭であり、収納比率は97.8%である。社有地の貸出、未貸出の比率および社有地の貸出の小作料の回収率と未回収率は表 3 - 17と表 3 - 18に示されている。

そのほかに、該当年度（昭和18年 3 月末）の小作農から徴収した保証金につい

104 第3章 台湾拓殖株式会社の土地投資と経営

表3-19 社有地貸出に保証金徴収比率 (昭和18年3月末)

州別	契約所定小作料 (円)	保証金 (円)	保証金と小作料比率 (%)	件 (戸) 数
台北州	172,168.00	155,326	90.2	1,165
新竹州	40,696.00	35,714	87.8	450
台中州	781,439.08	647,714	82.9	3,036
台南州	512,968.30	434,206	84.6	5,300
高雄州	214,009.00	184,411	86.2	3,416
合計	1,721,281.18	1,457,371	84.7	13,367

(出所)『台拓檔案影本』V.1717。

表3-20 社有地の貸出、未貸出の比率 (昭和19年3月末)

区 分	全 数	貸出地	貸出比率 (%)	未貸出地	未貸出比率 (%)
面 積 (甲)	16,877.7906	16,709.3479	99.0	168.4427	0.9
小作料 (円)	1,757,953.48	1,747,194.48	99.3	10,759.00	0.60
筆 数	42,354	40,469	95.5	1,885	4

(出所)『台拓檔案影本』V.1810、「第8回定時株主総会関係書類」、昭和19年。

て、契約決定の小作料は172万1,281円18銭で、収納済の保証金は145万7,371円であり、小作料に占める収納済保証金の比率は84.7%である。公共団体およびその他の保証金免除の金額は26万3,910円18銭であった。貸出社有地の保証金の比率は表3-19に示されている。

昭和19年3月末、社有地の貸出状況から言えば、この年の社有地の総面積は1万6,877甲7分9厘6系で、合計4万2,354筆である。そのうち、第1回の出資地は1万4,268甲1分7厘7毛4系で、第2回の出資地は2,609甲6分1厘3毛2系であった。貸出土地は1万6,709甲3分4厘7毛9系で、筆数は4万469筆であり、小作農は1万5,006世帯 (件数)、貸出率は99%である。未貸出地は1,885筆で、168甲4分4厘2毛7系であり、全社有地の0.9%を占めていた。全社有地の小作料は175万7,953円48銭で、貸出地の小作料は174万7,194円48銭であり、全貸出の小作料の比率は99.3%を占めていた。未貸出小作料は1万759円で、全体の貸出比率の0.6%を占めていた。社有地の貸出、未貸出の比率は表3-20に示されている。

該当年度 (昭和19年3月末)、小作農から収納の保証金について、契約決定に対する小作料は174万7,194円48銭で、収納保証金は148万609円で、契約小作料

3．社有地の経営管理　105

表 3 - 21　社有地の貸出による保証金支払い比率（昭和19年 3 月末）

州別	契約所定小作料（円）	保証金（円）	保証金と小作料比率（%）	件（戸）数
台北州	173,404.30	154,330	89	1,317
新竹州	41,636.60	37,275	89.5	500
台中州	792,021.58	660,294	83.3	3,261
台南州	520,072.30	441,616	84.8	5,600
高雄州	220,050.70	187,094	84.7	3,658
合計	1,747,194.48	1,480,609	84.7	14,426

（出所）『台拓檔案影本』V.1810下。

表 3 - 22　昭和15年度〜20年度台拓の小作料収納成績統計表

年度別	可収納額（円）	実収納額（円）	未収納額（円）	収納率（%）
昭和15年度	1,488,577.18	1,472,459.10	16,118.08	98.9
昭和16年度	1,476,682.43	1,468,654.85	10,027.58	99.3
昭和17年度	1,477,969.01	1,445,501.83	32,467.18	97.8
昭和18年度	1,708,158.82	1,679,923.37	28,235.45	98.3
昭和19年度	1,697,071.78	1,615,529.30	81,542.48	95.2
昭和20年度	1,725,688.77	1,326,335.89	399,352.88	76.8
台 北 本 社	188,923.95	131,331.82	57,592.13	69.5
新 竹 支 店	53,561.60	53,276.73	284.87	99.2
台 中 支 店	781,656.23	689,677.19	91,979.04	88.2
台 南 支 店	494,876.95	289,356.35	205,520.50	58.4
高 雄 支 店	206,670.04	162,693.70	43,976.84	78.7

（説明）昭和15年度〜19年度は翌年 3 月末の統計。昭和20年度は昭和21年 6 月の統計。
（出所）『台拓檔案影本』V.2404、「台拓接収委員会清理処審査報告」、昭和21年。

に占める収納保証金の比率は84.7%である。保証金提供の小作農世帯は 1 万4,426
世帯（戸数）である。事実上、昭和19年 3 月末の全契約小作料174万7,194円48
銭のうち、保証金収納済は147万3,396円、公共団体およびその他の保険金免除
されたものは27万3,798円48銭である。社有地の貸出保証金の収納済比率は表
3 - 21に示されている。

　台拓接収委員会清理処の審査報告書によると昭和15年度から昭和20年度（民
国29年度から34年度）の 6 年間、台拓の小作料収納の業績は表 3 - 22に示されて
いる。

　表 3 - 22から分かるように、政府の第 1 回の出資時の昭和15年度から昭和17

106　第3章　台湾拓殖株式会社の土地投資と経営

年度まで、収納予期小作料額は約147万円〜148万円前後であった。実際の収租額は146〜147万円前後で、収租率は98〜99％である。第2回の出資後の昭和18〜19年度の収取予期小作料は約170万円で、実質小作料は161万円〜168万円であり、収租率は95〜98％である。昭和18年度の実際の小作料は168万円で最高年である。昭和20年度は日本敗戦の年で、収租率は最低の76.8％であり、これは戦争による空襲が激化し、農耕状況の不良による収穫量の減少と、日本の敗戦によって社会の人心の変動の影響によるものである。

4．社有地の土地収入における台拓営利上の重要性

　総督府出資の土地は、台拓の最も重要な財産であり、強固な台拓の財務基礎である。台拓の拓殖投資、干拓の開墾の事業などは、長期の投資によって始めて利益が得られる。ただ、土地（官田地）の投資は随時に収益が得られ、台拓の毎年の最も重要な利益である。台拓の土地収入は社有地の小作料、貸出小作料以外の土地貸出料およびその他の土地貸出の収入が含まれている。しかし、大多数は社有地からの小作料であった[35]。

　台拓の創立当初の2、3年は、社有地の貸出収入は最も重要な営利収入であった。2年目の昭和12年度から言えば、この年の総収益167万9,000円余のうち、土地の収入は151万1,000円余で、総収益の90％を占めていた。3年目の昭和13年度からその他の事業の利益が現れるようになった。この年の総収益220万3,000円余のうち、土地収入は147万4,000円余で、総収益に占める比率は66.9％に減少している。

　4年目の昭和14年度から投資事業の利益が現れるようになり、この年の総収益292万3,000円余のうち、土地収入は152万2,000円余で、総収益に占める比率は52.1％に減少するようになった。投資事業の利益は86万3,000円余であり、総収益に占める比率は29.5％であった。

　5年目の昭和15年度の総収益389万7,000円余のうち、土地収入は148万9,000円余であり、総収益に占める比率は38.2％に減少した。投資事業の利益は165

4．社有地の土地収入における台拓営利上の重要性　107

万9,000円余に増え、総収益に占める比率は42.6%であった。

　6年目の昭和16年度の総収益515万3,000円余のうち、土地収入は148万3,000
円余であり、総収益に占める比率は28.8%に減少した。投資事業の利益は224
万1,000円余であり、総収益に占める比率は43.5%であった。すなわち、創業当
初の4年間の土地収入は台拓の最も主要な収入であった。5年目の昭和15年度
以降、投資事業の利益が土地の収入を凌駕した。しかし、土地の小作料の収入
が台拓の最も安定した基本収益であったことに変りはなかった。

　7年目の昭和17年度の総収益は763万6,000円余に増え、そのうち、土地収入
は159万2,000円余に増加したが、総収益に占める比率は20.9%に減少した。投
資事業の利益は401万2,000円余に増加して、総収益に占める比率は52.5%であっ
た。

　8年目の昭和18年度の総収益979万9,000円余のうち、土地収入は155万円余
になり、総収益に占める比率は15.8%に減少した。投資事業の利益は593万4,000
円余に再び増えて、総収益に占める比率は60.6%に上昇した。土地の小作料な
どの収入は、台拓の投資事業の発展に沿って、台拓の営利上の地位が次第に減
少するようになった。各年度の純利益額も1年目の昭和11年度の8万4,000円
余から8年目の昭和18年度に166万5,000円余に増加するようになった[36]。

　創立の昭和11年度から昭和18年度まで、台拓の総収益および土地収入、投資
事業の収入の詳細は、次の表3－23の通りである。

　台拓の経営事業には特殊な便益があり、一般の事業経営者とは異なっていた。
その1には、経営する土地および森林の伐採は、台湾総督府の官地、官物であ
り、政府の実物出資の持株に属するとは言え、実際には現金の出資で購入した
ものではなく、毎年多額の貸出料および木材の売上金が入ってくる。その2に
は、半数の民間株の場合、毎年僅かでも6%の利子を支払い、割増配当金を支
払わない。政府株の場合、利子は支払わない。そのために、投資額は6,000万
円と言っても、実際の現金はわずか3,000万円であり、巨大な土地、林木の利
益が台拓に帰し、収益は極めて大きい[37]。そのために、台拓に対して社有地の
経営は、終始一貫して重要な地位を占めていた。

108　第3章　台湾拓殖株式会社の土地投資と経営

表3－23　台拓歴年土地収入と総収益金の比較　　　　　　（単位：円）

年度	総収益金	土地収入	土地比率	可収納小作料	投資事業利益	投資事業利益比率
昭和11年度	426,316.39	400,216.04	93.9	－	－	－
昭和12年度	1,679,093.89	1,511,539.03	90.0	1,522,013.00	－	－
昭和13年度	2,203,061.10	1,474,410.60	66.9	1,513,173.08	75.00	－
昭和14年度	2,923,659.71	1,522,155.92	52.1	1,514,710.18	863,609.97	29.5
昭和15年度	3,897,891.40	1,489,611.64	38.2	1,512,356.78	1,659,049.55	42.6
昭和16年度	5,153,636.37	1,483,018.52	28.8	1,504,790.88	2,241,787.81	43.5
昭和17年度	7,636,554.54	1,592,585.45	20.9	1,721,281.18	4,012,491.42	52.5
昭和18年度	9,799,313.05	1,550,283.29	15.8	1,747,194.48	5,934,083.60	60.6

（説明）昭和11年度は昭和11年11月25日〜昭和12年3月31日。他の年度は4月1日〜翌
　　　年3月31日。
（出所）『台湾拓殖株式会社第1回至第6回営業報告書』台拓、昭和12年〜17年。『台拓
　　　檔案影本』V.1717、「第7回定時株主総会関係書類第7回営業報告書、昭和18年」。
　　　V.1810、「第7回定時株主総会関係書類、。昭和19年上、中、第8回営業報告書」。

5．光復後の社有土地の接管

　昭和20年（1945）8月15日、日本の敗北によって戦争は終結した。10月25日、
台湾省行政長官陳儀は、中国戦区の統帥を代表し、日本の台湾総督兼第10方面
軍司令官の安藤利吉の投降を受けた。11月8日から台湾省行政長官公署は、人
員を派遣し日本の台湾での政治、軍事、経済、教育などのすべての施設を接収
した。台拓は総督府が監督し経営した機構であり、「敵産」と見なされ、当然
接収の範囲であった。ただし、接収の人員に限りがあり、少しの間に随時人員
を派遣し接収することができなかった。同年11月16日に、長官公署は荘晩芳を
派遣して台拓を監理した。同時に台拓の各支店・出張所に対し、次々に人員を
派遣して監理した。台拓の関連会社に対しては、人員の不足のため、長官公署
に関する各所がそれぞれに人員を派遣して監理を行った。管理期間のそれぞれ
の業務は依然として進行した。接収後の方針がまだ決定されていないため、暫
定的に現状を維持していた。

　民国35年（1946）3月初に台湾省行政長官公署に台湾拓殖株式会社接収委員

会（以下、台拓接収委員会）を設立した。行政長官公署秘書長の葛敬恩を主任委員（委員長）、張延哲を副主任委員（副委員長）に任命した。日本側の引渡人は台拓社長の河田烈であった。3月5日に台拓を接収し、続いて経営が行われていた。3月の間に接収したあと、土地部分のすべての業務が依然として継続的に進行していた。民国34年度（1945）には社有地の租金を徴収し、6月末までに132万6,335円を徴収して、残りの未徴収39万9,352円についても、持続して催促した。接収後から6月末までの4カ月間は、試行期間と称し、この期間内に各支店も人員を派遣して接収し、または、もとの監理員を改任した。本店と各支店・出張所を接収後、土地課を設け、社有地および嘱託地を管理した。日本人は監理会の時に一律に留用し、接収後に次第に日本に引き揚げた後は、台湾人はなお留用して作業を継続させた。委員会のもとの計画では、全体の接収を終えた後に、再度、審査委員会を組織し、全部の業務および財産状況を審査し、以後の方針を決定する予定であった。しかし、民国35年7月9日、長官公署の命令を受けて、接収委員会は台拓接収委員会清理処に変更した。台拓接収委員会が台拓の財産を接収管理したあと、台拓の財産は即日清理処に渡り、整理に着手した。そして、8月31日に台拓接収委員会清理処の審査報告を整理完成したあと、整理の作業を終了した⁽³⁸⁾。

　清理処の審査報告によると、「台拓に派遣し接収する中国本土の人員は、事務に精通しておらず、各支店・出張所の接収に派遣する人員のなかには、さらに少数の常軌を逸した行動をとる者があった。そのために、内外の秩序は少しながら混乱が生じ、作業の能率に影響を及ぼした」ということであった。接収委員会が接収を完了したあと、比較的顕著な施設として土地部門では民国35年より、接収委員会は命令を受け、小作料を実物の徴収に変更した。畑の場合、1甲当たりの穀物の収穫量は最高で2,600斤、最低で50斤であった。水田の場合、1甲当たりの穀物の収穫量は最高で4,500斤、最低で500斤である。予測では8割で収穫したとして全小作料の穀物収穫量は2,380万斤余である。換算率として、米穀1斤が6円であった⁽³⁹⁾。実物の米穀徴収に改めた理由は、当時は戦後の食糧不足であり、米価が高騰していたので、政府はより多くの米穀を掌

握するためであった。

清理処の審査報告では次のように述べている。

（1）土地部分に関する事項

　台拓の資産のうち、日本政府の投資価格としての土地面積が非常に大きい。過去において台湾の官地に属し、全島にわたって捜求の余地のない状態であった。毎年の収租量の最高でわずかに収穫量の30％に過ぎず、一般の地主が小作農に対する徴収量よりも遙かに少なかった。そのために、農民は喜んで農地の請負を行った。その後、この土地所有権は台拓に属し、県市の許可証は台拓自身の事業であった。しかし、台拓は国営機構に属し、日本から中華民国に引き渡されたもので、その土地の性質は官有地と類似していた。台拓の投資の半数は民間株であり、地価の増加に従って民間株主はその利益を享受すべきであった。しかし、この土地は日本政府の資本にかかわるとはいえ、侵略によって我が国の国有地を奪い、長年の収益を享受してきたものである。この時期に、回収されたが、損失は多大であり、地価の増加による利益を再び支払うことはできない。まして行政院の命令規定に従うと、土地を賠償金に抵当することができず、地価の高騰分の利益も連帯的に賠償金に抵当することができない。そのために、台拓の土地は純粋な官地として見ることもできる。ただし、台湾人の少数の株主が得る部分については検討の余地があり、大量の土地について将来にわたりどのように処分するか、以下の方法が考えられた。

　①現在の小作農は依然として貸付の耕作を行う。小作農のうち貸付が多い場合、一家の能力に限界がある場合は、余った土地は他者に移転し貸付を行う。

　②開墾がまだ完成していない各地、例えば、新港、崙背、大南澳などの地域では、なお継続して施工工事を行い、いままでの成果を無駄にしないようにする……。

5．光復後の社有土地の接管　111

（2）各支店・出張所に関する事項

　土地、林業の各支店・出張所は、従来所属していた地政局および林業局に分派された[40]。

　台拓接収委員会清理処は、総督府の2回の投資を政府持株に充当し、台拓の経営者（すなわち、いわゆる政府の出資地や社有地）に交付した。清理処の審査を経た所得は、1万6,816.3546甲で、帳簿価格は1,984万3,477.90元で、見積額は7億2311万606.07元であり、各支店・出張所からの報告のものは1万6,816.0314甲で、その差数はわずかの端数であり、ほぼ一致していた。接収前の台拓の原冊では1万7,010甲で、監理会の報告冊は1万6,860甲であった。その分布地域は次の表3－24の通りである。

　そのほかに、台拓は自らの出資によって、次々と民間の土地（水田、畑およびその他）326.5667甲を買収したが、開墾済買収地は971.2740甲で、開墾開拓中の土地は1万2,705.2306甲であった[41]。

　台拓接収委員会清理処は民国35年（1946）に整理が完了後、台湾拓殖株式会社の解散を決定した。そのために、台拓が所有する土地、林業伐採およびその支店・出張所は、もとの所属によって、地政局および林業局が分けて引き継いで管理した。すなわち、土地部分は民国35年9月17日から11月15日の間に分けて台拓接収委員会清理処主任の王雍皞、副主任朱其爙および土地部委員から、台湾省地政局局長の沈時可、副局長の馬飛揚が引き継いだ。移管監視人は傅敏中、呉子華が当たった。清理処は民国35年11月15日に廃止された[42]。

　地政局が接管した台拓の土地のうちすでに貸出した耕地は、各県市政府が貸出を行い、それ以降は政府の「公地放領」の時に小作農の手に渡った。非耕地の場合、主としていわゆる事業地、魚養殖池、建設用地などであったが、地政局は民国36年2月1日に、命令を受けて社有地のうち水田、畑以外の土地は、土地銀行が引き続き受けついで、経営するようになった。暫定的に貸出性質の委託で、権限上では台湾省政府の所有であり、地政局（処）の管理に帰していたが、民国86年（1997）6月になって委託業務を終了した[43]。

112　第3章　台湾拓殖株式会社の土地投資と経営

表3－24　台拓接収委員会清理処が接収した台拓の政府の20回の出資土地統計表

(単位：甲)

地　目	台北州	新竹州	台中州	台南州	高雄州	合　計
水　　田	935.7770	176.7183	2,929.5400	4,121.0981	1,217.0250	9,380.7584
畑	849.5848	15.9688	1,343.8946	2,413.4112	1,502.4462	6,125.3056
魚養殖池	－	－	5.9069	222.0022	128.5014	356.4106
その他	116.8197	10.827	306.7212	354.0673	163.4449	953.8801
合　計	1,902.1815	203.5141	4,588.0627	7,110.5788	3,012.0175	a.16,816,3546
原始冊のデータ	19,472,207	203.739	4,622.1010	7,206.0978	3,031.0271	b.17,010,1856
監理会のデータ	1,908.2845	203.739	4,590.6452	7,126.9938	3,031.0271	16,860.6803
部署報告データ	1,902.1815	200.5839	4,588.5839	7,111.7501	3,012.9320	16,816.0314

(説明)
　a：清理処審査は面積を採用。各部署の細冊の合計を基準に採用。
　b：台拓の昭和17年10月末の統計。1回目と2回目の政府の出資社有地の総面積は
　　16,889.7273甲、原始冊データと120.4583甲の差がある。
(出所)『台拓檔案影本』V.2404、「台拓接収委員会清理処審査報告」、昭和21年。

6．結論

　以上を総合すると、日本政府は台湾と華南、南洋の拓殖事業の経営、並びに
拓殖資金の供給のために、昭和11年（1936）に台拓を設立した。創立当初の資
本金は3,000万円で、その半分の1,500万円は台湾総督府から出資し株式を募集
した。総督府は台拓会社法第4条の規定に基づいて、総督府管理の官有財産の
土地1万5,042甲、価格にして1,500万円を総督府の出資額として充当した。

　台拓の設立後の翌年の1937年（昭和12）、日本は日中戦争を発動し、1941年
(昭和16)にさらに太平洋戦争を発動した。前後して華南、中南半島および南洋
諸島を占領した。台拓は政府の南進政策に歩調を合わせて、島内外の経済、産
業、拓殖などの各種事業を拡大し、国策会社の使命を達成した。そこで総督府
の同意を経て、昭和17年6月には3,000万円の増資を行い、資本金は6,000万円
に増加した。増資の3,000万円のうち、総督府は現物出資の1,500万円をもって
した。ただし、増資額の総督府の現物出資のうち、官租地は2,612甲のみで、
価格は280万円であった。残りの1,220万円は営林所および阿里山、八仙山、太

平山の3大林場の施設にかかわるものであった。これによって、総督府は前後2回の出資によって、その土地、すなわち社有地の投資面積は合計1万7,635甲、価格にして1,780万円であり、総督府の投資額の59.5％を占めていた。その残りの40.5％は、3大林場の伐採事業の施設を投資に充てた。

　政府が台拓に投資した土地はすなわち社有地であり、すべてが貸し出し、小作料を受ける土地である。台湾総督府が官租地をもって、台拓に投資した理由は、1つは官租徴収の地主の立場から逃れることにあった。1つは土地政策上に基づいて、官租地の台湾人に対する放領を望まなかったからである。国策会社の台拓の保有する官租地、あるいは国有地は、本来の大地主の台湾総督府から、他の一大地主である台拓に、転移したに過ぎなかったのである。台拓から言えば、政府出資の土地は、台拓の重要な財産であり、台拓の強固な物質的基礎をなしていたのである。会社の経済および信用の核心として、民間資本の吸収と各種事業の発展を容易にしたのである。

　社有地の管理と経営の利用は、該社の目的である拓殖事業の経営的源泉であり、また、台拓の各種事業の根幹であった。その経営管理は総督府の拓殖政策および農業政策に基づいて、総督府が奨励する農作物を栽培し、土地改良を推進し、農産物の増収を図った。

　社有地の貸し出しは、官租地の貸し出しの趣旨方針にしたがって、もとの貸し出しに照らし、従来の個人に貸し付け、小作料ももとの官租地の貸出率に倣って30等級に分類した。小作料の徴収方式もまた、小作農の便宜のため、官租地時代と同様に、各地の土地整理組合長の委託によって、市尹、街庄長が代収し、台拓に納入したのである。社有地の貸し出しの状況は、各年度の貸出率の多くは99％前後であった。昭和19年（1944）3月末を例とすれば、社有地の総面積は1万6,877甲であり、貸し出し地は1万6,709甲で、貸出率は99％である。全体の貸し出し小作額は175万7,953円、貸し出し小作料は174万7,194円、比率は99.3％であった。

　社有地の各年度の収租可能な額は、昭和15年度から昭和17年度まで年度ごとでは約148万円で、実収貸し付け額は144万5,000円から147万2,000円の間であっ

114　第3章　台湾拓殖株式会社の土地投資と経営

た。収租率は約99％であった。昭和18年度から昭和20年度までは、貸し付け可能な額は約170万円から172万5,000円の間であった。実際に受納した貸出額は132万6,000円から168万円の間で、受納した貸付率は約77％から98％の間であった。

　台拓の社有地は多大な貸し出しによって、随時に利益を獲得することができたが、台拓のその他の事業の投資は、直ちに利益を挙げることができなかった。そのために、創立当初の2、3年は、社有地の貸し出しはずっと台拓の最主要の営利収入となった。2年目の昭和12年度から言えば、土地収入は151万円に達し、台拓の年度の総収益の90％を占めていた。昭和14年度になっても、なお、土地収入は総収益の52％を占めていた。その後、台拓のその他の投資事業の利益が、年を追って増加し、土地収入を凌駕するようになった。昭和15年度の土地収入の総収益に占める比率は38％に低下した。昭和18年度の土地収入は、総収益の15.8％に過ぎなかった。台拓のその他の投資事業の収益の増加にしたがって、土地収入の比率は、年ごとに下降していった。しかし、総督府投資の3,000万円は、株券の配当金を支払う必要がなかった。そのために、政府が台拓に投資した土地の収益は非常に大きく、台拓にとって社有地の経営は終始一貫して重要な地位を占めていた。

　昭和20年（1945）8月15日、日本は戦争に敗北した。民国35年（1946）3月5日、台拓の1万6,816甲の社有地およびその他の台湾島内の財産は、最終的に敵産として、台湾省行政長官公署台湾拓殖株式会社接収委員会に接収されたのである。

　注
（1）　『台湾拓殖株式会社檔案影本』（以下、『台拓檔案影本』）V.246、「帝国議会説明
　　　資料業務概要」。
（2）　『台拓檔案影本』V.246、『台湾総督府府報』第2734号、2747号、昭和11年6月
　　　20日、7月31日。王世慶「台灣拓殖株式會社檔案及史料價值」『台灣史料學術研
　　　討會論文集』國立台灣大學歷史學系、1994年6月、158頁。

（3） 『台拓檔案影本』V.89、「第1回定時株主総会一件書類、昭和12年」（下）、V.247、「帝国議会説明資料業務概要」、昭和14年。井出季和太『台湾治績志』台湾日日新報社、1937年、1200頁、1201頁。

（4） 『台拓檔案影本』V.89。

（5） 『台拓檔案影本』V.1138、「昭和17年帝国議会説明資料、業務概要」301頁、305頁、306頁。

（6） 『台拓檔案影本』V.89、170、「昭和13年参考資料（二)」。

（7） 『台拓檔案影本』V.170、『台湾拓殖株式会社昭和16年度事業要覧付録』台拓調査課編印、9頁、10頁。

（8） 『台拓檔案影本』V.170。

（9） 『台拓檔案影本』V.170。

（10） 『台拓檔案影本』V.89、「第1回定時株主総会一件書類昭和12年上」。

（11） 『台拓檔案影本』V.89上。

（12） 台灣省行政長官公署統計室『台灣省51年來統計提要』台灣省行政長官公署統計室、1946年、64頁。

（13） 枠木誠一『「台湾拓殖」の出来るまで』東京、財界の日本社、1936年、123頁。梁華璜「「台灣拓殖會社」之成立經過『成功大學歷史學系歷史學報』第6號、成功大學歷史學系歷史學報編撰委員會、1979年、209頁。

（14） 梁華璜「「台灣拓殖會社」之成立經過『成功大學歷史學系歷史學報』第6號、成功大學歷史學系歷史學報編撰委員會、1979年、209頁、210頁。

（15） 『台拓檔案影本』V.170。

（16） 『台拓檔案影本』V.1078。「増資関係書類、昭和16年」。

（17） 『台拓檔案影本』V.1078下。

（18） 『台拓檔案影本』V.1078上。

（19） 『台拓檔案影本』V.1138、「帝国議会説明資料業務概要、昭和17年」。

（20） 『台拓檔案影本』V.1138、1717、「昭和18年第7回定時株主総会書類」。V.2847、「昭和17年台拓増資総督府出資財産価格総括計算表」。

（21） 『台拓檔案影本』V.170、「昭和13年参考資料（二)」。V.1078、「昭和16年度増資関係書類」。V.1138、「昭和17年度帝国議会説明資料業務概要」。V.1717、「昭和18年度第7回定時株主総会書類」。

（22） 「台湾拓殖株式会社社則」昭和12年2月10日制定、昭和14年9月1日改正。

116　第3章　台湾拓殖株式会社の土地投資と経営

(23)　「台湾拓殖株式会社社則」昭和19年3月15日改正。『台拓檔案影本』V.2348、「台湾拓殖株式会社接収委員会清理処移交清冊、昭和21年土地部」。V.2369、「台湾拓殖株式会社接収委員会清理処移交清冊、昭和21年」。

(24)　台拓『台湾拓殖株式会社規定輯覧』台拓、昭和17年5月、49頁、50頁。

(25)　『台拓檔案影本』V.2399、2400、「台拓接収委員会接収清冊台南支店、昭和21年」。

(26)　『台拓檔案影本』V.170、「政府出資土地参考資料（二）昭和13年」。

(27)　社有地の貸出小作料率は30等級に分けられた。1甲1年間当たりの小作料率について、1等600円、2等560円、3等525円、4等490円、5等460円、6等430円、7等400円、8等370円、9等345円、10等320円、11等295円、12等270円、13等250円、14等230円、15等210円、16等190円、17等170円、18等150円、19等135円、20等120円、21等105円、22等90円、23等75円、24等60円、25等50円、26等40円、27等30円、28等20円、29等15円、30等10円。

(28)　「台湾拓殖株式会社社有地貸付規定」昭和11年、「台湾拓殖株式会社社有地貸付料収納取扱要項」昭和12年、『台拓檔案影本』V.170、「参考資料（二）昭和13年」。

(29)　いわゆる土地整理組合は「任意組合」であり、法人資格を持っていない。各州庁税務官署整理田賦（地租）事務の補助機関である。組合員は国庫以外の土地所有者、組合長は各州庁の知事・庁長、各市尹街庄長は組合委員長であった。1大字や2大字ごとに委員1名を設け、土地精通の台湾人をその職に充てた。組合職員は税務課長、直税係長およびその他田賦事務に従事した州庁職員を組合事務処理の嘱託にした。組合員が組合費用を負担し、金額は田賦の18‰であり、組合の地図と土地所有者の名簿を保管していた。

(30)　『台拓檔案影本』V.089、「第1回定時株主総会一件書類（上、下）、昭和12年」。「台拓社有地貸付規定、昭和11年」、「台拓社有地貸付料収納取扱要項、昭和12年」。

(31)　台湾総督府『台湾統治概要』台湾総統府、昭和20年、277頁。

(32)　『台拓檔案影本』V。

(33)　『台拓檔案影本』V.1138、「昭和17年帝国議会説明資料業務概要」。V.1717、「第7回定時株主総会関係書類」。

(34)　『台拓檔案影本』V.1810、「昭和19年第8回定時株主総会関係書類中、下」。

(35)　「台湾拓殖株式会社会計規程」台拓、昭和19年、37頁。

(36)　『台拓第1回至第6回営業報告書』台拓、昭和12年～17年、『台拓檔案影本』V.1717、「第7回定時株主総会関係書類第7回営業報告書、昭和18年」。V.1810、

注 117

「第 8 回定時株主総会関係書類第 8 回営業報告書、昭和18年」。

(37) 『台拓檔案影本』V.2404、「台拓接収委員会清理処審査報告書、昭和21年」。

(38) 注37に同じ。

(39) 注37に同じ。

(40) 注37に同じ。

(41) 注37に同じ。

(42) 『台拓檔案影本』V.2195、V.2337、V.2338、V.2348、「台拓接収委員会移交清冊土地部」。

(43) 何鳳嬌「戰後初期台灣土地資料的庋藏與運用：以台灣拓殖株式會社為例」 3 頁、7 頁。1999年 9 月17日～18日、中華民國史料研究中心主催台灣史料的蒐集與運用學術研討會論文。

```
コラム①
```

名画「圓山附近」の中の歴史物語

　本書のカバーの図は郭雪湖（1908～2012年）の代表作「圓山附近」（1928年、絹・着色、91×182センチ、第2回台展の東洋画特賞）であり、台北市立美術館に所蔵されている。植民地時代の圓山附近の風景画を描き、畑には竹、トウモロコシ、ひまわりなど亜熱帯の野菜・農作物が植えられていて、農婦が畑仕事を行い、太平盛世（平和で繁栄した時代）の桃源郷を謳歌している様子である。名画「圓山附近」は一見無邪気な風景画のようであるが、左側の明治橋（現在の中山橋）および燈籠式の街燈があり、植民地時代に持ち込んだ近代建設（近代化）を暗示していた。

　台湾総督府は「台湾神社」を設けるために、台北市内から圓山の敕使街道を接続し、1901年に基隆河に明治橋（総督府土木技師・十川嘉太郎の設計）を建設した。絵画で見られた鉄製架橋であり、橋面は木造で、真ん中は車道、両側は歩道で、1912年に橋面を鉄筋コンクリート造りに改造した。1923年の関東大震災の影響を受け、明治橋は鉄筋コンクリート拱橋に改造し、1930年1月25日に操業を開始し、1933年3月に完成し、全長120メートル、幅17メートル（車道10メートル、両側の歩道はそれぞれ3.5メートル）、花崗石の欄杆で、両側にそれぞれ1対の青銅製の燈柱を設けた。戦後、1946年に敕使街道は「中山北路」（中山は孫文の号）、明治橋は「中山橋」に名称を変更した。その後、台北市内から士林、北投、大直、内湖との交通量が絶えず増加し、1968年に花崗石の欄杆と燈柱を取り除いて、橋面を23メートルに拡大した。1993年7月～1994年4月に中山橋を改造し、西側に「中山二橋」を建設した。2001年9月の台風襲来によって大台北地区が激しい水害に襲われ、古跡保存と基隆河の整備の争議を引き起こした。2002年2月、馬英九市長（当時）は「水利の影響と文化の景観を考慮し、中山橋を歴史建物に登録し、今年の洪水氾濫防止期以降に他の地に移転し、その風采を再現したい」と発表した。2002年12月20日に中山橋を取り除く工事が開始され、引っ越し先が未定のため、旧橋が取り除いたあと、435の塊に切断され、近くの「再春遊泳池」に安置され、現在に至っている。

　名画「圓山附近」右側の斜面は台湾神社に行く小道である。台湾神社は天皇を祭る象徴であり、後に郭雪湖の婚礼を行った記念地である。台湾神社は1901年に設けられ、祭神は北白川宮能久親王および開拓三神（大国魂命・大己貴命・少彦名命）であった。1944年（昭和19年）、天照大神が増祀され、台湾神宮に改称された。戦後、圓山大飯店に改築され昔の面影はないが、神宮前の入り口に置かれていた青銅製の牛の像は現在、国立台湾博物館の敷地内に設置されている。　　　　（朝元　照雄）

第4章　戦時台湾拓殖株式会社広東支店における タングステン鉱石の収購活動（1939～1943年）

朱　　徳　　蘭

1．前言

　1936年11月、本店を台北に設け、支店、事務所を日本帝国圏の大都市に設けた台湾拓殖株式会社（以下、台拓）は、台湾総督府が国有地の2分の1を出資し、大日本製糖、明治製糖、台湾製糖、塩水港製糖、三井物産、三菱本社、東洋拓殖株式会社などの財閥企業が、3分の1の株式を引き受け、資本額3,000万円をもって創業した。総督府の指導、監督を受け、土地の貸付、農業、林業、水産業、畜牧業、工商業、鉱業、製氷業、建築業、交通運輸業、金融業と移民事業などを経営し、日本軍の南進政策の推進、発展に協力すると共に、「以戦養戦」（戦争をもって、戦争を養う）を遂行する国策会社であった[1]。

　従来、台拓に関する研究は、学者や専門家がその設立の背景、人事の組織、個別地域の営業状況、資本市場、株式投資、企業行動などの視角から考察し、既に多く緻密な分析、検討を行い、豊富な研究成果が生まれている[2]。

　本論は2001年12月27日～28日に、中央研究院中山人文社会科学研究所主催の『台湾資本主義発展学術研討会』において、発表した論文である。原稿のタイトルは、「台湾拓殖株式会社の広東における経済拡張活動（1938-1945）」で、そのうち2つの章節は、台拓の広東における水道事業と農業生産事業であった。著者はそれに手を加えて、特定のテーマで執筆し、投稿公表した[3]。ここではなお未発表の章節のタングステン鉱石の収購問題に修正を加え、以下のことに対応した。（1）タングステン鉱石の用途およびその密貿易の情況、（2）台拓交易の主要品としてのタングステン鉱石をめぐるトラブル、（3）台拓の鉱石

120　第4章　戦時台湾拓殖株式会社広東支店におけるタングステン鉱石の収購活動

収購員の失踪事件、（4）台拓におけるタングステン鉱石の収購の宣伝広告などの項目とした。それらを通じて、台拓が日本占領軍に如何に協力して、タングステン鉱石の収購を行ったのか、鉱石商社の間にタングステン鉱石の買い付けに如何にして競争を促したのか、台拓はタングステン鉱石の収購において、どのような問題に遭遇したのか、タングステン鉱石の収購の成績はどうであったのか、これらについて検討を加え、戦時下の台拓国策会社が軍需原料としてタングステン鉱石を採購し、日本軍に上納した実態を解明するものである。

2．タングステン鉱石の用途およびその密貿易の情況

地質学者や軍事産業の専門家の分析によれば、タングステン鉱石の溶解度は、約華氏6,100度に達すると指摘されている。最も高温に耐えられる鉱石の1つであり、硬度の高さ、弾力性の強さ、衝撃に耐えられ、摩擦に強いなどの特性を備えている。その他の金属との混合（合金）により、（1）武器、戦艦の甲板、大砲の銅管、戦車の車体、航空機の発動機、（2）器具、高速度の機械工具、ラジオ、電灯、集電器、（3）糸織物の媒染剤、（4）ガラスの着色剤などの製造が可能である。こうして用途が非常に広かったので、近代諸国では軍備と重工業の拡大発展にとって、不可欠で重要な原料である[4]。

タングステン鉱石の産出地について、中国は世界の産出量の第1位である。そのうち、重要な産地の分布は（1）江西省の大庾、南康、贛県、会昌、安達、龍南、虎南、（2）広東省の翁源、台山、楽昌、従化、中山、恵陽、東莞、恩平、寶安、掲陽、梅県、五華、河源、紫金、海豊、始興、（3）湖南省の新化、汝城、茶陵、桂東、資興などの地であった。以上の3省の産出量のうち、江西省は中国のタングステン鉱石の産出量の54.9％を占め、第1位である。広東省は約34.8％を占め、第2位であり、湖南省は約7％で第3位である。ここで強調すべき点は、広東省は単にタングステン鉱石の重要な産地であるだけでなく、中国の内陸から香港、マカオにタングステン鉱石を輸出し、香港やマカオから海外の各地への輸送の重要な中継地であることにある[5]。

2．タングステン鉱石の用途およびその密貿易の情況　121

図 4 – 1　広東省の地図

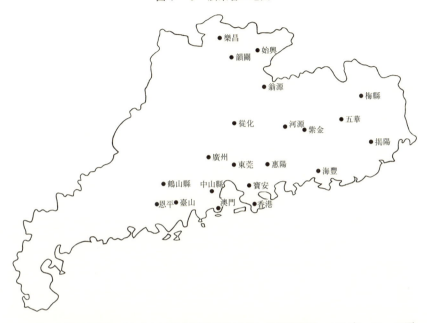

（出所）地図出版社編『中華人民共和国分省地図集』地図出版社、1974年、81～82頁を参考し、筆者が作図。

　タングステン鉱石の用途が広範囲であり、列強国家の需要が甚大であるために、1932年、中国政府は一部分のタングステン、マンガン、アンチモン、スズなどの鉱石の生産地を保留区に指定した。そして、民間の採掘を禁止し、それを監督して鉱区内の鉱石の運搬と販売活動を規制した。これと同時に、広東、江西、湖南の3省の地方政府の財政収入の増加のために、生産、販売の数量と価格を規制し、タングステン鉱石を政府の専売品として指定した。タングステン鉱石の重要な集散地の広東の政府当局は、商人の密貿易や脱税を防止するために、1933年冬に、自由に輸出することを禁止する法令を公布し、タングステン鉱石の輸出貿易に厳格な統制を加えた。それにもかかわらず、統制措置は以下の要因から、全面的、徹底的に取締り、禁止することは不可能であり、タングステン鉱石の密貿易活動は、盛んになっていた。（1）タングステン鉱石の

産地は各地（図4－1を参照）に分散していたのに、広東の沿岸配置の税関の監視船は大小20余隻に過ぎなかった。1隻当たりの監視船の監視区域は平均約100キロで、密貿易活動を取り締まるのは非常に困難であった。（2）統制機構の収購価格は1担（公制では100斤の重さ）当たり36元であったが、香港の市場価格は1担当たり140元余（広東の通貨計算）で、両者の価格差が大きい。（3）タングステン鉱石の体積が小さく、運搬販売が容易であった。商人が香港に密輸出し、運搬費、雑費を差し引いてもなお60元余りの多くの利益があった。1939年、ヨーロッパで第2次世界大戦が勃発し、各国に戦火が拡大するにしたがって、タングステン鉱石の収購競争が始まり、香港のタングステン鉱石の価格が絶えず上昇することになった。広東の統制機構も、この機会に乗じて利益を図り、収購価格の引き上げは認めず、商人に任せて合理的な利潤を計らなかったので、タングステン鉱石の密貿易活動は益々激化するようになった[6]。

　広東各県のタングステン鉱石の密貿易活動は、どのような情況であっただろうか。広東のタングステン業管理処の若干の検挙取締りの案件を例として、その秘密に報じられた電文の内容から、大まかな情況を窺うことができた。

（1）恵陽県のタングステン鉱石の密輸情況
　①黄国良、またの名前は黄潭進、広東恵陽県第3区平潭圩人、年齢は42歳、恵陽鉱務主任の楊済中などを後ろ盾として、兄の黄潭春、黄潭帯などと資金を持ちより、タングステン鉱石94担、クレオソート136担を購入し、1940年1月18日、横瀝を経由して、19日朝に平潭圩うらの鶴湖村の駅まで運んだ。当日午後、鉱石運び人30人を雇って船に積み込み、葵浦まで運び、さらに香港に運んだ。それと共に武装した35名が、モーゼル拳銃13本、回転式拳銃7本、歩兵銃15本を持って護送した[7]。
　②前任の恵陽県警官隊中隊長の蕭三桂（龍崗人）は、免職され故郷に帰った後、専門に密貿易活動を行い、1940年1月22日、武装してタングステン鉱石44担、1担当たり80斤を護送した。龍崗、石崗を経て、塩田、鶏心、石海を回って船に積み込み、運航して香港に輸出した[8]。

2. タングステン鉱石の用途およびその密貿易の情況　123

（2）東莞県のタングステン鉱石の密輸情況

　東莞県の石馬中筆鉱務公司経理の沈香栄は、1940年１月24日午後、侄の沈平松にタングステン鉱石70余担、重さ５千斤余りを不法に運送させ、横崗山、紫厦、三邱山うらから塩田に出て、香港で売り裁いた。途中ではゴロツキが守り、保護をしていた[9]。

（3）東江のタングステン鉱石の密輸情況

　1940年２月、東江一帯から香港にタングステン鉱石および武器の原料を密輸した。その数量が多く、特に人を驚かせるものである。非公式な統計によれば、毎月の最低限でも約1,300余トンと見なされ、その他の鉱石も相当な数字に上っていた。この種の現象は実に従来稀なことであった。

　調査によると、香港の当時のタングステン鉱石の価格が65％の標準純度の場合、市場価格は１担で260～270香港ドルであった。鉱石商人によると、東江各地の鉱山からタングステン鉱石を購入する場合、一般では１担ではわずか法幣（国民政府の通貨。1935年11月３日の幣制改革によって政府系銀行が発行した銀行券（不換紙幣））で150～160元前後である。若干の特別費および運送費を取り除いても、１担ごとに最低でも200香港ドル余の利益を得ることができた。その上、東江は広東で埋蔵したタングステン鉱石が最も豊富な地域であり、産出のタングステン鉱石の質と量も優良である。表層にあるものでも、そのタングステン鉱石の標準純度が65％を超えていて、雑質も少ない。そのために、任意に買っても品質の悪いものを購入する心配はない。少しでも経験があれば、ただちに購入に従事することが可能である。

　本港の鉱業の従事人には、あるいは若干の資本を持ち、宝安、恵陽などの東江内地の情況に熟知している者であれば、次々と購入に従事し、こっそりとタングステン鉱石を香港に運搬し、外国人に転売するようになった。密輸入者が現地で有力者の場合、巨額の資金を集め、大規模の武装集団による密貿易を行った。現に国境の中国領の山村および辺鄙な経路では、タングステン鉱石を香港

に担ぐ男女は、群れを成し、隊を組んで、朝から暮れまで延々として絶えなかった。タングステン鉱石を国境に運んだあと、荷主が別途に新たに雇用した新界の農民をイギリス領に接続して運び、まとめて秘密に貯蔵する。その後、香港の外国商社にセールスするか、高価で売れるのを待つかであった。その大部分は、フィリピンなどの地に密輸され、巨利を図ったのであった。

　かつて、自らが恵陽に行き、タングステン鉱石を買い込んで、香港に戻った人の話によると、最近はタングステン鉱石の買入れに来る者が多く、採掘する者の10人中に9人は地元の農民で、人力を使い鍬で採掘するため、産出量は需要量に追い付かない。近年は各地に避難していた難民が郷里に戻り、タングステン鉱石の採掘をもって、当面の生活を維持する近道として、男女を問わず、体が丈夫な者の多くは山に登り、鉱山の発掘を求め、あるいは従来の鉱山に雇用を求めて、わずかな賃金を稼ぎ、生活費に充てていた。こうした鉱山を尋ね漁る風潮は、宝安、恵陽の各地の難民の中に満ち溢れ、既に破壊された鉱山も、その後、採掘を再開していたという[10]。

　以上、広東省東莞県、宝安県、恵陽県などのタングステン鉱石産区の探索資料から、危険を恐れない大量の現地の農民と戦争難民が、鉱山の採掘労働に参加していたことを説明することができた。貨物の積み込みやタングステン鉱石の運搬を担当する労働者は、年が若く体が丈夫な男女たちであったが、彼らは生活のために、山に登り、嶺を越えて、群を成し、隊を組んで労務に参加した。タングステン鉱石の交易に従事する資本家に至っては、プロの密輸業者、仲買人、免職になった警官や鉱業会社の従業員などを含んでいた。彼らは巨大な資本を擁し、多額の利益を企んだ。多くは直接に鉱山に行って採購し、人夫を雇って挑運させ、同時に鉱務官、沿岸軍警、税関人員などと結託し、集団を組織して、大規模な武装運送の行為を行った。要するに、各地に投入された広東と香港のタングステン鉱石の密輸活動に従事する人数は、極めて多数にのぼり、これら密輸の行為は、傲慢放縦で法律を無視するものであった。

　タングステン鉱石の密輸方法は事実上、次のようなものがあった。（1）タ

ングステン鉱石を綿衣の中に縫い込み、1人で15斤を携帯することができた。
（2）タングステン鉱石を石炭の中に混入し、石炭の輸出を名目に輸送させた。
（3）麻袋に詰め込まれたタングステン鉱石は民船の艙底に隠され、船員に武器を配備させ、公然として密輸活動を行ったのである。密輸の経路について、水路では汕尾、恵陽、宝安、中山、赤渓などの港より輸出し、香港、マカオ、広州湾一帯に至って販売した。陸路では、広九鉄道（広州から九龍の鉄道）、岐関道路を経て、香港、マカオへと運送された。密輸人は、タングステン鉱石を運搬して香港、マカオに至った後、別途に専門にタングステン鉱石を購入する鉱業会社があり、タングステン鉱石を商社に転売した。商社は再び香港、マカオから海外各地に運航したのであった[11]。

　台拓関係企業の福大公司の統計資料の記載によれば、毎年の広東統制機構、税関を経ていない密輸のタングステン鉱石の数量は、1934年の1万3,309担（1担の単価は約97.152元、価格は129万3,000元）、1935年の2万3,478担（1担の単価は約51.24元、価格は120万3,000元）、1936年の5万9,724担（1担の単価は約69.5元、価格は415万1,000元）、1937年の2万5,285担（1担の単価は約303.78元、価格は768万1,000元）となっており、明らかに増加の趨勢が見られた。また、1937年の日中戦争が勃発した後、その年の密輸量が減少し、闇市価格が高騰したため、1担の単価は従来に比べて、3～4倍に上昇した[12]。

　1938年10月、日本軍は広州を攻略した。翌年1月、制圧範囲は順徳、黄埔、増城、佛山、三水および三江（西江、北江、東江）一帯へと拡大した[13]。日本軍は占領を維持するために、「以戦養戦」（戦争をもって、戦争を養う）を実施し、一方では、広州付近の13の県、汕頭（スワトウ）周囲の3つの県の外部に、非常に長い1本の封鎖線を構築し、広東の傀儡政権に命じて、各級の物資配給委員会を設立し、上から下へと軍需物資を管制した。他方では、交通の要衝、埠頭、駅に検査所を設置し、出入りするすべての物資は、経済警察の検査を通過し、許可証を取得した後、始めて運搬流通が可能になった。しかし、日本軍の占領区は面積が狭小であり、経済的に自給自足が不可能であり、それに広東の政務は、汪精衛の妻・陳璧君（1891～1959、広東新会人）が掌握しており、日本

軍は汪傀儡政権と協力した。そのために、一般の民生物資の監督権は、広東傀儡政府に一任され、傀儡政府によって配給制が実行され、それによって、日本占領区の物資が抗日地域に流れるのを防止したのであった[14]。

1938年11月、台拓は台湾総督府の指示を受け、社員を広州に派遣し、日本軍に協力して、事務の回復を推進した。1939年6月に、「広東出張所」を設立し、水道、電気、農業の経営に着手した。間もなく出張所の営業範囲は、タバコ、タングステン鉱石、清涼飲料の販売、造船、鉄工などの項目までに拡張し、雇用人員が増加したために、業務の規模は益々拡大した。そのために、1940年7月に「広東支店」に昇格させた[15]。日本の広東占領期間における台拓広東支店の営業概況については、谷ケ城秀吉氏が既に若干の概要的な考察を行っている[16]。本章はまだ検討されていないタングステン鉱石の収購問題について、分析を行うことにする。

3．台拓交易のタングステン鉱石の波瀾曲折

広東各県からは20余種類の鉱石が産出される。そのうち、軍需価値が最も高いのは、タングステン、マンガンであり、その他を順序に従えば、スズ、アンチモン、鉛、鉄、石炭などの鉱石である[17]。1939年に鄭暁棠（本名・鄭立屛）に偽名した前・広東省資源委員会のタングステン鉱委員は、日本軍が広東を攻略し、珠江を封鎖した時、広州の沙面租界の倉庫に保存した500トンのタングステン鉱石の輸出が間に合わなかった。そこで香港に逃走後、他の委員と密かに計画し、良い買主を見つけ出し、それを売却して利益を得ようとしていた。当時、日本の御用軍需商社・東興公司が情報を得たあと、東京の陸軍省は彼らにこの鉱石を購入する特権を持っていると同業に宣伝した。このような行為は、台拓に多くの困惑をもたらし、購入競争過程において順調に行かなかった[18]。

広東軍政時期、日本占領区の物質流通の指導機関は、日本総領事館経済課と調査課、日本占領軍経理部金融課、陸軍特務機関、海軍武官府、台湾総督府出張所などの官庁があった。そのうち、陸軍の勢力が最も大きかった[19]。鄭暁棠

グループのタングステン鉱石の購入競争に参加するため、台拓広東支社の戦略は次のようであった。（1）吉野副参事を香港に派遣し、売り側と売買交渉をするほか、別途に日本軍広東占領の陸軍参謀長・須貝少佐、総動員班長・佐藤大佐に依頼し、台拓はこのタングステン鉱石購入の特権を持つと認定させた。（2）各方面のタングステン鉱石交易に関する情報を掌握し、台拓本社と広東支店、東京支店の間で頻繁に電報通信作業を展開させた。（3）台湾総督府財務局の中島局長に頼んで東京に行き、陸軍省軍務局の大西少佐、大蔵省為替局の中村局長を訪問し、彼らに購入用の外貨取得を許可させ、信用状（L/C）の発行に同意させた。それによって、台拓と売り手と鉱石の購入契約を早く締結でき、便宜を図るように懇請した[20]。

　以上の業務に介入した台拓幹部は、社長・加藤恭平、副社長・久宗董、業務部長・高山三平、顧問・浦澄江、東京支店長・越藤恒吉、広東出張所長・吉野近蔵、南洋課長・大西文一であった。その交渉対象には、広東タングステン鉱石の売出し集団、日本占領軍広東陸軍部隊、台湾総督府財務局、金融課と主計課、台湾軍、東京陸軍省軍務局、大蔵省為替局、商工省、台北の台湾銀行本店、台湾銀行東京分行と香港分行、香港日本総領事館などであり、交渉の官衙は極めて多い。これによって、窺えるのは、（1）台拓は広大な政商ネットワークを擁していた。（2）タングステン鉱石の購入は、台拓の重要産業のみならず、同時に戦時の日本帝国の経済統制の実施上、政府の管理する特殊な軍需品であった[21]。

　事実上、広東の日本占領軍と日本の中央官僚間の派閥は複雑であった。1939年、三井、三菱、石原、杉原、台拓などの企業の共同組織によって、「図南協会」が設立された。これは当局の意を受け、彼らは軍需品の開発と購入の特権を享受できると指定された。しかし、該会の会員に属さない御用軍需商社でも、依然として物品の収購グループに入り込む方法があった。具体的に言えば、1939年12月、台拓本社は東京支店の探知を通じて、タングステン鉱石の収購活動に参入した東興公司は、秘密活動によって、東京の陸軍省の支持を得ていた。そのために、香港の日本領事館に台拓がタングステン鉱石の交易活動の攪乱者

128 第4章 戦時台湾拓殖株式会社広東支店におけるタングステン鉱石の収購活動

と誤認させた。翌年1月、台拓は東興公司が中国の鉱石商人から700トンのタングステン鉱石の購入に、27万元の前払いの詐欺を受けた。それに、中国商人が同じ手法で、同じタングステン鉱石の取引で、大阪の野田氏から70万元を騙し取ったという情報があった。台拓は秘密交易によって思わぬ損失を受けることを恐れ、広東出張所に注意を喚起し、交渉時に保証金について、最も多くても現金5,000香港ドルを限度に預付することにした[22]。

台拓と売主とのタングステン鉱石の交易条件についての交渉内容は、例えば、1940年2月15日、台拓の1部の契約書の草稿からその概要を窺うことができる。以下の通りである。

1．双方の契約
　　　買い手側　台拓の浦顧問、吉野副参事、吉原書記（別途に捷記洋行が保証人を担当）
　　　売り手側　旧広東省資源委員鄭曉棠、何海生、胡文紋、監督人李氏
2．契　約　地　香港ヘスティング法律事務所
3．契約期日　昭和15年2月17日午前
4．契約内容
（1）数量　500トン
（2）品質　純度65％（Wo3）
（3）条件　信用状（L/C）を根拠に貨物代金を支払う。詳しくは第7条を参照。
（4）貨物の受渡地、広州沙面天祥洋行（Dodwll Co.,）倉庫
（5）貨物の受渡方法　契約締結後、売り手側の委員代表1名が分析技師と共に、直接に買い手側の沙面で現物交易を行う。
（6）価格（1担当たり）202.85香港ドル
　　　明細　1担当たり原価195香港ドル
　　　保証人費用　5.85香港ドル（195香港ドルから3％を受け取る）
　　　仲介手数料費　2香港ドル

鉱石購入価格（1トン当たり）　3,407.88香港ドル

総額　170万3,940香港ドル

謝礼　4,000香港ドル（計4名の委員）

（7）支払条件

　a．買主は信用状（L/C）166万680香港ドルを支払う。それをもって貨物を受け取った後、代金融資の保証とする。

　b．買主は保証金を捷記洋行（UNION TRADING COMPANY）の名義で渣打銀行（スタンダードチャータード銀行）内に預金し、預金証明書を自ら売り手側の弁護士に引き渡す。

　c．売り手側は全額を中国銀行に預金し、預金証明書を買い手側の弁護士に引き渡す。

　d．預金証明書を交換後、売り手側は倉庫証券を買い手側に引き渡す。

　e．契約締結時、保証人費用1万5,000香港ドル、仲介手数料費5,000香港ドル、4名の委員の謝礼4,000香港ドル、合計2万4,000香港ドルを前もって支払う。

（8）支払方法　現物交易後、双方は西協部隊で立ち合いし、計量とサンプル採集の確認を広州と香港の分析所で行う。分析の完成後、保証金を控除して、残金を支払う。捷記洋行を通じて、指定した渣打銀行に保証金を支払う。

5．香港ドル資金の調達方法

（1）保証金の調達は、2月3日に広州の某方面から28万香港ドルを借入れ、手元の現金4万香港ドルを加えて、合計32万香港ドルを保証金とする。

（2）名義費、仲介費、謝礼、合計2万4,000香港ドルは既に日本軍側の同意を受け、為替市場において外貨（1香港ドル＝214日本円）に両替する。

6．手付金　今回の協議では手付金の支払いに言及していないが、前回の協議の時に、既に5,000香港ドルおよび1,200香港ドルの手付金を支払った[23]。

130　第4章　戦時台湾拓殖株式会社広東支店におけるタングステン鉱石の収購活動

以上を総合すれば、台拓が締結したタングステン鉱石の交易要点は次の点であった。（1）交易数量は500トン、1トン当たりの単価は3,407.88香港ドルで、総価格は170万3,940香港ドルであった。（2）買主は保証人、仲介人、売り手側に対して謝意を示し、それぞれ一定額の謝礼を支払うこと。（3）貨物の引渡、支払いおよび品質の鑑定について、規定では保証人、専門の分析師の参加が必要であり、費用の振込みも銀行の指定があった。タングステン鉱石の交易の条件は相当周到で詳しく、貨物の引渡過程も非常に慎重であった。

しかし、人を驚かせたのは、台拓がこの契約の草案を売り手側に渡し、売り手側に同意させ、貨物の証明を提出させる時に、これらのタングステン鉱石は香港のドイツ領事館が既に所有していたものであることを発見したことである。台拓は問題を解決するために、日本軍がドイツ駐東京大使に幹旋を依頼した。幸いに、ドイツと日本は同盟関係を締結していたので、総価格226万5,000香港ドルでそれらのタングステン鉱石を販売すると示した。台拓と日本政府も幾度かの曲折を経て、台湾銀行東京支店から香港支店に信用状（L/C）の電信振込みのあと、これらのタングステン鉱石の購入任務を完成した。1940年7月3日、台拓社長が日本南支派遣軍宗道班の総動員班長佐藤大佐、参謀長須貝少佐、矢板技師、東京陸軍省軍務局、大蔵省などに手紙を寄せて、それぞれ協力者に感謝の意を示した。台拓の統計によれば、広東支店が日本軍側に売渡した500トンのタングステン鉱石の利益は12万2,957.24円であった。しかし、1939年12月から1940年6月までのタングステン鉱石の購入期間に、台北、東京、広州、香港の間の旅費、電報および電話通信費、接待交際費、手続費、謝礼、消耗費、雑費などの費用は6万3,634.42円に達し、台拓のタングステン鉱石関係の交渉の出費が、多額であったことを物語っている[24]。

4．台拓の鉱石購買工員の失踪事件

台拓のタングステン鉱石の収購の別の1つの方法は、中山県内の張家辺、白石嶺、大林などのタングステン鉱区付近に、1つの買鉱所を設けた。すなわち、

4．台拓の鉱石購買工員の失踪事件　131

石岐市に買鉱所を開設し、工員を雇って、買鉱事務を請負わせた。石岐市の特色は、抗日ゲリラが常に神出鬼没し、中国在住の日本人を密かに襲撃して、食糧を略奪するなど、治安が極めて悪い地域であったことである。1942年、台拓の請負業を担当したのは、降日分子の広東人の何国光、曾煥英および台湾から来た顔鄭熊、張顕承であった[25]。

　1942年、請負商人の張顕承は、2名の台湾人を雇用した。1名は李進枝、年齢35歳、本籍は台南州新営郡白河庄白河80番地。別の1名は黄麒麟、年齢28歳、本籍は台南州北門郡七股庄下山仔寮92番地。同年2月12日午後4時、李、黄の2人は、中山県第4区窈窕郷（張家辺付近）において、8人の抗日ゲリラに拉致された。拉致事件の発生後、間もなく、台拓は窈窕郷副郷長の呉志成と当地の有力者曾煥英、第9区警察署長、区長兼聯防大隊長潘福およびその部下の謝武に、捜査を依頼した。5月上旬、李進枝、黄麒麟は、中山県抗日ゲリラ支隊長梁自帯の部下、第1中隊長呉金およびその部下に拉致されたことが判明した。呉金の妹の夫陳沢民（広州で皮革業を経営）の探知によれば、36人が監禁されていた。鶴山県の捕虜収容所の中に、李、黄の2人が含まれていたことが分かった。5月中旬、台拓広東支店は呉志成に請託して、下旬に鶴山県に人を派遣し、彼らの解放について呉金と折衝を依頼した。6月10日、呉金からの返答によれば、梁自帯支隊長が韶関から帰って来た後、両名の捕虜の処分を協議するということであった。しかし、7月上旬になっても、捕虜の情報は不明であった。台拓は中山県の日本警備隊を通じて、四方を捜査したが、何の手がかりも得られなかった。日本の警備隊長の推測によれば、抗日分子によって拉致された台湾人は、半年余りも、身代金の要求が提出されず、窈窕郷民は、2人は既に殺害されたという噂が伝えられており、2人の倖存の可能性はないと断言した。別途に、石岐買鉱所の収購人の李進明（被害者李進枝の弟）は、台拓の補助を受け、種々の手段で調査したが、年末になっても、依然として消息は不明であった[26]。

　李進枝、黄麒麟は、台拓が鉱石請負商人の張顕承の雇用人であり、会社の正式雇用の社員ではなかった。しかし、台拓中山事務所は、彼らの対外交渉事務

132　第4章　戦時台湾拓殖株式会社広東支店におけるタングステン鉱石の収購活動

の便宜上、2人の社員としての身分を承認した。そこで救済金について、広東
支店は社員の基準に基づいて計算し、遺族に対して以下の待遇を支給した。

　　従業員年数

　　黄麒麟、昭和16年（1941）3月から拉致されるまで、12か月。

　　李進枝、昭和16年5月から拉致されるまで、10か月。

　　1人当たり俸給　150円

　　食　費　30円

　　奨励金　100斤蒐集ごとに平均月額3円、計45円

　　以上、各項目合計　225円

　これによって、基本月給200円、別途に手当50％を加え、300円を基礎に、そ
れに彼らの労働月数を上乗せして、前もって見積もったところ、各遺族に支給
する救済金は、3,000円から4,000円程度であった[27]。

　しかし、台拓本社南支課、南方第3課、台南支店はこれに異議を示し、幾度
かの検討を経た後、結局、1943年2月20日、広東支店からそれら遺族に支給し
たのは、それぞれ1,350円であった[28]。

　広東支店は、2名の工員の拉致事件が発生後、タングステン鉱石の収購業績
は急速に下降した（表4-1を参照）。そのために、中山県中門地区の日本警備
隊の不満を引き起こした。1942年7月7日、江口副官は李進明に質問し、なぜ
タングステン鉱石の購入量が減少したのかと。李進明は収購量の減少について、
タングステン鉱石の産出量は運気次第であり、運気のいかんによって、発掘量
が左右されると答えた。李進明は副官に再び活動の機会を与えて欲しいと懇求
した。江口は彼に業績表を提出させ、今後もし業績の改善がなければ、事前の
警告なしに、昭和通商に収購の責任を譲ると強調した[29]。

　李進明が副官に叱責を受けた後、台拓は事態の厳しさと重大さを認め、直ち
に小野英雄書記を派遣し、日本占領軍司令部の総動員班と連絡を行った。班長
の万成目大佐は、昭和通商がまだ石岐に駐在しておらず、引き継いで処理する
ことに応じないことを明らかにした。遂に、中門区警備隊から無視することが
できない総動員班の意向の1部の公文書を作製し、小野に命令して中山県に持っ

表4－1　台拓広東支店のタングステン鉱石数量の統計表　（単位：斤）

年月別	在庫量	買入量	売出量	残量	年月別	在庫量	買入量	売出量	残量
昭和16年4月	2,301	6,321	3,761	4,861	昭和17年4月	*11,648	153		11,801
5月		1,894		6,755	5月		3,833	7,726	7,908
6月		1,402		8,157	6月		4,217	3,405	8,720
7月		2,095		10,252	7月		692		9,412
8月		2,413		12,662	8月		886		10,298
9月		26,633		16,856	9月		5,082	4,772	10,608
10月		6,698	22,443	18,302	10月			6,058	4,550
11月		3,856	5,251	22,158	11月		443		4,993
12月		1,773		23,931	12月		4,418	5,653	3,758
昭和17年1月		10,474		21,667	昭和18年1月		1,818	2,813	5,576
2月		1,824	12,738	23,491	2月				2,763
3月		9,258		17,258	3月				2,763
			15,491						
合計		74,641	59,684	17,258	合計		21,542	30,427	2,763

（注）日本の会計年度は毎年4月から翌年の3月まで。昭和16年度は1941年4月1日から1942年3月31日まで。昭和17年度は1942年4月1日から1943年3月31日までを指す。

＊昭和16年度のタングステン鉱石の残り量は16,845斤であるが、台拓が購入時にタングステン鉱石は売り手側が浸水し、購入後、乾燥時に重さが軽くなり、実際の在庫量は11,648斤である。

（出所）台拓文書第1330号、「広東支店関係（二）」、昭和17年4月から昭和18年4月の各月「買鉱実績表送付ノ件」。同・昭和17年4月9日「買鉱損益及棚卸表送付ノ件」を参考し、筆者が作成。

てきた。同年7月15日、宗道班長は広州に来た情報官の前田少尉に以上の趣旨を伝えた。氏に石岐に行き、江口にこのことを明らかにするように調査させ、適切な処理の後、帰って来た後に報告するように命じた。7月16日、小野書記は石岐に到達後に、中門地区の警備隊副官江口中尉、情報官保美中尉を直接に尋ねた。小野が台拓を代表して深入りしての調査、および中門部隊との斡旋の情況に関して、小野の自らの本社への報告から、現地のタングステン鉱石の収購の様々な問題およびその困難を克服する道筋を詳しく知ることができた。

　第1、台拓の人員が部隊に叱られた情況

（1）本年4月27日、広第402号報告によると、中島、塩貝、保木などの人は、

石岐市で昭和通商の看板を掲げ、タングステン鉱石の収購の隊列に押し入ろうと策動した。中島などの人は中門区警備隊、憲兵隊に、台拓の買鉱報告の批判を提出した。

（2）6月1日、広第508号報告によると、昭和通商は占領区において、タングステン鉱石の収買はできないのであり、かつ、石岐市において、看板を掲げている人とは言え、それは昭和通商の名義を偽称している者である。しかし、中門区警備隊、憲兵隊が、中島などの人と昭和通商との関係を信じたため、彼らの営業の正当性を承認したのである。

（3）本年2月に発生した購鉱工員の李、黄2名の拉致事件、および中島などの人の採購の隊列に割り込んだ後に追及した。台拓は既に帰順の華人何国光の一派に、採購を任せた。しかし、台拓は法幣関係（抗日区の使用貨幣）があるため、協定価格で採購するのは相当な困難を感じており、同時に宗道班の注意喚起もあった。しかし、どうしても、採購人の競争に割り込むことが必要であった。購入競争は資本家側の勢力分割を引き起し、その後の収買作業の混乱を引き起こし易い。そのために、意識的に消極的な態度を採用するようになり、その結果、収購の業績は芳しくなく、中門区部隊の不満を引き起こした。

第2、我々側の今度の収購方針

本年2月中旬までに停止し、本社の人員の石岐における買鉱の方法は、収購工員が直接に鉱山採掘者、あるいは仲買人から購入した。ただし、李、黄の2人が拉致されたあと、窈窕郷副郷長の呉志成および地方有力者の曾煥英の協力を通じて、採購を継続した。しかし、何国光の一派は6月下旬に、購鉱中止の要求を提出し、従業員も各自で鉱山から撤退させた。そして曾煥英に責任をもって、収購業務を委ねることに改めた。

その後も、華人を使用しての購鉱は、靴の上から痒い所を掻く感を免れず（核心に触れず）、その上、我々の持っている法幣は非常に少なく、わずかに3万余円であり、儲備券（広東傀儡政府発行の通貨）から両替しなければならなかっ

4．台拓の鉱石購買工員の失踪事件　135

た。現在、タングステン鉱石の貸付金は、日本軍発行の軍票をもって計算し、その交易と清算業務は、すべて以前と比べて複雑になったようである。我々が部隊の叱責を受けた後、収購方法の変更は以下の通りである。

（1）まず、石岐事務所において、協定価格による採購を実施した。

（2）石岐の収買価格は、従来の協定価格以下であった。石岐では協定価格の計算で、使用に適合している。しかし、現在は変更後の購入価格は次のようであった。協定価格はタングステン鉱石の純度65％、百斤当たり340円。軍方の交納価格はタングステン純度65％、百斤当たり403円。現在、我々は以上の両者の中間価格を選択しなければならず、それによって、収益は対前年比で半分に減少した。

（3）買鉱石方法、鉱山で直接に購入するのが、最も良い収集の方法であったにもかかわらず、近年の治安が非常に悪く、再び拉致事件の発生を恐れた。今後は情況の変化に応じて、適当な方法を採用し、1つの方法にこだわらないようにする。

第3に、中山事務所の今後の経営方針

　中山事務所は1940年（昭和15）4月、我が方の人員は、日本空軍の進駐にしたがって、江門関口の前進所に買鉱所を開設した。当時、台湾籍の顔鄭熊が請負人として、適切な価格でタングステン鉱石を収購していた。しかし、昭和16年末に大東亜戦争が勃発した後、顔鄭熊は軍方の嘱託となり、香港の攻撃に参加したので、彼が雇用した張顕承に替わって、経営を担当し、依然として請負方法を採用した。

（1）以前に遡り、顔鄭熊から張顕承に引き継いだ時、張顕承は約8,000円を出資した。その後、大洋（旧時の1円銀貨）の損失によって、投資に損失が生じた。現在、台拓が直営に改めた場合、いままでの努力は無いに等しく、こうした行為は極めて不適切である。

（2）従来の請負方式は、直接に業績に反映することができるのが、会社の直接経営に比べて優れているのである。

136　第4章　戦時台湾拓殖株式会社広東支店におけるタングステン鉱石の収購活動

（3）会社の直営に改めた場合、依然、監督が行き届かないことになるのは、避けられない。

　　　以上のことから、会社は以前の通り、引き続いて請負方法を使用することを希望した。

　第4に、タングステン鉱石の継続収購に関する件

　昭和15年、会社は軍方に500トンのタングステン鉱石を売却し、約2割の利益があった。現在、実施の協定価格は、軍方の売却価格では僅か16％の利益に過ぎない。本年使用の軍票で決算すると、見積利益は8％以上に保つのは非常に困難であるだけでなく、かつ以下のことを考慮しなければならない。

（1）買鉱事業は日本占領軍司令部の総動員班（宗道班）の指示の下に、実施された。我が方が進行を中止した場合、広東支店は閉鎖同様の状態になり、支店の死活問題に影響する。

（2）買鉱を中止した場合、その影響は台拓の軍部に対する信用問題にかかわることになる。

（3）買鉱行為は軍需資源の収集事業であり、国策の使命を荷っている台拓が中止した場合、名義が立たず、言行にそぐわない企業になる。

（4）軍側は利益本位の企業を厳しく攻撃している[30]。

　以上の小野書記の報告をまとめると、日本占領軍司令部の総動員班、中門地区日本警備隊、憲兵隊が、広東軍需品収購の指導的の地位にあることにより、日本の商社を使って、タングステン鉱石の収買のいろんな手引きを探させ、タングステン鉱石の産地の交易活動を混乱させた[31]。それにもかかわらず、台拓は依然として方法を考え、信頼ができ、経験があり、能力のある採購員を雇用し、直接に鉱区に行って交易を実行した。ただし、台湾籍の採購員が抗日分子に拉致された後、引き継いだ何国光、曾煥英などの華人は、収購動機が強くなかった。それに事務所自身の経営コストの負担があり、業務人員の増加を願わなかった。それに台拓は現地においてその名が知られているため、再び、拉致事件の

発生するのを恐れていた。かつ、それぞれの商社が協定した標準価格によって、鉱山での採購のために、旅費、運搬費など価格以外の支出が発生する。そのために、持続的に請負方式の収購を採用した場合、国家と会社の両者の利益を兼ねて配慮することができ、比較的に妥当であった[32]。

5．台拓のタングステン鉱石収購の宣伝広告

小野書記の観察によれば、購鉱の業績の良し悪しは、広東支店に極めて大きな影響をもたらす可能性がある。そのために、広東支店は広東の鉱石商社を参考にして、鉱区、旅館の至る所に、交易の広告を貼り出す方式を取り、採鉱を増加する方途として、密輸者からの鉱石購入を引き寄せて、それによって業績の上昇を図ったのである[33]。1942年7月、台拓が貼り出したタングステン鉱石交易の広告内容は次の通りであった。

タングステン鉱石買収公告　台湾拓殖株式会社広東支店
　本社の中山事務所（石岐タングステン鉱石収買所）は、下記の各項に照らして、タングステン鉱石の買収を開始する。販売希望者がある場合、本社にて交渉に応じ、詳細に説明する。
（1）価格：大日本軍部決定の買収価格に照らして、一般から購入する。
（2）品質：
　　①従来のタングステン鉱石に対しては、（売り手側）は重量を増やしたいとの考えから、故意に雑物を混入し、不当な利益を図る者が往々にしてあった。周知のように、タングステン鉱石というのは品質が優良である程、価格が高い。例えば、タングステン鉱石の純度60％のものは純度50％のものよりも高く、百斤ごとに儲備券でなら約375元の多額となる。販売を希望する者は、品物の優劣がはっきり判るようにそれぞれ分けて、別々に包装する。良し悪しを混合すると、損失を招くことになる。
　　②タングステン鉱石の鑑定について、本社は相当な注意を払っている。不

138　第4章　戦時台湾拓殖株式会社広東支店におけるタングステン鉱石の収購活動

正な手段で、雑物を混入して売る者があった場合、品物ごとに価格を協議し、好都合には行かずに、これら不当な手段をもって一時的な利益を得た場合、故意に不当な手段を取った者に対しては、今後交易の機会を与えない。

③本社はタングステン鉱石の買収に対し、売り込みを希望する者には、常に公平な交易を行う。したがって、タングステン鉱石の鑑定に対しては、十分に厳密な注意をもって、その品質を鑑定し、高価格で買収する。また、正当で、長期にわたる交易者に対しては、本社の能力を尽くして、あらゆる便宜を供与する。

（3）来売者の価格

来売者は誰に限らず、すべての人と交易するが、特にタングステン鉱石に経験があり、身分が確かな人であれば、一層歓迎する。これが永遠かつ公平に交易を続ける必要な条件である。

昭和17年8月

台湾拓殖株式会社

中山事務所[34]　（原文は中国語）

　以上、中国語の広告から台拓広東支店の交易対象は華人であると説明できる。しかし、指摘したいのは、華人が販売するタングステン鉱石の純度は43〜54%の間だけでなく、純度が60%を超えるものは非常に少ない。品質が低い欠点があり、それに加えて、重量を増やすために、故意に水に浸し、あるいは雑物を混入させている。台拓が購入するタングステン鉱石は、日本軍に納入する規格に満たず、乾燥、選鉱を経た後、常に8割が雑物として減量される[35]。そのために、公告の交易条件には、特に品質鑑定を強調し、品質の良し悪しが価格の高低の基準を決定すると声明していた。

　台拓は請負商社からの買入れ、あるいは鉱石購買工具を直接に鉱山に赴いて採購し、あるいは広告を張り出す宣伝方式などの多元的なタングステン鉱石の買入れの成果は、既掲の表4−1に見られる。1941年度の総収購量は計7万42

斤、月平均の収購量は約5,837斤である。そのうち、 6 月の収購量は1,402斤と業績が最も低く、 9 月の収購量は 2 万6,633斤で業績が最も良い。同年度の総販売量は合計 5 万5,498斤、月平均販売量は4,625斤であった。1942年度の総収購量は 2 万1,524斤、月平均の収購量は約1,795斤、そのうち、 4 月の収購量は153斤で業績は最も低く、 9 月の収購量は5,082斤で業績が良かった。同年度の総販売量は合計 3 万427斤で、月平均の販売量は2,536斤であった[36]。1942年度の総収購量は、対前年度比で 4 万8,500斤と大きく減少した。軍方に納入した総販売量も対前年度比で 2 万5,071斤に減少したという情況であった。

事実上、日本政府は1941年に太平洋戦争が勃発した後、情勢の変化に伴って、統制法令を絶えず強化し、軍需物質の統制範囲が次第に拡大された。これと対照的に、広東日本軍司令部総動員班も、占領区の軍需物資の収集措置を強化した。具体的に言えば、1943年 7 月に「図南協会」の組織を取消し、「広東重工業資源統制組合」に拡大して設立した。その中の組合員として、昭和通商、三井、三菱、石原、杉原、鐘紡、台拓、日鉄、東亜産業、白木貿易、東勝洋行などの11の企業が含まれていた。統制組合は、日本占領軍の指導を受け入れ、内部は鉱石部、五金部、屑鉄部、松脂部、箆麻部などの 5 部門に分かれており、日本占領軍は組合員を指定し分業によって、軍部の統制業務を執行した。タングステン鉱石に関しては、日本占領軍は鉱産量の供給が需要を満たさず、価格が暴騰し、広東の鉱石商社もタングステン鉱石の集散地に広告を至る所に貼りだし、大量のタングステン鉱石を収購して、密輸業者と協力して香港に密輸するなど、日本の商社の間で互いに購買の競争が行われた。それが敵側に有利で、日本側に不利であることを考えて、昭和通商を指定して一元化の方式を採用し、購入任務を執行させた。1943年、台拓の広東支店の統計では、その事業の利益は投資総額のわずか0.74％を占め、収益の微少に鑑み、環境制限も多く、そのために、同年末には事業規模を縮小し、支店の業務の清算を開始した[37]。

6．結論

　以上を総括すると、筆者は台拓文書、広東省檔案を基礎の資料として、台拓広東支店を含むタングステン鉱石収購の問題について、若干の検討を行ったものである。本論の分析によって、その要点を整理すれば、以下の通りである。

（1）タングステン鉱石は灰黒色をしており、高温に耐え、硬度が高く、弾力性が強く、衝撃に耐え、摩擦に耐えるなどの優れた点を備えている。そのことによって、その他の金属との溶合（合金）により、武器、工業用品の製造ができるため、近代国家の軍備の拡充、工業の推進などの用途が非常に広い貴重な原料である。地質学者の調査によれば、中国は全世界中でタングステン鉱石の産出量が最も多い国家であると言われている。その中でも、広東は著名な産地であるのみならず、鉱石商社は香港、マカオを経て、海外に販売する重要な中継地である。1937年以前、広東のタングステン鉱石は、省政府の専売品および輸出統制品であった。しかし、鉱区が分散しており、利益が豊厚であり、密輸方法も多種多様で、当局の取締りは困難であり、密輸活動も相当活発であった。1938年、日本軍が広州占領後、日本の商社はタングステン鉱石の売買活動に加入するようになった。それによって、広東のタングステン鉱石の密輸ブームは、さらに高まりを見せるようになった。

（2）日本の商社のタングステン鉱石の収購競争について論じると、日本の商社は広東占領区の経済的利益を占有するために、各種の人脈関係を使用し、いままでの独占の打破を試みて、彼らは強引に経済領域へと押し分けて入ろうとした。これと関連する権力者、すなわち、東京の日本政府と日本の占領区の官僚も、派閥は異なっていたので、彼らが各自に属する財閥企業を支持し、派閥と企業の利益のもめごとも、その間の対立関係を深化させることになった。ここで指摘したいのは、言うまでもなく、国策会社や財閥企業は、彼らが直面する「国家利益」と、「会社私利」

とは互いの補完ができず、互いに衝突が発生した場合、企業の利益が依然として、その経営方針の目標であった。

（３）日中戦争は一種の経済戦争であり、また一種の資源争奪戦争であった。例えば、広東社会から観察すると、日本軍の占領地は面積が狭小であったため、民生用品の多くは自給ができず、軍需物資の利益は最も人々の利益活動を誘いやすい。日本軍が経済封鎖政策を実施したと同時に、人民からの反独占、反封鎖のレスポンス（反応）に遭遇する。抗日分子は日本の占領区において、略奪、拉致、密貿易などの活動を盛んに行った。すなわち、経済統制措置が、諸刃の剣であることを如実に明らかにした。そして、広東社会の安定と発展に対して、少なからざるマイナスの作用をもたらした。

（４）なお、ぜひ述べて起きたいのは、広東の日本占領軍が現地の密貿易活動に対して、ただ手を束ねているだけで、なすべき術がなかったことである。結局のところ、日本軍も商社に依存し、日本占領区と抗日区との間において、密貿易活動に従事する以外に方策がなかった。ただ、台拓は日本軍に協力して、軍需事業を推進し、タングステン鉱石の収購業績の不良により、統制政策が強化され、収購方法を多元的な方法から一元化に改めたが、競争力がその他の財閥企業に及ばず、その上、広東支店の営業収益も僅少であった。そうした総合的要因の影響を受け、企業の損失を低減するために、1943年末に営業規模の縮小を決定し、事業を清算する方向に向かうにようになった。

注

（１）　台拓文書、第32号、「台拓会社設立委員会関係書類」、昭和11年「台湾拓殖株式会社法施行令」、13〜20頁、125〜129頁。

（２）　台拓会社の関係研究、梁華璜「台湾拓殖会社之成立過程」『歴史學報』第６号、台南、成功大学歴史系、1979年、187〜222頁。三日月直之『台湾拓殖株式会社とその時代』福岡、葦書房、1993年。游重義「台湾拓殖会社之成立及其前期組織研

142　第4章　戦時台湾拓殖株式会社広東支店におけるタングステン鉱石の収購活動

究」台湾師範大学歴史研究所碩士論文、1997年。褚塡正「戦時「台拓」的嘉義化学工場之研究」嘉義、中正大学歴史研究所碩士論文、2000年。Adam Schneider, "The Taiwan Development Company and Indochina: Sub imperialism, Development and Colonial Status", 『台湾史研究』第5巻第2期、台北、中央研究院台湾史研究所籌備處、2000年4月、101～133頁。朱徳蘭「日拠広州時期（1938－1945）的広州社会與台拓国策公司的自来水事業」唐力行編『家庭、社区、大衆心態変遷国際学術研討会論文集』安徽、黄山書社、1999年、400～401頁。朱徳蘭「台湾拓殖株式会社在広東的経済活動：以農産事業為例（1939－1943）」中華民国史料研究中心編『中国現代史専題研究報告』第22輯、台北、国史館、2001年、419～447頁。朱徳蘭「従台拓檔案看日拠広東時期的中日合辦事業」葉顕恩、卞恩才編『中国伝統社会経済与現代化』広州、広州人民出版社、2001年、332～346頁。朱徳蘭「台湾拓殖株式会社的政商網絡関係（1936－1945）」『台湾史研究』第12巻第2期、台北、中央研究院台湾史研究所、2005年12月、75～119頁。林玉茹「国家與企業同構下的辺区開発：戦時台湾拓殖株式会社在東台湾的農林栽培事業」『台湾史研究』第10巻第1期、台北、中央研究院台湾史研究所、2003年6月、73～114頁。林玉茹「戦争、辺陲與殖民産業：戦時台湾拓殖株式会社在東台湾投資事業的佈局」『中央研究院近代史研究所集刊』第43期、台北、中央研究院近代史研究所、2004年3月、117～170頁。林玉茹「殖民地辺区的企業：日治時期東台湾的会社及企業家」『台大歴史学報』第33期、2004年6月、315～363頁。張静宜「台湾拓殖株式会社與日本軍国主義」台南、成功大学歴史研究所博士論文、2004年。鍾淑敏「台湾拓殖株式会社在海南島事業之研究」『台湾史研究』第12巻第1期、台北、中央研究院台湾史研究所、2005年6月、73頁。齊藤直「戦時経済下における資本市場と国策会社：台湾拓殖のケース」台北、中央研究院台湾史研究所、2007年9月4日講演原稿。湊照宏「台湾拓殖の島内事業と株式投資」台北、中央研究院台湾史研究所2007年9月4日講演原稿。谷ケ城秀吉「戦時経済下における国策会社の企業行動：台湾拓殖の華南占領地経営を事例に」台北、中央研究院台湾史研究所、2007年9月4日講演原稿。

（3）　朱徳蘭、前掲論文、2001年、419～447頁。朱徳蘭、前掲論文、1999年、400～401頁。

（4）　台拓文書第2674号、「香港汕頭情報」昭和16年3月1日、「台拓情報」第2巻第4号、1172頁。株式会社福大公司企画課編『南支経済叢書』第2巻、台北、株式

注　143

会社福大公司、1939年、31頁。

（5）　台拓文書第2674号、「香港汕頭情報」1169頁。株式会社福大公司企画課編、前掲書、第 2 巻、1939年、31～32頁。

（6）　台拓文書第2674号、「香港汕頭情報」1170～1171頁。株式会社福大公司企画課編『南支経済叢書』第 3 巻、台北、株式会社福大公司、1940年、110～111頁、115頁。

（7）　鉱字第2039号中華民国29年 3 月 2 日、「中山東莞県及恵陽遊撃指揮所協査取締並呈経済部資源委員会」、広州市広東省檔案館典蔵、編号50（1）61。

（8）　注 7 に同じ。

（9）　注 7 に同じ。

（10）　中華民国29年 3 月 4 日、「抄件　香港大公報　東江私梟猖獗倫運鎢砂來港」広州市広東省檔案館典蔵、編号50（1）61。

（11）　株式会社福大公司企画課編、前掲書、第 3 巻、1940年、111～112頁。

（12）　株式会社福大公司企画課編、前掲書、第 3 巻、1940年、112～113頁。

（13）　広州市文史研究館「広州百年大事記」下冊、広州、広東人民出版社、1984年、502頁、505頁。

（14）　『陸亜密大日記』昭和17～18年、722頁、725頁。日本と汪精衛の同盟締結および広東偽政権の交流関係の研究は、朱徳蘭「日汪合作與広東省政府関係一個側面的考察」『人文及社會科學集刊』第12巻第 4 期、台北、中央研究院中山人文社會科學研究所、2000年12月、638～643頁。

（15）　台拓会社調査課編『事業要覧』昭和16（1941）年度、 6 頁。台拓文書第2604号、「広東事務分掌規程改正ノ件」昭和16年 4 月21日、93～105頁。

（16）　谷ケ城秀吉、前掲論文、2007年 9 月 4 日講演原稿。注 2 に同じ。

（17）　平野健編『広東の現状』下冊、広州、広東日本商工会議所、1943年、213頁。

（18）　東興公司と東光公司の日本語の発音が同じため、台拓の幹部が文書中では常に混用していた。台拓文書第2513号、「決裁書」昭和15年 1 月19日「鎢礦買礦ノ件」45頁。同・昭和15年 3 月26日「東光公司責任者水田義一ニ関スル件」148～150頁。

（19）　山本喜代人編『華南商工人名録』廣州、広東日本商工会議所、1943年、213頁。朱徳蘭、前掲論文、2000年12月、639頁。

（20）　台拓文書第2513号、「決裁書」昭和14年12月20日「鎢礦買礦資金ノ件」。同・昭和14年12月20日「鎢礦買礦信用状ノ件」。同・昭和14年12月21日～22日「鎢礦買

144　第4章　戦時台湾拓殖株式会社広東支店におけるタングステン鉱石の収購活動

礦ノ件」。同・昭和14年12月21日「鎢礦ノ件」。同・昭和14年12月21日「鎢礦買礦資金ニ関スル件」。同・昭和14年12月24日～25日「鎢礦買礦資金ニ係ル件」、247～248頁、260～274頁、286～287頁。

(21)　注20に同じ。台拓文書第2513号、「決裁書」昭和14年12月29日「鎢礦買礦資金ノ件」。台拓に関する対外的な人脈関係の研究は、朱徳蘭、前掲論文、2005年12月。注2に同じ。

(22)　実際の買鉱の保証金に関して、台拓は5,000香港ドルを支払ったほかに、別途に手付金の2万1,200香港ドルを支払った。台拓文書第2513号、「決裁書」昭和15年1月20日「鎢礦買礦資金ノ件」、145頁。同・昭和15年2月19日「鎢礦買礦手付金ノ件」、82頁。

(23)　台拓文書第1330号、「広東支店関係」(三)、昭和15年3月26日「鎢礦取引概要ノ件」、889～894頁。第2513号、「決裁書」、昭和15年3月7日「鎢礦取引ノ現状」67～71頁。

(24)　台拓文書第2513号「決裁書」、昭和15年3月25日「鎢礦取引概要ノ件」3～7頁。同・第2497号、「事業資金」、昭和15年4月1日～10月31日、「広東鉱業処損益計算書」、「500噸鎢礦手数料損益」3～18頁。

(25)　台拓文書第1330号、「広東支店関係」(二)、昭和17年7月29日「中山出張報告」、771頁。同・昭和17年8月12日「貴社中山事務所所員行方不明ニ関スル件」、頁数未編入。

(26)　台拓文書第1330号、「広東支店関係」(二)、広第748号昭和17年8月17日「中山事務所所員拉致事件ニ関スル件」、頁数未編入。同・昭和17年7月29日「中山出張報告」、761～776頁。同・昭和17年8月12日「貴社中山事務所所員行方不明ニ関スル件」、頁数未編入。

(27)　「中山事務所所員拉致事件ニ関スル件」、頁数未編入。注26に同じ。台拓文書第1330号、「広東支店関係」(二)、広第632号昭和18年2月22日「広東中山事務所所員拉致事件ニ関スル件」、頁数未編入。

(28)　「広東中山事務所所員拉致事件ニ関スル件」、頁数未編入。注27に同じ。台拓文書第1330号、「広東支店関係」(二)、南第339号昭和18年2月4日「資金受領ノ件」、頁数未編入。

(29)　台拓文書第1330号、「広東支店関係」(二)、昭和17年7月17日「江口副官トノ問答録」、頁数未編入。同・昭和17年7月21日「タンダステン収買ニ付御届ノ件」、

777～783頁。

(30)　台拓文書第1330号、「広東支店関係」（二）、広第631号昭和17年7月29日「中山
買鉱状況ニ付報告」、頁数未編入。同・「広東支店関係」（三）、昭和17年7月16日
「タンダステン収買工作ニ付御届ノ件」、792頁。

(31)　戦時の日本軍界、政界および企業間の共生関係に関しては、朱徳蘭、前掲論文、
2005年12月、注2に同じ。

(32)　台拓文書第1330号、「広東支店関係」（二）、昭和17年7月29日「中山出張報告」、
761～776頁。

(33)　黄字第92号中華民国29年8月21日、「呈請設法査禁鉱務公司広告以利鎢政」、広
州市広東省檔案典蔵、編号50（1）60。

(34)　台拓文書第1330号、「広東支店関係」（三）、昭和17年7月21日「鎢礦収買公告」
786～787頁。

(35)　台拓文書第1330号、「広東支店関係」（三）、昭和17年7月21日「タンダステン
収買工作ニ付御届ノ件」、777～780頁。

(36)　台拓文書第1330号、「広東支店関係」（三）、昭和17年～18年分「買鉱実績表送
付ノ件」。

(37)　「広東重工業資源統制組合」に関し、台拓広東支店は銅、鉛、鉄などの金属の
購入を担当し、五金部門に属している。台拓文書第1744号、「広東支店関係」、広
第533号昭和18年7月28日「広東重工業資源統制組合設立ノ件」、110～113頁。同・
広第944号昭和18年12月14日「広東支店縮小ニ伴ウ経理事務整理ニ関スル件」、20
～23頁。台拓文書第1330号、「広東支店関係」（四）、昭和18年度統計表「広東支
店事業総合表」1202～1203頁。谷ケ城秀吉、前掲論文、2007年9月4日講演原稿、
注（2）に同じ。

> コラム②

東日本大震災と "日台の絆"

　1980年代半ば、編訳者の森田は海外研修で台湾の中央研究院に行き、本書の著者の一人の王世慶先生と知り合い、長年の親友になった。多くの学恩を受けた王先生に対する友誼として本書を翻訳する動機になった。その間、王先生をはじめ、多くの台湾の友人を持つようになった。この書籍の目的は親友で亡き王世慶先生の研究業績の台拓研究を明らかにし、日本の読者・研究者に紹介することである。日台の研究者の "絆" である。

　2011年3月11日の東日本大震災による津波被害、原発事故の発生という未曾有の災難に見舞われ、多くの犠牲と被害が発生した。台湾から緊急救助隊が派遣され、被災地の救助活動に参加して、緊急物資の提供を行ってきた。同時に、台湾国内で官民一体になって、義援金の募集および救援物資の寄付活動を行った。最終的に約220億円の義援金が集まり、国別義援金のうち最大の義援金支援国であった。

　なぜ、台湾から多額な義援金が集まったのか。それは1999年の台湾中部大地震（集集大地震）、2009年8月の台湾南部大水害で大きな被害を受けた時に、日本からの救援隊の派遣や物資の提供などの支援を受けて、台湾人は感謝の気持ちを忘れないで、日本からの義援金の約4倍以上のお返しを行ったのである。

　「親日の国・台湾」に日本のマスコミが注目し、それ以降、日本の台湾関連の多くの刊行物が出版されるようになった。雑誌類だけでも『CREA』（クレア、「台湾でできること」、2015年3月号、「美麗なる台湾」、2016年3月号、「ゆるむ、台湾」、2017年1月号）、『anan』（アンアン、「週末台湾」、2015年4月。「休日台湾」、2016年9月）、『Hanako』（ハナコ、「台湾おいしいものだけ」、2016年12月22日号）、『家庭画報』（「台湾」極上の旅へ、2017年4月号）、『Taiwan Guide 24H』（朝日新聞出版、2017年）、『トリコガイド台湾 2017-2018』（枻出版会、2017年2月）があげられる。そのほかの書籍も多く出版されている。『蔡英文　新時代の台湾へ』（蔡英文、前原志保監訳、白水社、2016年）、『蔡英文自伝』（蔡英文、前原志保訳、白水社、2017年）、『台湾とは何か』（野嶋剛、ちくま新書、2016年）、『アリガト謝謝』（木下諄一、講談社、2017年3月）、『台湾を知るための60章』（赤松美和子・若松大祐編、明石書店、2016年）、『台湾と日本を結ぶ鉄道史』（結解喜幸、交通新聞社、2017年）、『交錯する台湾認識』（陳來幸・他編、勉誠出版、2017年）、『私的台湾食記帖』（内田真美、アノニマ・スタジオ、2016年）、『鈴木商店と台湾―樟脳・砂糖をめぐる人と事業』（齋藤尚文、晃洋書房、2017年）、『台湾で見つけた、日本人が忘れた「日本」』（村串栄一、講談社、2016年）など枚挙に暇がない。この現象は数年前には見られない現象である。"日台の絆" は益々親密になってきたことがわかる。　　（朝元　照雄）

第5章　台湾拓殖株式会社における海南島事業の研究

鍾　　淑　　敏

1．前言

　日清戦争の時期、日本のナショナリズム思想家の徳富蘇峰（とくとみ　そほう、1863年～1957年）が書いた「台湾占領意見書」のなかで、日本は対外的には「北守南進」の国策を採用するよう主張した[1]。まさに台湾は南進の最初の拠点で、台湾を経由して海峡半島（シンガポール一帯）および南洋群島に前進するのは、必然の勢いであった[2]。言い換えれば、1895年に台湾が後進帝国主義国家・日本の最初の植民地になった後、日本帝国の「南進」の踏み台の「使命」を負うようになった。

　しかし、「南進」のブームの時期は極めて短い。1899年、義和団事変で欧米先進諸国などが華南の情勢に手が回らない時期を利用し、日本はアモイに出兵した。そして、やむをえず撤退した時に、南進のブームは次第に冷え込むようになった。その後、1905年に日露戦争で日本が勝利を収めたため、ロシアの中国・遼東半島南半部（後に関東州と呼ばれた地域）の租借権を継承するようになった。1910年、日本は朝鮮半島を合併し、北進が順調になって、日本の注意力は南方だけに集中することはできなかった。他方、日本は中国の華南地域での優勢を保ち、東南アジア各地の英米など帝国主義国家の老舗と「協調外交」を維持するために[3]、時勢を観察分析し、北向きの発展は情勢によるものであった。このような客観的な環境のもとで、台湾の住民にとって「南進」は既に聞き慣れた用語になったが、台湾の一つの地域の力では、華南および今の東南アジアを含む東アジア地域勢力圏の形態を変更することにはやや力不足であった。要するに、総督府の「南支・南洋」政策は、抗し難い局限性があった。

148　第5章　台湾拓殖株式会社における海南島事業の研究

　客観的な情勢の局限性があるにも関わらず、日本統治時代の「南進」方向性
は、終始一貫して台湾の対外関係の主軸であった。この主軸の延長線の上で、
台湾は少なくとも2回の経済力でその「対岸経営」の意図を顕示するようになっ
た。最初の明治末期（1902）に、総督府民政長官の後藤新平の指示の下で、愛
久澤直哉を代表とする「三五公司」を設けた。その後、昭和時期（1936）に
「台湾拓殖株式会社」（以下、台拓）を設立した。総督府の三五公司を主とする
「対岸経営」の時期は、日本中央政府が「南進」に冷え込んだときであった。
日本帝国主義は全体の利益に基づいて考慮し、総督府は華南での多くの措置に
完全に積極的な支持ではなく、抑制を加えた状態であった。しかし、台拓が華
南に進出したのは、日本軍の侵略に伴うものであった。両者の発展の背景は、
明らかな違いが存在していた。

　昭和11年（1936）に創設した台拓は大日本製糖、明治製糖、台湾製糖、塩水
港製糖など糖業資本および三井、三菱などの財閥資本を主として、合弁企業と
して設立した「国策会社」であった。創設時の資金3,000万円のうち、半分は
台湾総督府から官有地を放出した「現物出資」であった。昭和14年（1939）9
月末の株主数は2,868名である。そのうち、5,000株以上の主要株主は、台湾総
督300,000株、大日本製糖、明治製糖、台湾製糖がそれぞれ18,000株、三井合名、
三菱会社、愛久澤文がそれぞれ12,000株、塩水港製糖7,000株、昭和製糖6,500
株、住友本社6,000株、東洋拓殖株式会社、台湾銀行、安田銀行がそれぞれ5,000
株であった[4]。

　昭和17年（1942）に台拓が再び増資を行い、昭和20年（1945）3月末までに、
資本金は公称6,000万円に達した。主要な株主は日本政府、三菱会社、三井本
社、戦時金融金庫、大日本製糖、明治製糖、滋賀無尽、住友本社、東洋拓殖株
式会社、台湾銀行、台湾製糖、安田銀行などであった。すなわち、日本政府、
公共団体、日本人や日本法人などを主としていた[5]。注目に値するのは、個人
名義の大株主の愛久澤文である。氏は愛久澤直哉の三五公司を継承した代表者
であった。そして、三五公司は台湾では南隆および源成農場を設けたことがあっ
た。

1. 前言　149

　台拓の分布地は台湾島内、中国の華南および東南アジアに行き渡り、事業の性質は多岐にわたる。概観的に言えば、台湾の島内事業は生産の拡大、南洋の事業は必要とする資源の獲得を主としていた。そして、華南の事業は時局に伴って「建設事業」に従事していた[6]。

　台湾拓殖株式会社の設立および「国策会社」の性格に関しては、過去において既に多くの論文によって考察されたが、しかし、その多くは設立過程や概要的な記述であった。この企業の活動の研究は、中央研究院の研究者による台拓の共同研究[7]、朱徳蘭の台拓の広東事業[8]および林玉茹の台拓東台湾事業の一連の研究[9]以外では、台拓の全体の経営成果の論議はシュナイダー（Justin Adam Schneider）の博士論文「The Business of Empire the Taiwan Development Corporation and Japanese Imperialism in Taiwan, 1936-1946」であった。この論文は台拓の設立背景、台湾島、フランス領安南（仏: l'Annam、越: An Nam。フランス統治時代のベトナム北部から中部を指す歴史的地域名称）、海南島の事業拡大の状況から戦後の台拓の消滅および遺産を論じた、最初の台拓研究の専門書であった[10]。シュナイダーは次のことを指摘した。フランス領安南および海南島は台拓の最も早くからの海外の拠点であり、同時にこの2つの地域は実質上、日本軍がコントロールしていた。しかし、最大の違いはフランス領安南では台拓の鉱業および農業の事業地に過ぎなかった。そして、海南島は第2の台湾を建設する前提での発展であった。しかし、技術人材の不足および台湾の地位制限を受けて、台拓の海南島での発展は極めて限られていた[11]。

　本論は基本的にはシュナイダーの観察に同意しているが、氏が指摘した台拓の発展の限界要因の見解については差異が存在していた。本論の目的は1936年に創設された台拓を中心に、「台湾の資本」および「台湾の経験」を目的とする「国策会社」[12]の活動道程への投入を通じて、20世紀前半における台湾の東アジアの舞台での役割を検討する。この研究課題は、台拓の経営発展に影響するいくつかの要因の上に集中する。それによって、台湾が対外的に拡張する時の制限的要因を考察する。同時に、台拓と三五公司の比較を通じて、日本帝国植民地時期の台湾の「成果」を再び検証したい。

150　第5章　台湾拓殖株式会社における海南島事業の研究

2．組織の仕組みと開発計画

（1）主要人事と組織変遷

　1936年11月25日の台湾総督令によって、台拓の主要人事は社長の加藤恭平、副社長の長久宗董、理事の日下辰太、高山三平、大西一三、井坂孝、松木幹一郎、原邦造、赤司初太郎などの人選を確定した[13]。最初、社長人選に関する決定について、中川健蔵前総督は安川雄之助（三井物産の常務、後に東洋拓殖株式会社総裁）に出馬を懇請したと、一時的な噂があった。ある噂では台湾電力会社の松木幹一郎、または永井柳太郎拓務大臣と関係が良好な尾崎敬義が選ばれたと言われていた。最終的に、台湾との産業関係が密接な三菱商事の理事参事の加藤恭平が社長に任命された。副社長の長久宗董は、台湾銀行の首席理事であり、台湾銀行系の蓬莱土地の社長、昭和製糖の専務である。理事の日下辰太は総督府内務局殖産課長、関東庁内務局長、台中州知事を歴任した。高山三平は拓務省大臣官房秘書課長、拓務省拓務局長を歴任した。この2名は官僚から企業界への天下り組である。理事の大西一三は台湾銀行ロンドン支店を務め、その後、塩水港製糖の常務を歴任した[14]。井坂孝は東京ガス、日本アルミ業の社長のほか、東台湾電力会社の社長である。原邦造は満鉄を退職後、東洋葉煙草、高砂鉄工などの会長を歴任した。加藤恭平は社長職を1944年まで務め、拓務省出身の河田烈が後任者になった。そのために、氏は台拓事業の発展の中心人物である。1945年の台拓の終結時の首脳人物は河田烈社長のほか、副社長は理事から昇進した大西一三である。その他の重要人物は理事の山口勝、堤汀、宮木広丈、越藤恒吉、参与理事の原邦造、石井龍猪、監事の山田貞雄、吉田秀穂、および顧問の木村鋭市、浦澄江、和波豊一、井上保雄などである[15]。山口勝は三菱商事台北支店長兼高雄支店長を歴任し、三菱方面の代表である。堤汀は三井物産の出身で、後には満州合成燃料の理事を歴任した。越藤恒吉はもともと台拓東京支店長であった。石井龍猪は総督府殖産局長を退職した高級官僚である。山田貞雄は明治製糖の常務、台湾合同鳳梨株式会社（パイナップルの缶詰工

場）の取締役を歴任した。高級人事の人選から、日本の大企業と台湾の糖業資本は、台拓運営の主要な指導者であることがわかる。

　台拓の組織規定は職員の身分から「社員」、「準社員」および「雇員」などの階層に分けられる。1936年12月10日の『台拓社報』第1号のなかの「社達第1号」によると、台拓所属の従業員の身分は以下の規定がある。（1）「社員」には参事、技師、副参事、書記、技手が含まれている。（2）「準社員」は見習、雇が含まれる。その下の（3）「雇員」は、運転手、タイピスト、電話交換手、守備、小使、給仕、雑役およびその他の日給者（日当による報酬計算）である[16]。従業員の人数について、最初の本社および支店の合計は約百数十名であったが、その後に急速に増加し、1942年12月の増資時には5,800名に拡充されるようになった[17]。

　華南事務を管理する組織とメンバーについては、最初の1938年5月13日に、華南業務の担当者を決定し、幹事、委員、幹事専属および現地班に分けられた。幹事は必要時に臨時的に社員を動員することができた。それは本社および現地の人員が含まれていて、その主要なメンバーは次の幹事である。理事の高山三平（現地）、理事の大西一三（台北本社[18]）、委員は山田拍採、川副龍雄、萬田喜平、土肥慶太郎、大西文一、三上信人、阿部定雄である。幹事専属は戸田龍雄、渡部雄二郎、林清、榊原政春である。現地班は本田忠雄、荻洲重之、奈須邦彦などである。そのほかに、馬場東、山下秋の2名が増えた[19]。同年9月に社長室調査課を拡充し、業務部の下に調査班を設置した。その任務は「南支・南洋」関係の緊急問題、付帯事項および各種の情報連絡を主とし、外務省シニア外交官出身の木村鋭市および浜田吉次郎は顧問を担当していた。メンバーは台北本社の班長大西文一、書記本田忠雄、戸田龍雄、渡部雄二郎、林清、長谷川重栄、技手の中村武久、技手の馬場東、見習の黒川又郎である。東京支店では書記の本合龍雄、佐宗金太郎、荻洲重之がいた[20]。上に述べたこれらの人物は初期台拓の華南業務の主要なメンバーであった。

　1940年、本社の下に社長室、総務部、拓務部および業務部を設置した。業務部の下に南支課および南洋課の2つの課を設け、課長は参事を兼ね、谷場純熊

152　第5章　台湾拓殖株式会社における海南島事業の研究

および参事の大西文一が担当した[21]。1942年10月24日、台拓は「秘法第85条」に基づいて、部分的に社則を修訂し、本社には社長室、総務部、拓務部、南方第1部、南方第2部および林業部を設けた。すなわち、もともと業務部に属した2つの課を部に昇格した。ここから明らかに、華南および南洋業務の拡張が必要であった。しかも、林業部の増設は台拓の増資案に応じて、総督府は営林局の木材伐採などの業務を台拓に引き渡して経営するようになり、林業部の設置の目的であった。南方第1部の下には第1課および第2課を設け、第1課は「大東亜戦争」の新たな占領区域（香港を除く）のうち、農業に関する業務を掌管した。第2課は「大東亜戦争」の新たな占領区域（香港を除く）のうち、農業以外の各項の産業に関する業務を掌管した。すなわち、南洋課の業務拡張の継承のために設けたものである。「南支課」を「南方第2部」に昇格して、その下に第3課を設けて、南支那（香港を含む）および海南島を掌管した。主に管理した業務は次のようであった。（1）事業の調査および計画の実施、（2）事業に関する資料蒐集および試験、（3）経済建設や資源開発事業の経営、斡旋と援助、（4）経済建設や資源開発のために、必要な資金および物品の供給、仲介および斡旋、（5）事業会社の社債や株式の応募、受入れや購買、（6）農・林・鉱・水産業者や移民の生産品の買収、加工や販売、（7）その他の経済建設や資源開発の必要事業の経営、斡旋や援助、（8）船舶に関する業務、（9）前述の各項目の付帯業務[22]。

（2）海南島事業の組織仕組み

　1939年2月10日、日本軍が海口を占領し、3月1日に台拓は直ちに海口事務所を設立した。その後、軍側および関係当局の命令や要求に基づいて、各項事業に着手するようになった。最初に自動車、建築、畜産、製氷などの事業の統制を行い、それに新事業の調査企画などを行った。日本軍占領区内の治安が次第に回復したあと、台拓事業も拡大した。遂に、昭和15年（1940）7月1日に海口事務所を支店に昇格した。その下に秀英第1苗圃（1939年4月29日）、瓊山第2苗圃（1939年6月1日）、三亜野菜園（1939年9月1日）、陵水事務所（1940年

2．組織の仕組みと開発計画　153

2月26日)、馬嶺事務所 (1940年3月15日)、南橋農場 (1940年5月5日)、藤橋畜産事務所 (1940年9月) および三亜農場 (1941年4月9日) などがあった[23]。

1941年10月、台拓は各事業所の事務の組織化および事業の統一化を要求し、農林事業方面の名称および所属関係を下のように改変を行った。

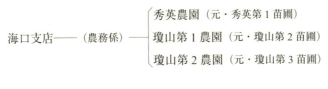

昭和17年 (1942) 1月26日、秘法第6号「海南島分掌規程制定ノ件」に基づいて、海南島の台拓組織を以下のように変更した。海口に支店を設置し、三亜事務所を設けた。海口支店長は北部の業務と全島の自動車の業務を掌管した。三亜事務所長は南部の業務を管理した。南北の境界線は、嘉積渓と昌化大江連結のライン線の北を北部と称し、その南を南部に分けられた。海口支店の下に庶務係、経理係、農務係、製氷係および鉱務係の諸係を設置し、それぞれ秘書、人事、文書、調査および企画、船舶など一般の行政業務および氷の製造、鉱務を掌管した。自動車部、建築部、畜産部の3つの部を設けた。そのほかに、秀英農園、瓊山第1農園および瓊山第2農園を設けた。自動車部の下に庶務係、会計係、運輸係および車両係の各係のほか、「自動車技術員講習所」を付設した。畜産部の業務は生畜、屠畜、原皮、製革、冷蔵、冷凍、化成、畜産品の売買および製靴業などの業務が含まれ、潭牛および後水の2つの事務所を付設した。南部の三亜事業所の下に一般事務のほか、海口と異なっていたのは土地係が製氷係に替わり、土地、水利などの業務を処理した。それは傘下の陵水農場

154 第5章 台湾拓殖株式会社における海南島事業の研究

（および南橋分場）、三亜農場（および馬嶺分場）など大規模の農場および移民業務を行うためであり、そのほかに、藤橋牧場（および英圳坡分場、新村分場、三亜酪農所）および楡林工務所（煉瓦工場、鉄鋼所[24]、製材所の管轄）を設置した[25]。1942年1月20日、三亜自動車部を自動車三亜営業所に改名した[26]。

同年7月27日、秘法第60号で「海南島事業分掌規程」を公布し、三亜事務所を楡林支店に昇格して、海口支店と並列した。楡林支店の下に陵水農場、三亜農場、藤橋牧場および楡林工務所を設け、南方方面のそれぞれの事業を掌管した[27]。三亜事務所の昇格は、日本軍の海南島の南進の軍事基地化によって、積極的に南部の三亜軍港、楡林商港、都市および黄流軍用空港の建設との関係があり、南部の重要性が絶えず向上するようになった。

昭和18年（1943）1月15日、台拓は秘法第6号「台拓海南島事務分掌規程中改正」を再び公布し、主要内容はもとの第39条第1項の「陵水農場、三亜農場、藤橋牧場および楡林工務所」を「陵水農場、三亜農場、藤橋牧場、楡林工務所および三亜開拓民事務所」に改正し[28]、すなわち、移民事業を付属業務の中から独立して別途に設けた。海口支店は北部のそれぞれの事業の全般的な監督、業務の企画、物資動員事業の統一運営、輸入物資の配給および北部事業の連絡業務など、対外折衝の任務を担当していた。同年5月、台拓は広東、海口、楡林などの地域の支店長に対する制限が多すぎて、逆にその経営が消極的に落ち込んだことに鑑みて、上述の3つの支店長の職掌を拡大する提案が提出された。その結果、総督府の修正の下で、この委任事項の修正案の適応の対象をすべての海外支店に拡大した。支店長に賦与された人事、経費および物資の準備措置などに、より多くの権限を与えた[29]。この法案の立案背景は、支店長が本社に過多に頼っていたため、責任感が薄くなり、あらゆる出来事に無作為で、消極的な心理から脱却するためであった。このような修訂があったために、その後、戦時の緊迫で、台拓の海外各事務所と本社との間で通信が出来ない時に、前例を援用し、その他の占領区の事務所を支店に昇格して、自主的な権限を賦与した。

昭和19年（1944）4月、戦時の新局面に応じて、台拓は海南島の直属事業を

統合して、新会社の「台拓海南産業株式会社」を設立し、経営するようになった。新会社の資本金は1,000万円で、日々益々緊縮する経済統制の圧迫を緩和するために、海軍軍官を招いて社長の職に就任させた[30]。1945年に戦争が終結するまでの、台拓の海南島の事業機構は、次のようであった。海口支店は自動車部、建築部を管轄した。楡林支店の傘下に楡林工務所、三亜農場、馬嶺分場、陵水農場、南橋分場、三十笠分場、新村分場、藤橋牧場、六郷開拓民事務所を設けた[31]。畜産部門については、1943年8月に日本軍が全島の畜産事業を統制し、「海南畜産株式会社」の設立を命令した時、台拓の畜産業務は完全に新会社に継承されて移転した[32]。

（3）開発計画

　1936年12月8日の台拓の創立大会において、社長の加藤恭平は台拓の業務重点を台湾島内の開発に置くと発表した。具体的な内容は以下のようである。（1）政府出資の土地の管理、利用、旧有の官租地の関係を踏襲する。（2）保留を必要としない林野の開拓、東部地方と山地の開発、資源の獲得、国土の保全は緊急の要項である。（3）海埔新生地事業。（4）有用植物を栽培し、帝国国防上および産業上で必要とする開発に従事する。（5）移民事業。海外事業については、「国際情勢は複雑で多岐にわたり、我が国の経済的な進出に対し、なお、色々な多くの推量や憶測をたくましくしていると聞いている」。そのために、「南支・南洋」の事業に対し、加藤社長は、顧みて正しければ二の足を踏む必要はないとしながらも、しかし最も重視したのは、むしろ古くから現地に投資した経営者に融資するやり方を重視した[33]。社長の挨拶文では島内の事業を強調したのは、台拓の創設の目的と一致していたからであった。同時に、創設の過程中に日本の外務省からは疑問や心配を引き起こしたことと関係していた[34]。しかも当時、台拓とその他の「国策会社」には地理的な区分があり、南洋拓殖株式会社は「マリアナ、マーシャル諸島、カロリン諸島、セレベス島（現在のスラウェシ島（Sulawesi））、ニューギニア島の委任統治」を主とした。台拓は「台湾、オランダ領東インド、ボルネオ、スマトラ、ジャワ」を主とした。

156　第5章　台湾拓殖株式会社における海南島事業の研究

既に早くからサイパン島に進出していた東洋拓殖株式会社は、「朝鮮、満州」を中心とするという暗黙の了解があった[35]。

台拓は華南での発展の方向を公然と提出したが、これは日本軍が華南に侵入したあとであった。しかし、台拓は設置の準備過程で、既に軍側の指令を受けた。昭和10年（1935）、台拓の設立の臨時委員を担当した台湾軍参謀長の荻州立兵は、国家総動員の上で台湾が協調する事項について、陸軍次官の岡部長景に伺ったところ、上司から以下の回答が得られた。

（1）台湾の華南および南洋に対する特殊的地位に鑑みて、もし戦時中に南方を戦略的な拠点にする場合、平時にその方面に対して、調査、警備、情報の宣伝、通商金融、交通通信などの方面の施設を整備しなければならない。

（2）台湾島内の特殊な要因に鑑みて、戦時に内地で不足する資源および南方作戦軍の需要を満たすことである。また、仮に台湾が一時的に孤立した状態に陥った場合でも、島内の団結、自給自足の局面を維持し、平時から諸項目の施設を備える必要があり、尽力して重要な資源を累積することである。

（3）国家総動員の上で、台湾が担当する重要な資源は次のようである。石油、銅鉱、水銀、塩、蓖麻（唐胡麻）、キニーネ（キニン）、アルコール製造用の糖蜜（シロップ）、華南と南洋のゴム、マンガン鉱、ボーキサイト鉱である[36]。

明らかに、軍側は台拓に対し資源確保の上で期待していた。その後、1938年1月に加藤恭平社長は台湾総督府を通じて、日本の中央政府の関係部署に「南支開発ニ関スル台湾拓殖株式会社ノ希望」を提出し、台拓が福建省および海南島での事業開拓構想を示した。福建省は日本の特殊な権益地であると、加藤が主張した。そのために、利権の獲得に着手すべきであり、福大公司が全部の経営開発を担当する。海南島については、列強の動向が気にかかっていたが、依然として「海南島を占領すると、我が南進の国策を完全に解決することができる……。国防上、軍事上、南方経営上および産業上に基づいての考慮によって、

2．組織の仕組みと開発計画　157

海南島を日本の領土に編入することを切に希望する……。イギリス、フランス
との国交関係が気にかかり、海南島を割譲できない場合、海南島を広東省政府
の束縛から離脱させ、自治独立の政府を包括させ、親日派の要人を傀儡とし、……
実質上、日本の勢力範囲に設立させ……どんなにしても、産業、金融およびそ
の他の海南島の施設に対する開発は、国策南進の懐の使命のために設立した台
拓に経営を完全に委任させる」と提議した[37]。加藤社長の明け透けな侵略の野
心は、台湾内部の海南島占領の主張の意見と一致していた[38]。

　加藤社長から提出した経営方針は、資金3,000万円から5,000万円の直系会社
を設立し、仮名称を「海南島開発株式会社」に決め、以下の事項を統括する。
（1）金融機関の統一。海南島開発株式会社で銀行の設立を準備し、独立した
紙幣の発行権を与え、それによって、中国本土の金融と分離させ、それを借り
て金融機関の統一を図る。（2）交通施設の充実。海口港を浚い、楡林港を開
築するように、海口、楡林の間に鉄道を敷設し、東海岸に道路を修築して、陸
路交通の便利を促す。それに、台湾と海南島の間の航路および航空路線などを
開設する。（3）産業について、豊富な農産、林産、鉱産などの資源を開発し、
日本の不足した資源を充実させる。簡単に言えば、司法、行政、警察、軍備な
どの海南島政府の管轄外を除いて、その他の産業、金融、交通などの経済開発
関連事項は完全に台拓の統合計画に委ねること[39]。

　海南島の「開発」構想は、加藤社長が期待したように、台拓に完全に経営を
委ねていない。海南島の占領を主導した日本海軍の行政は、中国の華北、華中
などの地に「華北開発公司」、「北支那開発株式会社」、「華中振興会社」などの
半官半民機構の設置方式を援用しなかった。有力会社を指定し、海南島に進出
する措置を改めて採用し、台拓が真に独占したのは道路運輸のみであった。な
ぜ、台拓が独占を獲得することができなかったのか。田独鉄鉱を開拓した石原
廣一郎は氏の回顧の中で、海軍当局はその意見を取り入れ、特殊会社による独
占経営方式を採用しなかったのである[40]。小池聖一の最近の研究は次のことを
指摘していた。このことは海南島占領軍の海軍情報部長の前田稔（後に特務部
長に就任）と元・台湾総督府武官の福田良三（総督府の「海南島処理方針」提案を

158　第5章　台湾拓殖株式会社における海南島事業の研究

主導）の意見が合わないことに関係していた。それによって、海南島海軍当局は台拓に対して評価が高くなかった[41]。

　日本軍占領下の海南島のすべての「開発」に関係する措置は、実際上、海南島の海軍特務部が掌握していた。農林事業について、1939年3月、海軍省、陸軍省および外務省の3つの省の連絡会議の中で、日本人の農林企業に海南島の進出奨励の決議が行われ、三省会議で31社の開発会社の進出を指定した。そのうち、台湾で本社、支店、出張所、事務所を設置した企業の台拓、南洋興発、大日本製糖、明治製糖、塩水港製糖、ブリヂストンタイヤ、南国産業（台湾製糖系）、東台湾コーヒー、日東拓殖農林（茶）、森永製菓（ココア）、鈴木商店（食品）、武田長兵衛商店、小川香料店、資生堂、塩野香料、塩野義商店、三共などの17社であり、それに加えて、スマトラ拓殖、南洋護謨（ゴム）、南海興業、海南産業、日本油脂、海南物産（三井系）、梅村商店、東洋紡績（後に、南洋起業が引継ぎ）、新田ベルト商店、伊藤産業合名、野村合名、福田組（後に、厚生公司が引継ぎ）、古川拓殖、山崎商店（後に、海南拓殖が引継ぎ）の合計31社である[42]。しかし、見た目では台湾と関係がない企業のうち、海南産業の前身は「太田興業」である[43]。かつて、太田興業は台湾総督府の補助の対象であった[44]。そのために、台湾との関係企業はもっと多い可能性があった。

　海南島の「開発」に参与した会社は、一方では指定派遣の性質があり、軍側の作業にやむをえず協力していた。他方では、軍側のコントロールの下での独占的な利益の性質があった。例えば、サイパン島などの「内南洋」を拠点とする「南洋興発」も海南島で発展することができ、競争ライバルになった。台拓の内部刊行物「台拓週刊情報」は、「特別な関係を通じて、やっと海南島開発に参与することができた」と述べていた[45]。

　1940年2月、三省会議の下で農林事業方向性を主導した「農政委員会」において、前で述べた企業に経営地域を配分し、各会社の主要、次要の栽培作物を指定した。適合した栽培作物について、この会議を主導した台北帝国大学の田中長三郎教授は、国家が絶対に必要とする角度から言えば、綿花よりさらに重要なものは無かった。しかも、海南島の三亜から北黎の間は、綿花の適耕地で

あり、台湾よりも栽培に適合していた。その次の適合耕作の副作物は薬草類であり、罌粟（ケシ）、椎の木葛（シイノキカズラ、魚藤）などである。第3番目に奨励するのは、サツマイモ（甘藷）、キャッサバ（樹薯）、落花生、大豆などの生産である。最後は、マメ科（豆科）などの有用植物である[46]。この原則の下で、台拓が指定された主要作物は綿花、副作物はゴム、麻および単寧（タンニン＝tannin）などの林業である[47]。

　農林開発会社の経営状況について、1941年の総督府殖産局の調査報告で次のことが指摘された。

　「台湾で事業地を設けた会社は、長年において台湾で熱帯、亜熱帯の関連技術および経験に熟知していた。かつ、ヒト、モノの資源は直ちに動員ができ、海南島の開発に使えるために、大部分は指定された場所で試作地を開発し、あるいは直営農場で作物の栽培を行う。……各会社は指定を受けて、事業地を配分したが、そのうち、既に数社が今になっても、なお、未着手である。甚だしくは事業進出を放棄したものもあった」[48]。

　1941年ごろの時点で、成果の成否が明らかになった。1940年4月23日、前に述べた農林開発会社は、台拓、大日本製糖などの会社の発起の下で、東京で「海南島農林業連合会」が設立され、農林開発業者の協調組織が作られたのである。創立大会の上で、台拓代表の高山三平理事が議長に選ばれ、台拓が農林事業の中での指導的な地位を顕示した[49]。ついでに述べておきたいのは、農林業連合会および開発協議会のほかに、別途に「海南島開発連絡事務所」があり、これは海軍の直属団体で、海軍と開発会社の間での連絡組織であった[50]。

3．台拓の海南島での事業経営概要

　台拓における海南島の事業は、農林、畜牧、畜産、製氷、建築、煉瓦、自動車などの部門、および付帯の移民事業である。以下で事業別に述べることにする。

160　第5章　台湾拓殖株式会社における海南島事業の研究

（1）農林開発事業

　日本軍が海南島を占領する前、既に海口の長期居住者の日本人勝間田善作を通じて、台拓は氏の名義で海口市外の約12,000坪を租借し、「日本公園」の土地と称して、これを後日の経営の根拠地にする意図があった[51]。早くも1939年2月に日本軍は海南島を占領すると、台拓は多くの農林技術者を各項目の基本調査に派遣した。同年5月以降、「三省連絡会議」の認可の下で、前後に北部の秀英、瓊山に3か所の苗圃を設置し、サツマイモ、カボチャ、白菜、ヘチマ、ヤセイカンラン、トマト、ナス、キュウリなどの野菜および緑肥作物、サイザルアサ（Agave sisalana）など熱帯有用作物を試種した。その後、南部の三亜で野菜園を開設した。苗の栽培、在来作物の品種の改良のほか、新品種の推進を行い、現地の農民の栽培を指導した[52]。同年9月、三省会議の農政委員会の裁定の下、台拓は陵水、馬嶺の経営事業地を獲得し、翌年3月に事務所を設立した。農政委員会の決議によると、農林事業の経営方針は海南島の熱帯自然要因を前提として、日本がその時点で不足する農業資源を優先的に綿花、蓖麻、苧麻（カラムシ）、黄麻（コウマ）などの繊維作物、天然ゴム、サツマイモおよび水稲を優先的に栽培し、多角化経営を行った。このような原則の下で、台拓は主要作物の栽培を綿花、副作物を天然ゴム、麻、林業および単寧（タンニン）用材料を指定した[53]。それにもかかわらず、食糧の十分な供給を確保するために、台拓は既に1941年の内部資料「昭和16年度から昭和18年度海南島開発3カ年計画本社方針」の中で、明確的に「米穀の増産」を必要の首位に指定し、その次が麻、綿花などの繊維作物およびゴム、キニーネである。更にその次にこの地の「適地適作」の原則での多角化経営を行い、必要時にサトウキビ、サツマイモ、緑肥作物および野菜などを栽培するとしている[54]。

　米作は台拓の台東出張所の後藤北面所長および元・台中州立農業試験場の西口逸馬技師を中心に行われた。後藤北面の出身は台東庁農務官僚であり、台東から陵水農場、馬嶺分場に職を転じた。そして、西口逸馬は「蓬莱米の父」と称された台北帝国大学の磯永吉教授に協力し、蓬莱米育種の権威であった[55]。陵水指定地を獲得したあと、台拓は直ちに陵水渓の左岸で肥沃度の高い土地の

3．台拓の海南島での事業経営概要　161

地域で耕作を行った。そして、新村港付近で畜産分場を設置した。もともと陵水は米穀の産地であり、台拓は品種改良を推進するために、58種類の稲の品種に集中して試験栽培を行った。そのうち、水稲の蓬莱米品種の「台中65号」および台湾の在来品種の「白米粉」の試験の成績が最も良く、単位面積の生産量は台湾の優良水田と比較しても遜色がなかった。そのほかに、陵水でも繊維作物、サトウキビ、サツマイモ、小麦などの試験栽培を行った。そのうち、椎の木葛（シイノキカズラ）、サイザルアサ（瓊麻）、サトウキビ、ジャガイモ、サトウイモなどの種苗の多くは台湾からの移入であった。馬嶺は三亜から20キロの距離の位置で、台拓はここで水稲、サツマイモ、綿花、蓖麻、野菜などの作物を栽培していた。気候および土壌は上述の作物の栽培に完全に適合していると言い難いが、水利施設の修築の下で、人工による灌漑方式で旱魃を克服し、水稲の単位面積の生産量（単収）は台湾の単収の成果を凌駕する場合もあった。新品種の導入のほか、台拓も海南島で在来品種米およびサトウキビの試験栽培を展開した。それに、化学肥料を添加し、または人工灌漑などの方式で生産量の増加を図った[56]。この角度から見ると、台拓の海南島での農作物の栽培は、現実的な増産の必要のほかに、同時に学術的な実験の意義を持っていた。

　1942年度になると、各部署の生産状況は以下のようであった。

（1）陵水農場：①水稲、サトウキビおよびその他のサツマイモ、黄麻などの試験栽培、②製糖事業（赤砂糖の生産）、③原野の開墾：サイザルアサおよび緑肥作物などの栽培、④野菜の栽培、⑤精米事業。

（2）南橋分場：①ゴム園、②水稲および有用樹木の栽培、③木材伐採による木炭作り。

（3）三亜農場：①水稲、野菜の栽培、②サツマイモ、黄麻、小麦などの栽培、③精米事業。

（4）馬嶺分場：①水稲、野菜、②サツマイモ、椎の木葛（シイノキカズラ）など。

（5）秀英農場：樹木の苗などの栽培、養豚事業、気象観測。

162　第 5 章　台湾拓殖株式会社における海南島事業の研究

（6）瓊山農園：野菜[57]。

　1943年以降、陵水農場の面積拡大はおおよそ 6 万ヘクタールで、そのうち、水田の耕作面積は約1,000ヘクタールである。農林作物を継続的に栽培するほかに、同時に養蚕および魚類の養殖も兼ねて行った。精米および製糖工場は陵水付近の三十屯に位置している。この地では鉄工場、製材場を兼ねて経営していた。南橋分場の面積は約1,500ヘクタールで、主にゴム園、桐および熱帯果樹の栽培である。三亜農場の面積は約1,000ヘクタールであり、1943年に約半数の土地を開拓移民に提供していた。翌年、三亜農場の全部の土地を開拓移民の耕作に提供した。三十笠分場の面積は約1,600ヘクタールであり、主にサトウキビの栽培と製糖用である。新村牧場の面積は約4,000ヘクタールであり、水稲、野菜およびサトウキビの栽培を主とした。馬嶺分場の面積は約 2 万ヘクタールであり、水稲、野菜の栽培のほか、木材の伐採による木炭焼き、養蚕業も兼ねていた。瓊山の農園に至っては、依然として野菜の作付けを維持した。個々の農場は主な業務のほか、土産品の売買および物品の販売などの経営宣伝も兼ねて実施された[58]。

（2）畜牧および畜産事業

　海軍特務部の指定によれば、畜産事業は台拓の海南島での主要業務になった。台拓の畜産部門での業務は、酪農、生畜養殖、家畜屠殺、原皮、製革、冷蔵、冷凍、化合、畜産品の売買および製靴業ビジネスなどの内容が含まれていた。それらのビジネスは「海南畜産公司」の名義で経営していた。1934年の海口税関の統計によると、海南島の畜産の輸出額は全輸出額の 8 割を占めていた。そのほかに、豚毛業、家畜業、皮革業なども海南島の重要な産業である。そのために、日本軍が海南島を占領すると、台拓を借りて畜牧および畜産部門をコントロールするようになった。1943年 8 月までに、日本は海南島の全島の畜産事業を統制するために、統制会社の「海南畜産株式会社」の設立を指令し、台拓海南畜産公司の業務も新会社に併合するようになった。しかし、新会社の資金200万円のうち、台拓の出資金は94万円で、新社長も台拓の宗村亮が就任した。

3．台拓の海南島での事業経営概要　163

そのために、この会社は台拓の子会社と見ても良い[59]。

1）酪農および畜牧産について、1939年8月に台拓は先に海口市堯村の「日本公園」を整頓した。すなわち、間田善作が開墾した土地であり、その後、台湾から乳牛8頭を導入し、海軍病院で必要とする牛乳を供給した。翌年、台拓は藤橋を中心に、南部地方で2万ヘクタール前後の原野に牧場を設置した。本場は藤橋に設け、分場は新村、英圳坡に設け、そのほかに、三亜酪農所の業務を監督した。1941年、北部の南渡江の沙州地帯で流水坡分場を設置した。南部の三亜海軍無線電所の隣接地に牛舎を設置し、海軍病院および軍関係者に牛乳を供給していた。牛の種類について、1942年以降、台拓は台湾からの種牛の輸入を停止し、海南島原種の品種改良および海軍特務部から支給された香港畜牛に変更した。経営方式に至っては、牧草の成長状態、獣疫および治安関係などの原因によって、台拓は直営農場の拡大のリスクが大きいため、種畜の育成作業を除いて、多くは付近の農村に委託する経営方式を採用していた。飼養者は牛のほかに、養豚も兼ねていた。そして、防疫措置を求めるために、獣疫血清の冷蔵設備を設置した[60]。1943年、統制会社の海南畜産株式会社を設立した後、業務がさらに拡張された。秀英農場を種畜場に変更したほかに、ニワトリ、豚、牛などの繁殖試験にも従事した。また、特務部の指示に従って、5つの牧場を増設し、軍用の必要に応じた[61]。

2）屠畜および食肉の売買。1940年4月、台拓は海口屠畜場の建設を完成し、その後、次々と拡大・増加をおこなった。1943年、海南畜産株式会社を設立した後、海口、嘉積、北黎、那大、楡林、金江、萬寧、文昌、定安、黄流、加來、陵水などの地域には屠畜場を設けた。ちなみに、食肉市場において、価格は現地の黄牛肉との競争ができず、主な供給対象は軍側であった。しかも、食肉の保存および加工の必要に応じるために、台拓は前後に白馬井、楡林で冷凍工場を増設し、それによって白馬井は畜産の加工センターになった[62]。

3）皮革業。台拓の原皮および製革事業は1939年8月から始まった。1940年10

164　第5章　台湾拓殖株式会社における海南島事業の研究

月から、海南島は原皮の規格および価格の統制を開始した。北部地区で生産された原皮の全数を台拓に引き渡すと規定され、台拓は原皮の合格品を軍側に納入し、その不合格の原皮は製革処理して島内の需要に充てた。遂に、台拓は海口大英山で原皮の処理工場および倉庫設備を設置した。しかし、原皮の買収効果は理想に至ってない。1941年の時点で、台拓の畜産部門は既に意見を提出し、職員を増加して各生産地に駐在させると主張して、尽力して購入業務および産地の処理の事務を強化するという。および、地方の製革業者に適宜な管理を与えた。しかも、海南畜産株式会社が設立された後、依然として「軍需の角度から見ると、本事業は原皮の買収対策に全力を注入する必要がある」ので、皮革の統制の効果が芳しくないと指摘した[63]。これは海南島の皮革業者の技術は幼稚であるが、しかし、依然として相当多くの業者がこれに頼って生活していて、台拓は一時的には独占することができなかった。そのほかに、台拓は靴業協会の名義で鞄や靴の製造を行った。

4）生畜売買。1939年8月、軍需用の活豚の広東への輸出を開始し、平均毎月800頭前後であった。その後、海口、嘉積、臨高、北黎、那大、後水、澄邁、定安、舗前、萬寧、潭牛などの全島の要地で、生畜市場を設置した。そのうち、北黎および田独鉱山事業所は大規模な生畜の需要地であった。

5）化合事業：すなわち、骨粉、骨油などの製造。経営状況が不良のために、海南畜産株式会社に合併された後、この会社の「昭和19年度物動計画書」の中で、「海口工場を改善し、それによって経営の合理化を図る。しかし、原料の入手が困難であり、経営不振の状態を呈した」と説明された[64]。

（3）運輸業

自動車の運輸業について、1939年から台拓は全島の輸送任務を担当するように、指令を受けた。遂に、台拓は「海南自動車公司」の名の下で、「停業補償金」の賠償の名義で、もとの業者の民安、華興、民興、友南、普通、瓊崖の各企業から既存の財産を購入し、交通運輸業務を開始した。運輸に余裕があった

3．台拓の海南島での事業経営概要　165

時期に、同時に探査も行い、新路線を修築し、1942年に島内の循環路線が開通
して、合計25の路線となり、運輸路線の距離も1,595キロに達した[65]。1945年
の第2次世界大戦が終結後、27路線に増え、路線距離は1,767キロに達した。
設備について、車両が全盛期にはバス250台、トラック42台およびその他の車
両27台を持つようになった[66]。そのほかに、海口、三亜楡林、那大嘉積工場付
設の修理工場を設けた[67]。また、「自動車技術員講習所」を開設し、海南人が
運転手、技工、車掌などの職務に就けるように訓練した。このようなやり方は、
一方では「日華親善」の考え方と同時に、日本、台湾の技術者による労働力の
輸入に代替することができ、人事の経費支出を節約することができた[68]。

　海南島の交通運輸業務は、長期にわたり赤字経営であった。その理由は、海
南島の特殊な状況によるものであった。道路の状況について、最初、海南当局
は国民政府所属の省政府の「焦土抗日」の政策を実施し、日本軍の侵入速度を
阻止するために、各県にもとの道路に対して全面的に破壊するように命令した。
1中国里（約0.5キロメートル）ごとの道路に「4段」を破壊すると規定した。
「1段」とは長さ5丈（1丈＝10メートルの3分の1）、深さ1丈、「之」の文字の
ように掘り、わずか3尺（1尺＝1メートルの3分の1）の歩道用小道を残し、
すべての橋梁を爆破・破壊した[69]。実際上、日本軍が侵入時に、一部分の地方
政府は噂を聞くと潰走し、予定した計画通りに破壊することができなかった。
しかし、その後の遊撃ゲリラの抗日行動は依然として連続して絶え間なく発生
し、道路や橋梁が常に破損されるようになった。それによって、1943年7月、
海南海軍警備府は海軍特務部経済局長に特別命令し、台拓の自動車部長に伝え
た。台拓の運転手および従業員に「我々の道路、橋梁、暗渠」の観念を植え付
け、通行車両に土木器具および木工器具を随時に携帯するように要求した。道
路、橋梁、暗渠に破損があった場合、ただちに修理に尽力して、なるべく早く
復旧させた[70]。

　道路の状況がこの有様のため、ガソリンの供給および修理のための自動車部
品の補給も、常に不足であった。海南島の自動車輸送から示された困窮は、
1941年3月に台拓内部では石油供給の不足を想定し、木材の燃焼による石油の

166　第5章　台湾拓殖株式会社における海南島事業の研究

代替議案から、切実な状況が呈示されてきた。本社の提案に対し、海口支店の返事は次のようであった。

「海南島の道路の状況について、路面は内地や台湾のように修築された車道ではなく、自然の地形に沿った原始的な道路である。道路の修繕機関が不備であり、かつ、補修用の砂利がない。そのために、道路の曲折、起伏が大きく、降雨や路面の不良によって、路線が常に変更された。加えて、各地の治安が不安定で、沿線付近では常に盗賊が出没していた。少数の地区を除いて、一台の車両が完全に単独通行が不可能であり、大部分は軍側の連絡車両の後ろに追従していた。しかしながら、軍側の連絡車両はあるいは作戦行動のために、特に敵側の襲撃を防止するために、常に時速40〜80キロで運転していた。我が社の車両不足および部品の在庫不足などの問題のために、軍側の速度に持続的に追従することが容易でなく、常に速度が遅いために、軍側の連絡車長から叱られた。ガソリンの利用車がこの有様であり、登坂能力はゼロに近く、平地の道路の上でも時速が期待した40キロ以上を達成するのが難しい。木材のガス炉を装備した場合、軍用車の後ろに追従することが絶対不可能であり、速度が絶対的に遅れを取っていた。加えて、故障が頻繁的に発生し、危険地域に停留する可能性があり、その場合、皇軍の作戦行動に影響を及ぼしている。そのために、軍用車の後ろに継続的に追従することを拒否されることも可能であろう」と[71]。生々しく自動車の運送の困窮を描いている。

自動車の輸送は単独では運行ができず、軍用車の後に追従する必要がある。あるいは、警察兵に保護を依頼する状況は終始存在していた。これは車両に「必要以上」の休車を迫り、車両の利用率の向上ができなかった[72]。それに、交通運輸の上で主要な対象は人員の移動ではなく、それは如何にして内陸地域の土産物資を運び出し、および各種の新興事業用の開発資材、物資の搬出入、生産品の流通・輸送などの業務である。言い換えれば、トラックの定期化は事業の主流である[73]。そのため、1943年4月までに、日本軍は海南島全島のトラック輸送の業務のすべてを台拓が一手に経営した時[74]、はじめて台拓は道路運輸の上で真に独占的な地位を保つことができた。

3．台拓の海南島での事業経営概要　167

　道路の運輸のほかに、台拓も海運業に投資していた。1940年の時点で、台拓は大日洋行との合弁で「開南航運」を設立し、海南島の沿岸での航路を経営した。1942年2月、台湾、広東、海南島の海上交通一元化の必要に応じるために、本社は台北から海口に移転し、かつ、東亜海運との共同出資を行い、新たに「開南航運」を設けた。新たに資本金は100万円で、台拓は45万円を投資し、社長には台拓理事の高山三平が就任していた[75]。しかし、台拓の業務部が開南航運を直接的に経営しておらず、それは台拓からの再投資の関係会社であり、性質上は台拓の直営の道路運輸とは異なっていた。

（4）製氷事業

　1939年11月、海口製氷工場の営業を開始した。しかしながら、営業の成績が不良で、本社の経理課から「販売金はわずか1,017.90円であり、主要な材料費にさえ足りない」[76]。1944年の時点で、製氷工場は依然として海口の1か所のままであった。ただし、生産能力は1日当たりの生産量が5トンから10トンに上昇した[77]。

（5）建築事業（海口建築公司）

　1939年4月、海南島の三省連絡会の指定の下で、台拓は建築事業に着手した。占領と共に移民が大幅に増加したため、それによって、海南島の民間事業会社が問題に直面するようになった。甚だしい場合、軍側の宿舎でさえも不足になり、そのために、建築事業の推進が急務であった。遂に、陸軍、海軍および外務省の三省連絡会議は台湾総督府を通じて、台拓が海南島の日本人の発展の基礎を構築するように希望した。最初、台拓は建材業者、建築請負業者をかき集めて、共同で建築会社を設立した。しかし、多くの業者との連絡に多くの時間を費やしたために、その結果、完全に台拓が建築の責任を負うようになった。工事について、台拓は自身の施工のほか、主要な請負業者は既に広東に進出していた田村組、桂商会、大倉組、清水組であった。台拓による独占的なやり方は批判の議論を受けたが[78]、しかしながら、逆に海軍特務部はこの統制の方法

168　第5章　台湾拓殖株式会社における海南島事業の研究

に賛成した。特務部の三亜支部長は田村組および桂商会の独自での請負ができ
ず、すべての業務は台拓の担当が必要であると要求した[79]。

　台拓が担当する建築事業は、まずは軍側、領事館、総督府などの政府部門、
各銀行、会社の事務所、宿舎などの外観の改造建設、新築工事までに着手し
た[80]。その後、さらに新都市建設までに至った。それには海口の西側約6キロ
の秀英および楡林ニュータウンの建設が含まれていた[81]。特に、1941年5月以
降、計画が開始された楡林ニュータウンの工事は、日本軍当局が楡林を新基地
としたために、臨時傀儡政府およびすべての開発会社は、楡林を拠点にすると
強制的に決められ、同時に台拓にこの膨大な工事を半強制的に引き受けるよう
に指定した。このことによって、台拓楡林工務所はそれに合わせて陣容を強化
する必要があった[82]。土木工事のほかに、台拓は煉瓦およびセメント瓦を兼ね
て製造し、北部では海口支店建築部が管理し、南部は楡林工務所が管理した。
煉瓦の製造事業は1939年9月から始まり、1940年2月に最初の煉瓦窯が完成し
た[83]。その後、次々と煉瓦窯が建設され、1943年の時点で、下羊田第1工場、
紅坂土第2工場および田独小橋第3工場があり、月当たりの煉瓦の生産量は計
95万個であった。しかし、燃料の不足のため、焼いた煉瓦の硬度不足で、品質
が悪かった[84]。採石業は1942年5月に開始され、主に砕石、礫石、砂利、サン
ゴ礁などを採取し、建材とした[85]。

（6）移民事業

　日本軍が海南島を占領すると、1939年7月に、日本青年協会から選抜された
農民、牧畜民などの一行16名は、先に台湾中部、南部を視察したあと、基隆か
ら台拓の金令丸に乗り、海南島の事業地に渡った[86]。日本人が中国の東北（満
州）、海南島に行き、新天地を開拓し、その時代の政府の要請に応じたもので
あった。三省連絡会議の下の「農政委員会」もこの目標を確立し、甚だしくは
5年間に20万の日本人を移植する計画が提出された。これに対し、台湾総督府
はこの業務を折衝し、台拓に委託して担当させるようになった。必要とする資
金は総督府から支援され、総督府から農業技術員を派遣して米穀の増産を指導

し、代理して移民の実習を行った[87]。

これに基づいて、台拓は「海南島農業開拓民入植事業計画要領」を提出し、具体的に実施の方法を制定した。そして、1942年度に100世帯の農業開拓民を募集し、三亜郊外の海南開拓訓練所で1年間の実習を経た後に、各自が予定した開墾地に移入した[88]。台拓の部分的な意見が採択され、1942年に海軍省および拓殖省拓南局（その後は大東亜省支那事務局が担当）が主体として、和歌山、岡山、鹿児島、山口、香川、大阪などの1府6県から、中等学校卒業程度の日本内地人96世帯、260名の移民を募集して、崖県頂区付近に移入し、六郷村を創設した（戦後、向華村に名称を変更）[89]。訓練所での1年間に近い実習の内容は、実地の道路の構築、野草の除去、住宅建設、煉瓦の焼成、排水下水道溝の掘削、各種作物の耕作、家畜の飼養および水田耕作に関する作業、測量などである。すなわち、実地の訓練を借りて移民に農事に熟れさせ、独立作業の能力を備え付けることである。これらの訓練の企画者は30年間の経験を持つ移民業者の西澤太一郎であり、氏は最優良移民地の指導者と呼ばれていた[90]。台拓は経営者の委託を受けて、開拓移民に三亜農場を提供し、全面的な援助を供与した。資金は大蔵省の借款および海軍省の補助金によるものであり、一部分は借款を移民に提供し、5年後に10年間に分けて償還させたのである[91]。

（7）樹木伐採業

台拓が海南島の林務事業の上で、造林の部分は1941年に提出された3カ年計画の中で、既に馬嶺、藤橋、文昌などの地区でタイワンアカシア（相思樹）、トンキンウルシ（安南漆）樹、キナノキ（金鶏那樹）、桐などの経済価値が高い樹木を栽培した。ただし、樹木の生長は短期間で成果が現れるものではない[92]。樹木の伐採については、日本が海南島を占領した後、林業を農政発展の重点に入れられたが、樹木の伐採の労働力不足およびマラリアなどの熱帯風土病蔓延の恐れがあった。また、交通運輸が不便で、樹木の伐採事業に積極的に着手できなかった。しかしながら、田独、石碌鉄鉱の採集によって、運輸鉄道および港湾の建設、枕木および建材などの提供を急ぐようになった。そのため

170　第5章　台湾拓殖株式会社における海南島事業の研究

に、一転して、現地での自給自足が要求されるようになった[93]。丁度この時期に、台拓は第2回の増資によって、総督府は営林局所管の山林の伐採業務を「現物出資」のために、既存の小規模の伐採製炭のほかに、大規模の樹木伐採事業に着手するようになった。1943年6月に、台拓は調査隊を陵水境内の弔羅山一帯の森林に派遣し、調査を行い、翌年から伐採を開始した。伐採面積は約1,200ヘクタールで、多くの事業のうち、スタートが最も遅れた分野であった[94]。

　1944年以降になると、戦局が悪化し、海南島は主戦場とは離れていたが、人員は軍隊に召集され、海上の物資補給が困難になるなどの要因を受けるようになった。1945年3月末、日本の海南海軍特務部はやむをえず、一歩進んで経済の統制を実施し、農林開発会社を指令して「農業報国団」に統合し、交易を行っていた商社を「海南交易公社」に統合して、水産開発会社も新たに統制会社を設立した[95]。海南島の食糧供給は決戦局面に進入し、そして、台拓も新たな経済統制の下で企業の終焉を迎えるようになった。

4．台拓の海南島の発展と局限

　以上に述べたのは台拓の業務発展の概況であり、果たして台拓の海南島の投資額の実態はどうであったのか。現在、入手できたのは零細な資料であり、いまだに信頼される関連データが発見されていない。ここでは昭和19年度（1944）の『事業要覧』およびシュナイダー氏の統計に基づいて表5－1を作成した。

　投資状況は上で述べた通りであるが、しかし、個別の事業の損益はどうであったのか。資料の制限を受けて、今になっても解答することができず、ただ、史料から述べたように、大まかな成果を呈示した。最も称賛された農業から言えば、台拓の最初に指定された作物は綿花、ゴム、麻およびキニーネなどの林業であった。しかし、耕作の主力は依然として米穀、野菜、サトウキビおよび麻などの繊維作物であった。台湾の品種改良および技術の伝播から言えば、台湾では既に充分な技術移転の経験を持ち、その技術は直ちに成果をあげることが

4．台拓の海南島の発展と局限　171

表5－1　台拓の海南島事業の歴年投資表　　（単位：日本円）

業種別	1941年3月	1943年末	1944年3月	1945年3月
農　　業	607,915	2,640,000	2,640,000	2,704,000
運　　輸	688,623	1,870,000	1,870,000	1,852,000
建　　築	667,369	1,420,000	1,420,000	870,000
牧　　畜	719,152	－	－	－
木材伐採	－	－	－	1,660,000
その他	422,151	1,645,000	1,645,000	2,167,000
合計	3,105,210	7,575,000	7,575,000	9,253,000

（出所）台湾拓殖株式会社調査課編『事業要覧（昭和19年）』28頁。
　　　　Justin Adam Schneider, "The Business of Empire: The Taiwan Development Corpora-
tion and Japanese Imperialism in Taiwan, 1936‑1946," UMI Dissertation Services, 1999.

できた。そして、海南島の環境もまた、台湾の農業技術に試験的な場所を提供
した。そのために、台拓はこれを主力にしたのは、決して珍しいことではない。
しかも、もともと海南島は米穀・食糧の不足地区であり、加えて、日本軍が占
領後に多くの農民が土地を放棄して逃亡した。そして、日本と台湾からの人口
が移入して増加し、それによって、食糧問題がますます厳しくなった。1941年
7月前後に、海口と各地に同時に米不足問題が発生した[96]。その後、「幸いに
友軍からの協力を受け、討伐と招撫を併用して実施し、治安が回復した。農民
の多くは田舎に帰り耕作を行った。同時に幸いに、友人の商社が連続して外米
を運んできて、原価で販売してから住民の食糧不足が緩和するようになっ
た」[97]。そのために、台北帝国大学講師の東嘉生は海南島経済を論じたときに、
「特に台拓を中心に、海南島の米穀増産の進展は、まさに海南島経済の浮き沈
みのキーポイントである」と強調していた[98]。しかし、海南島の日本人人口の
急速な増加によって、外米に対する依存度が依然として大きい。例えば、1942
年にサイコンから米穀6,000トンを輸入し、1943年にはさらに16,000トンの輸入
に増えた[99]。ここからわかるように、海南島の食糧の需要が緊迫しつつあった。
　サトウキビについて、海南島の農政当局の生産目標は、砂糖および代用燃料
のアルコールを製造することである。台湾の優良な大茎種サトウキビを海南島
に移植したあと、その生育および糖分の上昇率が台湾のサトウキビよりも優れ

172　第5章　台湾拓殖株式会社における海南島事業の研究

ていた。例えば、サトウキビの糖分の上昇は台湾では19カ月が必要であるが、海南島では僅か12から13カ月のみであった。代用燃料のアルコールの製造上、赤糖1万石でアルコール200トンを製造することができる。すなわち、12,000トンのアルコールには赤糖60万石が必要である。日本人が海南島の占領期間に、毎年約6,000トンのガソリンを消費し[100]、ガソリンの輸入がますます困難の際に、サトウキビによる代用燃料アルコールの期待は、想像することができる。サツマイモも重要作物であり、食用のほかに、サツマイモを細かく刻んで天日で干した「甘藷簽」（保管食糧。むかし、貧しい家庭では食用、養豚などのエサ用）を作って、台拓の嘉義の化学工場の原料として使われた[101]。綿花の増産は最初に農政当局が台拓に与えた使命であり、しかし、技術が未熟で、害虫防止が改善されなかったなどの要因によって、成果が芳しくなかった[102]。ゴムの重要性に至っては、1942年以降、日本軍が東南アジアを全面的にコントロールしたあと、海南島のゴムなどの熱帯栽培業は「大東亜共栄圏」の中で独占的な地位を失った。それによって、海南島の日本軍特務部は、開発会社にゴムの栽培を中止するように命令した[103]。以上に述べたことをまとめると、台拓の海南島の農林事業は、多角化経営を展開したが、しかしながら依然としては米穀、砂糖などの食糧作物が最も重要であり、台湾の農業の米穀と砂糖の方面の成果を充分に反映していた。

　しかしながら、台湾を根拠とする国策会社として、台拓は海南島で果たしてどのような役割を演じていたか。投資額から言えば、シュナイダー氏の研究によると、戦争期間の日本各会社による海軍占領区域の総投資は11億4,625万7,628円に達し、そのうち、海南島に4億7,895万4,054円を投資し、総投資額の約42％を占めていた。しかも、台拓の海南島の投資額は、華南のその他の地区および東南アジアへの投資額の1億4,000万円を凌駕していた。この数字の規模はどんな意義を表していたのか。その他の重要な会社と比較すると、投資額が台拓を超えたのはわずか日本窒素の2億710万円の1社であり、石原鉱業は3,726万9,979円、浅野セメントは1,531万631円、三井物産は1,585万1,000円であった[104]。日本窒素は石碌鉄鉱の開発が最重要の任務であり、事業の範囲は鉱山、

4．台拓の海南島の発展と局限　173

八所港、水力発電および機械などが含まれ、規模は戦時中の日本海軍占領区内では最大であった[105]。石原鉱業は主として田独鉄鉱の開発であり、鉄鉱の採集および鉱産を日本に輸送し、同時に港湾および鉄道など関連施設の建設であった。浅野セメントは1943年以降の日本への海上輸送がますます困難になった時に、海軍の指令の下で全力で業務を展開した[106]。三井物産は多角化経営の代表的な財閥企業であった。ここから分かるように、台拓の海南島の投資規模は確かに大きいのであった。

　台拓の投資規模は小さくない。しかし、上節で述べたように、海南島の主要事業は農林業、畜牧業、運輸業、製氷業、建築業および樹木伐採業、その他の海南島の開発事業である。例えば、水産業、鉱業、電気事業、通信事業などには、台拓は介入の余地がなかった。その結果、1938年の加藤社長の計画とは、非常に大きくかけ離れていた。台拓の着力点がこのように限られていたことに対し、シュナイダー氏は台拓自身の技術の限界、および日本の中央政府が台湾の地位の限定によって解釈した。氏は台拓が農業方面の成熟した技術のほかに、建築業、製氷業および畜牧業の防疫措置の方面では、力不足の憾みがあったと指摘した。台湾の地位の限定について、1941年に日本が大東亜省を設置した時、閣議では台湾は大東亜戦争の中で、海南島、インド支那半島およびタイなどの地域で協力の役割を決定した。そして、台湾の地位に対する限定も、台拓が海南島の全面的な拡張と発展を間接的に制限することになったことをシュナイダーは主張した[107]。

　シュナイダー氏の説明は、もとより台拓のジレンマを語った。しかしながら、台拓の技術不足の問題は、建築、製氷および畜牧の中の防疫措置に反映されたのか。日本人が台湾での植民地統治から言えば、製氷および建築は特殊な困難があるのではない。しかも、台拓檔案（台拓資料ファイル）で明らかに示したのは、これらの事業従事の困難は技術面ではなく、以下に述べるその他の問題であった。防疫に至って、台湾総督府が最も自慢したのは、すなわち熱帯医学である。海南島で必要とする牛や豚の防疫血清は、総督府からの提供であった[108]。そのために、技術の制限はむしろ、その他の台拓が着手していない工

174　第 5 章　台湾拓殖株式会社における海南島事業の研究

業や鉱業部門であった。1941年の決議に至って、見た目では台湾の対外拡張の制限のようであった。しかしながら、1939年の農政会議および海軍特務部の決定は、既に台拓による海南島の独占的な開発を否定したことであった。

　そのために、上述の 2 つの要因は、もとより台拓の海南島開発を制限したが、さらに多くの要因に注目する必要がある。そのなかで最も重要なのは、海南島の「大東亜共栄圏」の中での地位の変化、およびその地位の変化後の連帯的な関連事項である。

　（1）海南島の「大東亜共栄圏」の地位変化の影響。日本軍が初めて海南島を占領した時、その地は日本軍の占領区の中で最初の熱帯栽培作物に適する地域であった。そのために、開発の目的を「本邦不足の資源をなるべく供給する」に設定し、綿花、麻などの繊維作物、薬草およびゴムの栽培を奨励した。開発に必要とする資材は、ほとんど制限を加えず、台湾や日本内地の供給に任せていた。現地で自給自足を要求する部分は、わずか鉄工業（簡単な鉄製工具の製造・修理）、自動車修理、煉瓦、製材、製糖、皮革、製靴、食品加工、調味料、製塩などであった[109]。1942年までに、日本は海南島よりも熱帯作物の生長に適する南方占領地を獲得した後、農林開発について、海南島のゴム樹の栽培の重要性は存在しなくなった。占領当局は既定目標の適合性を全般的に考慮し、1942年 6 月に台湾総督府から人員を派遣して10カ月の調査を展開した[110]。また、その後、戦局が逆転したために、海上輸送の危機が拡大し、遂に「現地自活」のニーズがさらに緊迫することになった。そのために、最初に農林の開発を主導した田中三郎は、1944年に最初の「第 1 位は綿花、第 2 位は綿花、第 3 位もまた綿花」の主張を変更するようになり、逆に米作こそが「大東亜農林業の基調」と認めるようになった[111]。海南島の地位の変化によって、熱帯資源提供の源泉ではなくなり、鉄鉱は海南島が日本に提供する主な資源になった。そのために、石碌、田独などの鉄鉱区が如何にして充分に供給できるか、および政治経済の中心とする楡林が必要とする各種のニーズを満たすことが、当時の急務であった[112]。

　組織の変遷からも海南島の地位の変化を見ることができる。1941年 3 月から

4．台拓の海南島の発展と局限　175

発行した代表的な総合雑誌『海南島』、最初の発行者はそれぞれの農林開発会
社から組織した「海南島農林連合会」であった。しかしながら、1942年の第2
巻第5号から、発行部署は「海南島開発協議会」に変更した[113]。協議会のメン
バーは日本製鉄、石原産業海運、日本窒素、三井物産、島田合資、日本油脂、
林兼、三菱鉱産、清水組が含まれていた。協議会の事務局は八幡市の日本製鉄
内に設けられ、主宰者は八幡海軍首席監督官であった。協議会の最主要な任務
は海南島産出の鉄鉱石を日本の九州に運び出し、同時に日本内地の資材を海南
島に運搬することであった[114]。海南島の地位の変化によって、海南島の「開
発」の重点が移転するようになった。そして、開発に必要とする資材は支援さ
れるようになり、運送の優先順序もそれによって異なるようになった。その影
響が及んで、「急がない需要」の事業の発展は制限を受けるようになった。

　このような情勢によって台拓に対する影響は、最初の設計では台拓が中心に
海南島の開発によって、日本に綿花、ゴム、砂糖などの資源を供給する産業開
発計画であった。東南アジアが熱帯資源の供給地になった後、海南島の産業開
発は製鉄を主とするようになり、林業、塩業、畜牧業、水産業が副産業になり、
完全な自給自足の経済開発に転換するようになった[115]。1942年までに、日本
は海南島の開発の資材供給に対し、ますます緊縮するようになり、海南島も急
速に工業化の展開を余儀なくされるようになった。この時に、海南島の自給自
足の要求に対し、以前の生活物資を主とする範囲から、建設資材方面の製鉄、
セメント、鉄工機械、造船、潤滑油、松精油（テレビン油）、生活物資関係の紡
績、製紙、タバコ、造酒、製薬、ガラス、マッチなどに拡大するようになっ
た[116]。前期では生活物資関係の自給自足を目標とする時期、台拓は他の企業
と競争できる余地があった。しかし、後期の自給自足の目標の中で、建設資材
方面の多くは台拓が台湾島内の工業化のスローガンの下で、着手推進していた
が、競争能力については論外であった。

（2）充分な技術人材をかき集めることができなかった。人材の需要について、
台拓は総督府に頼るところが大きい。例えば、台拓が設立した当初、技術人材
の不足の困難を克服するために、総督府および台北帝国大学などの協力によっ

176 第5章 台湾拓殖株式会社における海南島事業の研究

て、1937年5月14日から毎月1回の「台拓技術懇談会」を開催し、それによって、技術問題を解決していた[117]。1937年8月1日に台北本社および東京支店に科学室を設置し、その中に科学委員を置いた。そのほかに、規定によれば、必要な場所に科学研究所や科学試験所を設置することができた[118]。明らかに、台拓は科学技術の向上に苦心していた。しかしながら、台拓の技術上の人材不足の風評は、変化しなかった。1939年4月15日の社長の「通達」の中で、加藤社長より以下の説明があった。

「最近、南支那および海南島の攻略に伴い……世間では時折わが社に技術上、経験上の弱点があると論じられているが、聞くと実におかしい……。わが社は今までは各方面の権威者を招聘し、あるいは技術懇話会の下で、あるいは嘱託の名義で、事実上、必要な時に適切な人材を社員として直ちに確保し、あるいは別動隊の身分で招聘した……」[119]。

明らかに、人材不足の噂が大きくなり、社長が自ら出馬してはっきりさせる必要があった。

台拓の人材の確保の上で、確かに総督府のバックアップがあった。例えば、海南島の自動車運輸事業を経営するために、総督府交通局技師の田中純成をスカウトし、運輸部門の総監を担当させた。前に述べたように、台拓の招聘の下で台中州農事試験場の西口逸馬技師も、陵水などの農場の米作を支援した。しかしながら、問題を全面的に解決することができず、特に戦時に男子が軍隊に召集され人材不足の時期であった。そのために1943年11月末、台拓の台湾島内の支店所長会議時に、南方第1課長は依然として「南方派遣技術者貰受ノ件」を提出した。提案の中でセレベス島（Celebes、インドネシア中部の島、現在のスラウェシ島）とフィリピンの綿作を例として、台拓のセレベス島の生産率は指定されたすべての開発会社の中でも業績が最も悪いと指摘した。フィリピンの生産率は第1位であったが、しかし、その単位当たりの生産量は遙かにセレベス島よりも低い。その原因を推測すると、主として台拓には米作および綿作におけるベテランの技術人材が不足であった。そのために、提議では各支店はなるべく官庁と密接に接触し、現存の人材が台拓に加入するように指示した[120]。

４．台拓の海南島の発展と局限　177

　台湾総督府が台拓を積極的に支援する情況の下で、台拓の人材および技術問題はもとより部分的に克服することができた。しかしながら、要求された技術のレベルが総督府から提供されるものよりも高い場合、技術問題は深刻な課題になった。台湾自身が工業化を推進し、海南島に輸出できるものは糖業資本および製糖業の技術、設備を除くと、総督府の熱帯疫病、農業などの研究成果であった。そのために、「熱帯農業用の種子、農工具、開発の物資動員資材の精米機、赤糖製糖機など、日用生活物資の米、砂糖、青果、日用雑貨などの多くは台湾からのもの」であった。「各地の雑貨商、飲食店、旅館、時計店、写真館、理髪店、洗濯屋などの中小雑貨商はほとんど台湾からのもの」[121]で、このような情況はまさに台湾自身の経済発展の段階を反映していた。

（３）資源の調達が柔軟的でない。「台拓檔案」の中で各会社間の競争状況を見ることができる。しかしながら、有利な指令が獲得できるか否かは、企業自身の競争力、および海南海軍当局との関係の緊密さによるものであった。同時に、企業自身が充分な柔軟な調達ができるか否かの試練を受けた。特に、統制がますます緊縮し、ますます厳密になった時代にはこのようであった。台拓の運輸事業から言えば、輸送に必要なガソリン、自動車の部品などの多くは、物資動員計画における管制品であった。例えば、1941年の動力用品に関する１部の購買資料のなかで、管制物資の獲得の困難性を表していた。「海口自動車公司修理工場は動力設備のために、各種の電線類が必要である。しかし、この物品は統制物品の中で最も重要な銅製品は、『資材割当証明書』があってから輸入することができた。そのために、資材の配当額の申請が必要であった。しかし、昭和15年度には、海軍および興亜院は資材配給の中で銅類（電線類）の配給額がないために、工場から提出された申請を受入れることがなかった。ちなみに、昭和16年度に提出されたとき、充分な配給証明書を得てから再び輸入を行っていた」[122]。檔案の内容が示すように、物資の制限を受けて、一般の発展に影響を及ぼしていた。

　輸出の手続きの上で、最初は物資の輸送には海軍武官府から「搭載証明書」の交付を必要とせずに、通関手続きを完成することができた。しかしながら、

178　第5章　台湾拓殖株式会社における海南島事業の研究

1940年初めからあらゆる物品は「台湾外国為替管理規則」に基づいて行い、「臨時輸出入許可規則」、「薬品輸出取締規則」などの法令に抵触した場合、各主管官庁の輸出許可を得ることが必要であった。他方、現地の総督府出張所から「南支調査局」の輸出許可を申請し、許可を得た物資は税関に申告して、許可を得てから海軍武官府の搭載証明書を付帯してやっと、御用船や商船で輸出ができた[123]。手続きが非常に複雑であった（図5－1）。要するに、海南島の物資の輸入は総督府駐海口事務所と海軍特務部の支援が必要であり、そのために、台拓は総督府とさらに密接な連携が必要になった。

　物資の統制範囲がますます拡大し、総督府も台湾島内の物資の流出を防ぐ方針を採用した。そのゆえに、購買および輸出も各種の法令の制限を受け、以前のように便利ではなくなった。購買時にまず配給額の申請を行い、許可書（充分証明書）を得るまで最短で3カ月の期間が必要であった。本社から外地への物資輸出は「無為替輸出」および代価の不回収で、いわゆる物品の輸出形式である。これについて、総督府はさらに慎重に処理し、関係各課（総督府企画部、物資課、商工課、金融課、外事部第2課、台湾貿易連合組合）などの合議を得る必要があった。再三にわたり、細部の検討を経てから認められ、そのようにすると、1カ月間もかかる。そのために、海南島などの部署に直ちに連続して物資を輸送する要求がある状況に対し、調達担当部署も再三にわたり、それを反映し、「法令に従い、上述の手続きを経ない場合、どんなに緊急の物資でも輸出することができなかった」[124]。

（4）経営の自立性。台拓の主要事業の多くは指令に照らして推進していた。すなわち、自らが推進した事業も許可が必要であった。台拓の檔案の中で、一部の事業を極力争ってでも得たいが、許可されないものが発見できる。また、利益が得られない事業や、または信用を害するリスクのある事業があるが、力を尽くした情況があった。例えば、1939年に台拓は海南島の塩田の調査が認められた。三井物産と塩業の輸送・販売で互いに対抗した時に、東京から社長の指示を受けた。社長によると、三井物産に日本の工業に必要とする海南島の塩を輸送させ、海軍の指示の下で、塩をもって物質との交易は宣撫作業の一環で

4．台拓の海南島の発展と局限　179

図5－1　輸入物資証明の申請手順

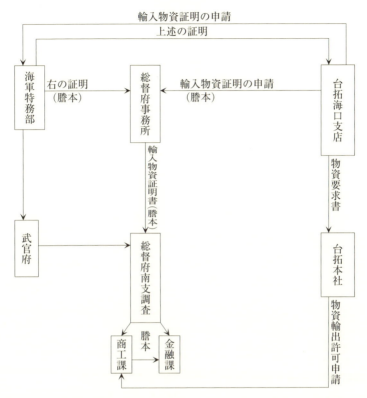

（出所）「台拓檔案」第527号、「雑書　昭和15年」「支第1882号　海南島輸送物資連絡ニ関スル件」、昭和15年7月12日。

あった。しかし、台拓の海南島業務日誌の中で、すべてを捨ててでも塩の販売権を掌中に入れ、三井物産と対抗する意図があった。このような大局的な見地を持たない考え方に対し、どうしても許すことができなかった[125]。「大局的な考え方」の下で、台拓はやむをえず独占的な製塩事業を放棄することになった。三井物産は鶯歌海付近の大塩田をもって、1941年10月に「東亜塩業株式会社」を設立するようになった[126]。そのほかに、海口支店もかつて「製酒工場」の設立の構想を提出したが、計画では製氷工場の空いた場所を利用して造酒する

180 第5章 台湾拓殖株式会社における海南島事業の研究

というものであった。しかし、海軍特務部は同意せず、清酒については既に水垣公司の計画があり、農林事業の付帯事業から見ると、台拓は薬酒を試験的に製造すべしと指示した。同時に、当時の海南島では工業を発展させる企画がなく、台拓が提出した製酒計画の規模が大きすぎると指摘した[127]。それを理由として、台拓の製酒計画は否定された。

　しかし、楡林都市計画に対し、加藤社長は過去において広東と海口では苦痛な経験があり、甚だしく台湾でも建築過程の衝突があり、台拓と総督府、台湾銀行などとの情誼に影響する事があった。そのために、業績のために逆に災いの種を残すことは絶対に避けるべきであると、楡林の轍を再び踏まないように[128]、再三にわたり注意を与えた。本社は数回にわたり台拓は引き受けるに適しないと示し、その上、建築過程で不利な噂があった。しかし、海南島の支店は依然として海南島当局の指示に従うことができず、無理をして請負うことになり、明らかに台拓は自主的に経営することができない一面を示した。また、移民事業のように、一般的には利益が得られず、各開発会社は冷淡に傍観し、積極的に介入や受容することがなかった[129]。台拓は総督府の意向があるために、やむをえずこの業務を引き受けた。

（5）経営コストが高すぎる。利潤の追求の上で、台拓の檔案の中では、明らかに経理部門は事業部門に対して、ごく微細な金銭でもルーズな心理に不満を示した。1940年、経理課長代理から南支課長代理宛の公文書において、海南島の多くの部署の決算に同意しないと示した。具体的に言えば、海口事務所の出張費は「広東出張所」よりも高く、製氷事業の販売額は主要材料費に達していない、建築事業の未回収費が多い、皮革の販売価格は製造コストに比べて低い。かつ、生畜事業は赤字経営であった。経理部門は事業の性質から言えば、実に想像できない、事業の放漫経営に極めて不満であった。そのゆえに、経理部門は各事業にコストの概念を構築するように要求し、経費の上でなるべく自らが節約して、事業の収益を確保するように要求した[130]。このような経営の利益獲得の概念現象は、1942年末の台拓の増資時に、社長の加藤恭平は依然として戒めるように提出した。加藤は決算が予算よりも重要であると提出し、予算額

4．台拓の海南島の発展と局限　181

が緩やかなために、資金を濫用することができないと提出した。特に、利子の概念を頭に置くべきで、それは資金運用の巧妙と拙劣は直接的に事業の成否に影響すると指示した。そのために、事業の推進は予定よりも期間を早めるよう、少なくとも期間までに完成すること[131]。会社の設立6年後、社長の訓辞は依然として営利の概念の重要さを強調し、明らかに台拓の親方日本丸体質および競争力不足の一面を示していた。

　コストの低減の方式の1つは、なるべく現地で材料を調達すること。しかしながら、台拓の海南島の事業の相当分は、外地からの物資輸入の支援に依存していた。そのうち、大部分は台湾から輸入したものであった。すなわち、「無為替輸出」および代金を回収せずの輸送であった。建築部門から言えば、八幡の海軍首席監督官は「アメリカ人、フランス人の建築物の多くは巧みに現地の材料を使い、極めて快適な建築を完成していた。しかし、日本人の建築は、一本の釘でさえも内地の材料を使用した」。そのために、「将来、日本人の住宅を建築する場合、煉瓦、密閉型などなるべく、現地の材料を使用する」と指摘した[132]。確かに、台拓檔案の多くを検証すると、建設部門では度々台湾から資材を輸入する要求があり、甚だしい時には阿里山の木材を輸送し、浴槽に製造するための要求であった。

　次に、輸送経費の減少は経営コストの減少の方式であった。台拓が海南島事業に着手した初期に、必要とする物資は台湾から調達したのであった。海南島物資の輸出に管制が実施された後でも、開発用の重要物資は興亜院や海軍省に配給額の許可を得てから購入が認められた時も同じであった。しかしながら、台拓は依然として慣例に従って、配給額を得てから、台北の本社を通じて台湾島内の商店から購入していた。貨物を日本内地から台北に運んできて、台北に集中してから再び海南島に転送した。このようになると、輸送に必要とする日時について、日本内地—台湾—海南島では必要とする日時は約6～8カ月であった。日本内地から海南島に直接的に輸送した場合、約2カ月の短縮ができた。購入価格から言えば、運賃と代理商社の仲買利潤を加えた場合、台湾から注文の場合、日本に直接注文と比べると価格は3％から25％も高くなる。再び、輸

182　第5章　台湾拓殖株式会社における海南島事業の研究

送経費から言えば、神戸から海南島に直接輸送する場合、1トン当たり平均23円であり、神戸から台湾に送り、再び海南島に転送する場合、1トン当たり38円に達する。この価格には基隆倉庫の保管費および基隆から台北間の輸送費を計上していない。この種類の輸送方式による損失は、1942年9月になってから修正された[133]。

　以上に述べたところは、台拓が海南島事業の発展から受けた制限であった。しかしながら、最も根本的な問題は、侵略者と現地の対立であった。1944年9月号の『海南島』の上で、特別に「開発会社諸兄参考」のために掲載した「一番よい方法は頭を働かせることだ」の文章の中で、海南島の「農林開発」の現状に対し、以下の検討を行った。文章では海南島の人々は親切なために、占領初期では1頭の豚は50銭で購入することができ、現在（1944年）の価格は80〜90円に値上がりした。最も重要な原因は住民の意識変化であり、日本に対する反感のためであった。海南島の人口は大量に増加したが、牛、豚の数量も絶えず増加した。低価格で貨物の流通を維持できないのは、買収の問題であった。会社は仲買商人に委託し、各地で購入していた。しかし、支払った軍票は一般人には魅力がなく、物資が不足であり、軍票があっても物品を購入することができず、それによって物価の高騰を招いた。牛、豚、椰子、野生繊維なども同じで、農作物の奨励も同じであった。会社は「直営作」のほかに、米穀、野菜の供給は「奨励作」を採用し、すなわち、現地の住民に耕作を奨励し、軍票で購入していた。しかしながら、現地の人々について言えば、努力して耕作後に得られるのはただ無用の軍票だけであった。「宣撫物資」が購入できる金銭を入手することができず、当然、会社のニーズに真剣に合わせることがなかった。まして、会社が「徴発」で労働力を使用した時期に、労働力を奴隷のように鞭で叩き、指図したので、ますます現地の民心を失った[134]。「海南島開発協議会」の機関雑誌でさえも問題の厳重性をありのままに誠意をもって認めた。ここからは「侵略」と「開発」の間の対立と矛盾を知ることができる。

5．結語

　1945年9月30日、国連最高司令官が「外地、外国銀行及び戦時特別機関閉鎖の覚書」を公布し、台拓はその指定を受け即時に閉鎖されるようになった。その後、同年10月26日の大蔵省、外務省、内務省、司法省令1号「昭和20年第542号勅令に基づく外地銀行、外国銀行および特別戦時機関の閉鎖の省令」に基づき、台拓と台湾銀行など29の機関が同じように、閉鎖の運命に遭遇するようになった[135]。

　閉鎖の運命に出会った台拓は、台湾の島内や島外を問わずに、戦争と共に拡張した事業が完全に消滅するようになり、存在しなくなった。会社はバブル（泡）の割れたように消滅したが、しかし結局、台拓は一時期に台湾で経済力を展開した。現在、この既にバブルが割れた組織を検討し、少なくともいくつかの方面で注目されている。まず、侵略と開発との間で恒常的に矛盾していた課題が存在していた。戦後、中国側の叙述では、日本人の海南島の占領に対し、常に以下の論評があった。

　「抗戦期間、（稲米）は日本人から輸入した品種は58種類、そのうち、蓬萊米、台中65号および台湾在来米「白米粉」などの品種の成果が優れていた。台中もち米46号の成績も良好であった」[136]。あるいは、下記のようであった。

　「事変以後、日本人は台湾からサトウキビ改良種、P.O.J2878、P.O.J2883、P.O.J2725を試作し始め、成績は優れていた。畑5畝で生産量は約18万斤、水田5畝の生産量は約20万斤で、その成績は台湾を凌駕した。……民国30年（1941）、日本の日東拓殖農林会社にエジプト綿花種およびアメリカ種を試作し、成績が良好であった。……民国30年（1941）、日本の林兼商店は楡林港を拠点として、日本漁船40艇を使い、海面に浮かべて、毎月魚500トンを捕獲した。並びに、楡林港に冷蔵工場を設け、黎民を使い、1日に150トンを製造した。……民国29年（1940）、日本の三井洋行が調査し、北の昌江から南の板橋市まで、塩田が35キロで、製塩期間は1月から8、9月の間で、塩の生産量は2万5,000

184 第 5 章 台湾拓殖株式会社における海南島事業の研究

トンから 3 万トンであり、その洋行は鴬歌海辺の荒地で塩田約1,500ヘクター
ルを開拓し、新方法で製塩を行い、1ヘクタール当たり100トンの塩を生産し
た。5 年後には 5 ～ 6 倍に増産すると言われていた」[137]。

　農林漁業のほかに、海南島の鉄道修築、水力発電所、大規模築港および鉄鉱
の開発も優れた成績をあげた。侵略者の目的は当然ながら現地の開発に協力す
ることでなく、しかしながら、風刺的なのは、日本軍が海南島を占領する前に、
開発計画が実践されず、戦後も再び混乱した局面に陥った。それゆえに、占領
期間の「開発」は、海南島の歴史上も無視することができない。

　次に、台湾総督府は 2 回にわけて「対岸経営」の内容で言えば、「台湾の経
験」の輸出能力に限りがあったが、しかし、明治末期の「三五公司」の対岸経
営と比べると、台拓の規模は実に同等に並べることができない。三五公司の華
南事業は、樟脳業および潮汕鉄道（潮州から汕頭間の鉄道）が中心で、経営項目
に限りがあった。そして、台拓の海南島の事業は、全体的に言えば、農林業の
経営から離脱していないが、農林、畜産、移民、運輸、製氷、建築、木材伐採
など多岐多様にわたっていた。それは、当然であるが、日本の占領についての
是否についての主観と客観の状況の違いによるもので、しかし、30年間の台湾
全体の経済力の成長のあらわれと見ることもできる。三五公司の対岸事業から
の撤退および台拓の業務の終焉の原因は異なっていたが、前者は外務省当局の
掣肘を受け、後者は海軍当局の制限を受けた。すなわち、総督府が日本中央に
制限を受けた性格と同じであった。外務当局が日本の全中国での利益を考慮す
る場合、台湾総督府を代表する三五公司の暴走には制限を加えた[138]。海軍当
局は海南島の地位の変化を考慮し、「開発」計画を調整した時に、台拓には局
限性が現れるようになった。これらは日本帝国植民地の一部分であることを示
しており、台湾は対外発展の上で制限を受けるようになった。

　再び言えば、台拓の海南島と台湾の両地域の事業を比べる場合、戦争終結の
時、台拓の台湾本島の主要事業は、企業の所有地の経営と干拓の開墾事業、栽
培造林事業、移民および貸付事業、木材伐採および鉱工業などであった。その
うち、鉱工業の方面では、嘉義で設立したサツマイモを原料の「台拓化学工業

5. 結語　185

株式会社」、三徳炭鉱を買収して石炭発掘に従事し、花蓮を主要鉱区の「台拓
石綿株式会社」、軍需の責務を負う「稀元素工業株式会社」、および投資関係の
開洋燐鉱株式会社、南日本化学株式会社などであった[139]。上述の鉱工業方面
の事業は、多くは軍需のニーズのために創設したが、創設の時期も1938年以降
であったが、しかしながら、台湾の工業発展史の上で、依然として一席の地を
占めていた。逆に、海南島を観察すると、台拓の色々な事業は相対的に狭隘で
ある。これは海南島の占領当局の制限を受けたと言わざるをえない。

　他方、台湾総督府殖産局調査団の報告書（総督府外事部は「海南島農林業開発参
考資料」の名義で発行）の中で、台湾の稲作の経験を強調し、品種の移植の可能
性と重要性を見ると、台湾が海南島の農業に対し発揮した役割が十分に顕著で
あると知ることができる。そして、台拓の陵水農場はまさに重要な試作地点で
あり、水稲などの農作の栽培、移植は、占領に基づいた現実の意義を持ってい
た。しかし、他の角度から見ると、海南島の農業試作は、まさに台北帝国大学
磯永吉などの学術探検と実験のチャンスを提供した。

　台湾の農林技術および経験の移植と同時に、台湾総督府の異民族の統治経験
は、占領の行政の中で極めて大きな役割を発揮するようになった。日本軍の占
領地の行政のために海南島に行った台湾人は、ここでどんな役割を演じていた
のか。台拓の檔案の中に、一部興味深い文献が保留されている。1939年4月24
日、「在海口太田事務官ヨリ伝言ノ件」の文献の中で、太田事務官は「南支調
査局」に発送し、海軍の意見を伝達し、「運搬作業員について、海軍の希望は
最も良いのは沖縄人が担当する。作業が完成した後、現地に居留する。台拓と
沖縄人との交渉を希望する。沖縄人が駄目な場合、少なくとも総監督は内地人
が担当する。また、運搬作業員10名に付き監督1名を付ける」[140]。明らかに、
軍側当局は台湾人に対する警戒心を表していた。しかしながら、依然として警
戒心を充満しているにもかかわらず、台湾人の地利の便によって、依然として
1万人を数える人員が海南島に行き、日本軍占領下の海南島で重要な役割を演
じていて、そして、戦後台湾の一大課題に延長するようになった。台湾人の研
究課題に関しては、今後の課題として継続して検討したい。

186　第 5 章　台湾拓殖株式会社における海南島事業の研究

注

（ 1 ）　徳富蘇峰およびその指導の民友社による台湾の占領、経営に対する意見は、呉
　　　文星「民友社與台湾」（国立台湾師範大学歴史学系編『甲午戦争一百週年紀年学
　　　術研討会論文集』台北、国立台湾師範大学、1994年、465～480頁。

（ 2 ）　矢野暢『「南進」の系譜』東京、中公新書、1975年、148頁。

（ 3 ）　協調外交に関しては、井上寿一平『危機のなかの協調外交―日中戦争に至る対
　　　外政策の形成と展開』東京、山川出版社、1994年。

（ 4 ）　台湾拓殖株式会社調査課編『事業要覧（昭和14年)』台北、台湾拓殖株式会社
　　　調査課、1939年、 2 ～ 3 頁。

（ 5 ）　閉鎖機関整理委員会編『占領閉鎖機関とその特殊清算』第 1 巻、東京、大空社、
　　　1995年、295頁。

（ 6 ）　台湾拓殖株式会社調査課編『事業要覧（昭和14年)』、「前言」部分。

（ 7 ）　中央研究院の同僚共同研究の成果は、2001年12月27～28日に中山人文社会研究
　　　所主催の「台湾資本主義発展学術研討会」に掲載。

（ 8 ）　朱徳蘭の台拓が広東事業の検討、既に正式出版した論文は次のようである。朱
　　　徳蘭「日拠広州時期（1938－1945）的広州社会與台拓国策公司的自來水事業」唐
　　　力行主編『家庭、社区、大衆心態変遷国際学術研討会論文集』安徽、黄山書社、
　　　1999年、400～410頁に収録。朱徳蘭「従台拓檔案看日拠広東時期的中日合弁事業」
　　　葉顕恩、卞恩才主編『中国伝統社会経済与現代化』広東、人民出版社、2001年、
　　　332～346頁に収録。朱徳蘭「台湾拓殖株式会社在広東的経済活動―以農産事業為
　　　例（1939－1943）」中華民国現代史料中心編『中国現代史専題研究報告』第22輯、
　　　台北、国史館、2001年、419～439頁に収録。朱徳蘭「台湾拓殖株式会社文書中的
　　　広東檔案資料」周偉民主編『瓊粵地方文献国際学術研討会論文集』海口、海南出
　　　版社、2002年、434～471頁。

（ 9 ）　林玉茹の台拓の研究成果は、林玉茹「国策会社的辺区開発機制―戦時台湾拓殖
　　　株式会社在東台湾的経営系統」『台湾史研究』第 9 巻第 1 期、2002年 6 月、 1 ～
　　　54頁。林玉茹「国家與企業同構下的殖民地辺区開発：戦時「台拓」在東台湾的農
　　　林栽培業」『台湾史』第10巻第 1 期、2003年 6 月、85～139頁。

（10）　朝鮮半島を拠点の国策会社の東洋拓殖株式会社の関連著作と比べると、台拓の
　　　方が少ない。筆者の調べによると、正式出版したものは三日月直之『台湾拓殖会

注　187

社とその時代』福岡、葦書房、1993年。この書籍は自伝的性質の作品で、台拓の
全貌を窺うことができないが、その経歴と会社内情の記述には参考の価値がある。

(11)　Justin Adam Schneider, "The Business of Empire : The Taiwan Development Corpora-
tion and Japanese Imperialism in Taiwan, 1936-1946," UMI Dissertation Services, 1999,
pp.229-230, 285-288.

(12)　いわゆる「国策会社」とは、明確な定義がなく、一般的には日本が明治から第
2次世界大戦終了期間に、国家の政策推進に合わせて、政府の条約、法律や植民
地の律令などに基づいて設置した「特殊会社」である。本文が「国策会社」の用
語を引用した意図は、「国策代行機関」の側面をさらに強調したものである。台
拓などの「特殊会社」の役割は、山崎定雄『特殊会社法規研究』東京、交通研究
所、1943年、および、企画院研究会編『国策会社の本質と機能』東京、同盟通信
社、1944年、などを参照。

(13)　『台拓社報』第 2 号、1936年12月14日、10頁。

(14)　羽矢司生「南方発展への国策会社―台湾拓殖の創立と其使命」『経政春秋』85
頁、日本外務省外交史館蔵、日本外務省記録 E-2-2-1、3 - 10「本邦会社関係雑
件―台湾拓殖株式会社」763〜764頁。

(15)　閉鎖機関整理委員会編『占領期閉鎖機関のその特殊清算』296頁。

(16)　『台拓社報』第 1 号、昭和11年12月10日、3 頁。

(17)　『台拓社報』第117号、昭和17年12月15日、15頁。

(18)　現地即派駐所在地とは、現地の意味で、本社とは中国語の「総公司」の意味。
本文はすべてこの用語を使用する。

(19)　『台拓社報』第24号、昭和13年 6 月30日、327頁。

(20)　『台拓社報』第26号、昭和13年 8 月31日、373〜374頁。

(21)　台湾拓殖株式会社調査課編『事業要覧（昭和15年）』台北、台湾拓殖株式会社
調査課、1940年、1 〜 4 頁。

(22)　『台拓社報』第114号、昭和17年10月31日、1 〜 4 頁。

(23)　台湾拓殖株式会社調査課編『事業要覧（昭和15年）』8 〜 9 頁。「台拓檔案」第
1423号、「海南島牧畜事業計画書　昭和17年」、「支第1124号　昭和17年海南島農
林事業補助金下附ノ件申請」。

(24)　鉄工所の設置は一般機械の修理、部品および簡単な農具の製造を目的とした。
大蔵省管理局『日本人の海外活動に関する歴史的調査・海南島編（通巻第29冊）』

188　第5章　台湾拓殖株式会社における海南島事業の研究

東京、大蔵省、1950年、132頁。

(25)　『台拓社報』第96号、昭和17年1月31日、2〜20頁。

(26)　上に同じ。36頁。

(27)　『台拓社報』第108号、昭和17年7月31日、3〜6頁。

(28)　『台拓社報』第119号、昭和18年1月15日、1〜2頁。

(29)　「台拓檔案」第1548号、「海外支店長委任事項　法規係　昭和18年度」、「海外支店長臨時業務委任事項制定ノ件」、58〜72頁。

(30)　Justin Adam Schneider, "The Business of Empire : The Taiwan Development Corporation and Japanese Imperialism in Taiwan, 1936-1946," pp.229-230, p.283.

(31)　三日月直之『台湾拓殖会社とその時代』福岡、葦書房、1993年、463頁。

(32)　台湾拓殖株式会社調査課編『事業要覧（昭和19年）』台北、台湾拓殖株式会社調査課、27頁、47頁。

(33)　日本外交史料館蔵、日本外務省記録 E-2-2-1、3-10「本邦会社関係雑件」737〜759頁。

(34)　後藤乾一『近代日本と東南アジア―南進の「衝撃」と「遺産」』東京、岩波書店、1995年、85〜88頁。

(35)　羽矢司生「南方発展への国策会社」85頁。

(36)　防衛庁防衛研究所蔵『密受大日記』第2冊、「台湾拓殖株式会社設立ニ際シ本会社ニ要望スベキ事項ニ関スル件」、アジア歴史資料センター線上資料庫、映像ファイル0337-0343。

(37)　日本外交史料館蔵、日本外務省記録 E-2-2-1、3-10「本邦会社関係雑件」781〜787頁。

(38)　鍾淑敏「殖民與再殖民―日治時期台湾與海南島関係之研究」『台大歴史学報』31、2003年6月、182〜183頁。

(39)　日本外交史料館蔵、日本外務省記録 E-2-2-1、3-10「本邦会社関係雑件」787〜788頁。

(40)　赤沢史朗、粟谷憲太郎編『石原廣一郎関係文書』東京、柏書房、1994年、上巻回想録、54〜55頁。

(41)　小池聖一「海軍南方「民政」」、疋田康行編『「南方共栄圏」―戦時日本の東南アジア経済支配』東京、多賀出版、1995年、143頁、166〜167頁。

(42)　台湾総督府外事課『海南島農林業の現状概要』、また、名称『殖産局調査団報

告書　其ノ一』海南島農林業開発参考資料第1号、台北、台湾総督府外事課、1941年、93〜95頁。

(43)　太田興業会社のマニラ麻の世界的産地のミンダナオ島（Mindanao）のダバオ（Davao City）において、この地の開拓主の太田恭三郎およびその他の日本人のマニラ麻栽培事業によって企業を設け、マニラ麻の栽培、販売および農家の必須品を輸入した。1920年から資本金300万円の「海南産業株式会社」に変更した。太田興業の持株は東洋拓殖株式会社が買収し、東洋拓殖株式会社はこの新会社の70％の持株を掌中に入れた。猪又正一『私の東拓回顧録』東京、龍渓書舎、1978年、144頁。

(44)　台湾総督府殖産局工商課『南支南洋邦人助成事業総覧』台北、台湾総督府、1935年。

(45)　「台拓週間情報」第55号、昭和19年6月26日、「台拓檔案」第1721号、「台拓情報」587頁。

(46)　田中長三郎「海南島と綿作」『海南島』2：8、1942年8月、14〜15頁。

(47)　日本外務省外交史料館蔵、日本外務省記録、海Ⅰ、2、5－1「海軍南方軍政関係、海南島関係・海南島農林業開発関係」、第3、「農政会議議事録」。

(48)　台湾総督府外事課『海南島農林業の現状概要』、96〜97頁。

(49)　「台拓檔案」第752号、「海南島関係文書　昭和15年下」、711〜716頁。

(50)　著者不明「南海問答」『海南島』2：10、1942年10月、41頁。

(51)　日本外交史料館蔵、日本外務省記録E-2-2-1、3－10「本邦会社関係雑件」788頁。

(52)　寺林清一郎「海南島の農場」『台湾時報』第262号、昭和16年10月、111〜113頁。

(53)　「台拓檔案」第1055号、「昭和16年度南支南洋補助事業計画書」、「昭和16年度農林業計画並収支計算書」44〜48頁。

(54)　「台拓檔案」第918号、「海南島3カ年計画書参考資料綴」、「支2第296号　海南島開発計画樹立ニ関スル件」昭和16年4月12日、25〜28頁。

(55)　三日月直之『台湾拓殖会社とその時代』福岡、葦書房、1993年、473頁。台拓の東部および華南、南洋地区の事業の人事面の関連は林茹玉「国策会社的辺区開発機制」34〜42頁。

(56)　寺林清一郎「海南島の農場」114〜116頁。

(57)　「台拓檔案」第1423号、「海南島牧畜事業計画書　昭和17年」、「支第1124号　昭

190 第5章 台湾拓殖株式会社における海南島事業の研究

和27年海南島農林事業補助金下附ノ件申請」。

(58) 三日月直之『台湾拓殖会社とその時代』福岡、葦書房、1993年、473頁。台湾拓殖株式会社調査課『事業要覧（昭和19年）』27頁。

(59) 台湾拓殖株式会社調査課『事業要覧（昭和19年）』27頁、47頁。

(60) 「台拓檔案」第1423号、「海南島牧畜事業計画書　昭和17年」、「支第1124号　昭和17年海南島農林事業補助金下附ノ件申請」、および「台拓檔案」第1096号、「海南島ニ於ケル自動車運輸事業概況」。

(61) 「台拓檔案」第1526号、「海南島物動関係書類　昭和18年」「海南畜産株式会社昭和19年度物動計画書」。

(62) 上の注に同じ。「台拓檔案」第1096号、「海南島ニ於ケル自動車運輸事業概況」。

(63) 「台拓檔案」第1526号、「海南島物動関係書類　昭和18年」「海南畜産株式会社昭和19年度物動計画書」。「台拓檔案」第1104号、「海南島開発事業計画書　昭和16年」、「支2第156号　昭和16年度海南島開発事業計画書ノ件」。

(64) 「台拓檔案」第1104号、「海南島開発事業計画書　昭和16年」、「支2第156号昭和16年度海南島開発事業計画書ノ件」。「台拓檔案」第1526号、「海南島物動関係書類　昭和18年」「海南畜産株式会社　昭和19年度物動計画書」。

(65) 「台拓檔案」第795号、「運輸関係書類」。

(66) 大蔵省管理局『日本人の海外活動に関する歴史的調査・海南島編（通巻第29冊）』、173〜175頁。

(67) 「台拓檔案」第1423号、「海南島牧畜事業計画書　昭和17年」、「支第1124号　昭和17年海南島農林事業補助金下附ノ件申請」昭和17年10月29日。

(68) 「台拓檔案」第1096号、「海南島ニ於ケル自動車運輸事業概況　昭和16年」。

(69) 王文山「陵水県公路史話」中国人民政治協商会議海南島陵水黎族自治県委員会文史組編『陵水文史』海南：陵水、1988年、106頁に収録。

(70) 「台拓檔案」第1532号、「海口自動車部関係書類　昭和18年」、「海南特機密第14号ノ153道路橋梁愛護修理ニ関スル件通牒」。

(71) 「台拓檔案」第521号、「代用燃料部分品購入関係　昭和15年上」、「海自第298号　代用燃料自動車ニ関スル件」、22〜25頁。

(72) 「台拓檔案」第2825号、「海南島農林其他事業書類」、214〜245頁。

(73) 「台拓檔案」第1096号、「海南島ニ於ケル自動車運輸事業概況　昭和16年」。

(74) 台湾拓殖株式会社調査課編『事業要覧（昭和19年）』28頁。

注 191

- (75) 『海南島』2：5、1942年5月、46頁。
- (76) 「台拓檔案」第752号、「海南島関係文書　昭和15年下」、「経第448号決算書ニ関スル件」、704頁。
- (77) 台湾拓殖株式会社調査課編『事業要覧（昭和19年）』28頁。三日月直之『台湾拓殖会社とその時代』福岡、葦書房、1993年、474頁。
- (78) 「台拓檔案」第1104号、「海南島開発事業計画書　昭和16年」。
- (79) 「台拓檔案」第1434号、「楡林都市建設」、「支第238号　桂商会・田村組ノ楡林割当地並工事ニ関スル件」昭和16年12月6日。
- (80) 台湾拓殖株式会社調査課編『事業要覧（昭和14年）』33頁。
- (81) 日本軍政当局は三亜の基地の性質を強化するため、元・三亜の住民に内地の紅沙村一帯に引越するよう強制した。後には三亜付近の楡林新都市計画に展開し、楡林は日本人の都市になった。台拓建築部門の関連檔案（資料ファイル）および永田稠『南方拓殖第一報』東京、日本力行会、1943年、28頁。
- (82) 「台拓檔案」第1434号、「楡林都市建設」、「三亜第314号　楡林都市計画ニ関スル件」昭和16年5月13日。
- (83) 台湾拓殖株式会社調査課編『事業要覧（昭和19年）』28頁。
- (84) 日本外務省外交史料館蔵、日本外務省記録1・2、5－2「海軍南方軍政関係・海南島関係・海南島農林業開発関係」「第5回海南島開発協議会報告書」昭和18年7月、付録35頁。
- (85) 台湾拓殖株式会社調査課編『事業要覧（昭和19年）』28頁。
- (86) 『台拓社報』第37号、昭和14年7月31日、184頁。
- (87) 「台拓檔案」第1426号、「海南島農業開拓民ノ経営委託ニ関スル件　昭和17年」、「主第160号事業資金借入認可申請ノ件」。
- (88) 上に同じ。
- (89) 日本外務省外交史料館蔵、「第5回海南島開発協議会報告書」64頁。
- (90) 永田稠『南方拓殖第一報』24頁、335〜336頁。
- (91) 台湾拓殖株式会社調査課編『事業要覧（昭和19年）』27頁。
- (92) 「台拓檔案」第918号、「海南島3カ年計画書参考資料綴」、「支2第296号　海南島開発計画樹立ニ関スル件」昭和16年4月12日、30頁。
- (93) 日本外務省外交史料館蔵、日本外務省記録1・2、5－2「海軍南方軍政関係・海南島関係・海南島農林業開発関係」、「第5回海南島開発協議会報告書」昭和18

192　第5章　台湾拓殖株式会社における海南島事業の研究

年7月、65頁。

(94)　台湾拓殖株式会社調査課編『事業要覧（昭和19年)』28頁。

(95)　日本外務省外交史料館蔵、日本外務省記録1・2、5－2「海軍南方軍政関係・海南島関係・海南島農林業開発関係」、「機密海南警備府命令第80号」。

(96)　著者不明「所望於瓊崖当局者―為瓊崖臨時政府成立2週年紀念而写」、「迅報言論集」、海口：海南迅報社、244頁。

(97)　著者不明「瓊崖民食問題」、「迅報言論集」、257頁。

(98)　東嘉生「躍動する海南島経済」『台湾時報』第269巻、昭和17年5月、35頁。

(99)　日本外務省外交史料館蔵、日本外務省記録1・2、5－2「海軍南方軍政関係・海南島関係・海南島農林業開発関係」、「第5回海南島開発協議会報告書」昭和18年7月、51頁。

(100)　栗宗嵩「海南島水利建設調査報告―日人開発海南島水利計画述要」『珠江水利』1、1947年、5頁。

(101)　『台拓檔案』第1055号、「昭和16年度南支南洋補助事業計画書」、「昭和16年度農林業計画並収支計算書」53頁。

(102)　栗宗嵩「海南島水利建設調査報告」『珠江水利』1、1947年、6頁。

(103)　山崎光美『海南島一周産業経済視察記』台北、台湾総督府衛生部、1942年、29頁。

(104)　Justin Adam Schneider, "The Business of Empire: The Taiwan Development Corporation and Japanese Imperialism in Taiwan, 1936-1946," pp.284-286.

(105)　小池聖一「海軍南方「民政」」、143頁。

(106)　大蔵省管理局『日本人の海外活動に関する歴史的調査・海南島編（通巻第29冊)』、133～135頁。

(107)　Justin Adam Schneider, "The Business of Empire:" pp.285-287.

(108)　大蔵省管理局『日本人の海外活動に関する歴史的調査・海南島編（通巻第29冊)』、208頁。

(109)　上に同じ、129～130頁。

(110)　著者不明「島の短信」『海南島』2：8、1942年8月、46頁。

(111)　田中長二郎「海南島と綿作」14頁。田中長二郎「農林新様相と海南島」『海南島』4：2、1944年2月、6～7頁。

(112)　伊田浩一「南部地方の農業視察報告書」『海南島』2：9、1942年9月、2～

注　193

　　　3頁。伊田は石原産業の嘱託を受けて、田独鉄鉱付近の農園を調査した。

（113）　1944年になると、海南島の各開発会社は時局の変化に応じて、「海南島開発協
　　　議会」を組織し、1942年に組織した協議会を「海南島開発八幡協議会」に名称を
　　　変更した。『海南島』4：8、1944年8月、3頁。

（114）　著者不明「海南問答」『海南島』2：9、1942年9月、52頁。

（115）　戸国清太「美しき海南島」『海南島』2：9、1942年9月、19頁。

（116）　大蔵省管理局『日本人の海外活動に関する歴史的調査・海南島編（通巻第29
　　　冊）』、129〜130頁。

（117）　『台拓社報』第12号、昭和12年5月21日、195〜196頁。

（118）　『台拓社報』第38号、昭和14年8月15日、193〜194頁。

（119）　『台拓社報』第35号、昭和14年5月31日、101〜103頁。

（120）　「台拓檔案」第1487号、「島内店所長会議事項　昭和18年」、32頁。

（121）　青木茂「前総督府海口出張所長」、「海南島開発台湾」、台湾経済年報刊行会編
　　　『台湾経済年報　昭和18年版』台北、南天出版社、1996年、（1943年の復刻版）。

（122）　「台拓檔案」第887号、「海口支店自動車部　昭和16年」「海字第886号　動力用
　　　品購入ノ件」。

（123）　「台拓檔案」第527号、「雑書　昭和15年」「海外向物資輸送手続ニ関スル件」
　　　210〜221頁。

（124）　「台拓檔案」第920号、「海口支店宛関係書類綴　昭和16年」、「日資第207号海
　　　外向物資ノ購入並ニ積送ニ関スル件」、91〜93頁。

（125）　「台拓檔案」第423号、「海南島塩業調査」、加藤社長が海口長瀬嘱託宛「塩ノ
　　　取扱ニ関スル件」、1939年4月14日。

（126）　日本外務省外交史料館蔵、日本外務省記録1・2、5−2「海軍南方軍政関
　　　係・海南島関係・海南島農林業開発関係」、「第5回海南島開発協議会報告書」昭
　　　和18年7月、52頁。

（127）　「台拓檔案」第918号、「海南島3箇年計画書参考資料綴」、「支2第296号　海
　　　南島開発計画樹立ニ関スル件」昭和16年4月12日、36頁、173〜175頁。

（128）　「台拓檔案」第1084号、「楡林工務所関係」、「東第2009号　楡林都市計画ニ関
　　　スル件」昭和16年6月2日。

（129）　永田稠『南方拓殖第一報』27頁。

（130）　「台拓檔案」第752号、「海南島関係文書　昭和15年下」、「経第448号　決算書

194　第5章　台湾拓殖株式会社における海南島事業の研究

　　　　ニ関スル件」、703〜709頁。

（131）　『台拓社報』第117号、昭和17年12月15日、15頁。

（132）　日本外務省外交史料館蔵、日本外務省記録1・2、5－2「海軍南方軍政関
　　　　係・海南島関係・海南島農林業開発関係」、「第5回海南島開発協議会報告書」昭
　　　　和18年7月、20頁。

（133）　「台拓檔案」第1224号、「海南島向物資関係書類」、「支第999号　海南島送リ物
　　　　資取扱方途改正ノ件」昭和17年9月14日。

（134）　高井草彦「一番よい方法は頭を働かせることだ」『海南島』4：9、1944年9
　　　　月、29〜36頁。

（135）　閉鎖機関整理委員会編纂『占領期閉鎖機関とその特殊清算』18頁、300頁。

（136）　吉章簡、華實編『海南島興開発』香港：亜洲出版社、1956年、138頁。

（137）　許公武訳『海南島』南京、新中国出版社、1948年、42頁、46頁、49頁、50頁、
　　　　52頁。

（138）　鍾淑敏「明治末期台湾総督府的対岸経営─以樟脳事業為例」『台湾風物』43：
　　　　3、1993年9月、197〜230頁。

（139）　台湾拓殖株式会社調査課編『事業要覧（昭和19年）』5〜22頁。三日月直之
　　　　『台湾拓殖会社とその時代』福岡、葦書房、1993年、464〜470頁。

（140）　「台拓檔案」第417号、「支那事変以来中南支ニ於ケル軍ニ対スル協力状況」。

第6章 台湾拓殖株式会社の政商ネットワーク関係

（1936～1945年）

朱 　 徳 　 蘭

1. 前言

　台湾拓殖株式会社（以下、台拓）は1936年に創設され、これは台湾総督府が日本政府の南進政策に合わせて、開発、軍需資源の補給の目的のために設立した国策企業である。台拓の本店は台北に設け、支店、事務所および事業地はアジアの各大都市に設置された。創業当初の資本額は3,000万円で、主な株主は台湾総督府が国有地で出資の2分の1の株券を占め、大日本製糖、明治製糖、台湾製糖、塩水港製糖、三井物産、三菱本社、東洋拓殖などの日系大企業が共同で3分の1の株券を占めていた。残りの6分の1の株券は多くの日台零細株主が所有した。台拓は総合型の多国籍企業であり、投資事業は土地の貸出、農業、林業、水産業、畜産業、工業、商業、鉱産業、製氷業、建築業、交通運輸業、金融業および移民業などを含んでいて、広範囲にわたっていた。しかしながら、1945年8月10日の日本の敗戦投降後、アメリカをトップとする同盟軍総司令部は、日本の軍国主義を取り除くために、台拓を含む1,089の軍事的色彩の会社および統制団体を閉鎖することを命じた。そのために、同年9月30日に台拓の営業停止を公布し、営業停止前の資産の清算額は1億3,540万335.58円であった[1]。

　戦時、台拓は大規模な投資活動に従事し、台湾の経済発展史の中で重要な部分を構成していた。過去において、専門家・学者は台拓の台湾での工業化の推進および戦争に対する協力の役割を探求した。軍事、政治および経済の視点から、それぞれ台拓の設立の背景、人事組織、事業の経営、投資地域、および台

196　第6章　台湾拓殖株式会社の政商ネットワーク関係

拓と軍国主義との間の関連問題について、多くの緻密な、深く入り込んだ検討を行い、相当した顕著な成果をあげることができた[2]。しかし、これらの研究では、台拓が資本集積過程の中で、その指導幹部にはどんな人脈関係があったのか、如何にして資本の拡張に有利な社外活動を採用したのか、如何にして日本社会の伝統慣習を運用してその政商関係を展開したのか、日本政府は軍事版図を拡張するために、帝国主義を推進し、台拓の実施に対してどのような支援と支配の両面政策を実施したのか、これらの疑問について、いままで論じられた論文などが少ない。本論はこの空白を埋め、台拓の文書資料を基礎に、人的関係および企業行為の視点から試み、台拓の指導幹部と社交活動、台拓の寄付行為および寄付の対象、日本の国家権力の台拓の支援と支配に対する実情などの項目から、実証的な分析を行う。

2．台拓の指導幹部と社交活動

（1）指導幹部

「台湾拓殖株式会社法施行令」の規定に基づいて、社長は企業の総管理の業務を担当し、副社長は社長の職務を補佐して、台湾総督の任命、拓務大臣（1942年からは内務大臣に変更、以下、同じ）の認可を経て、任期はそれぞれ5年間で、連続して選任することができた。理事は2種類に分けられ、常務理事は各部門の業務を分掌し、理事は社長に協力するが職務を担当せず、任期はすべてが4年間であった。監事は監査の業務を担当し、任期は2年間であった。理事は株主総会から2倍の人数を選抜し、台湾総督の任命、拓務大臣の認可を経て、連続して選任することができた。しかし、規定では社長、副社長、常務理事は、その他の職業や商業活動に従事することは認められない。ただし、台湾総督の同意を得た場合は、制限を受けないことになっていた[3]。台拓の歴任社長、副社長、理監事のリストは表6－1を参照されたい。そして、指導幹部が台拓投資関係企業の兼任人数は表6－2に示される。合計7名が17の会社の担当者の職務を兼任している。

2．台拓の指導幹部と社交活動　197

表6－1　台拓歴任の社長、副社長、理監事の名簿（1936-1945年）

職称／任期	第Ⅰ任	第Ⅱ任	第Ⅲ任
社長／5年 人数1名	1936-1941 加藤恭平	1941-1944 加藤恭平（辞職）	1944- 河田烈
副社長／5年 人数1名	1936-1941 久宗董	1941-1944 久宗董（辞職）	1944- 大西一三
理事／4年 人数5～7名	1936-1940 日下辰太 高山三平 大西一三 松木幹一郎（死去） 赤司初太郎 原邦造 井坂孝	1940-1944 日下辰太 高山三平 大西一三 越藤恒吉 赤司初太郎（死去） 原邦造 井坂孝（卸任） 山口勝（1942新任） 石井龍猪（1942新任）	1944- 宮本広大 堤汀 越藤恒吉 原邦造 山口勝
監事／2年 人数2名	第Ⅰ、Ⅱ、Ⅲ任 1936-1942 藤山愛一郎 第Ⅰ任 1936-1938 宝来亀四郎（卸任） 第Ⅱ任 1938-1940 米村佐一郎（卸任）	第Ⅲ、Ⅳ任 1940-1942 吉田秀穂 第Ⅳ任 1942-1944 藤山愛一郎（卸任）	第Ⅳ、Ⅴ任 1942-1944- 吉田秀穂 第Ⅴ任 1944- 山田貞雄

（出所）昭和14年7月1日「役員及職員名簿」、台拓文書第371号、「高雄往復書類、他課往復書類諸通」、昭和14年に収録。台拓『第一〜第九回営業報告書』。台拓文書第2435号、「営業報告書」、昭和12-14年。同・第2433号、「計算証明書類」、昭和12-13年。同・第358号、「社債関係書類」、昭和14年。同・第2454号、「認可申請関係綴」、昭和13-15年。同・第815号、「報告事項目録」、昭和16年。同・第2570号、「雑文書」、昭和15-18年。同・第1484号、「第七回定時株主総会書類」、昭和18年。同・第1643号、「計算証明書」、昭和18年。同・第1997号、「許可申請営業報告損益予算書」、昭和19年度に基づいて作成。

　一般的に言えば、指導幹部が人脈資源を上手に運用ができることは、企業が成功できる重要なカギである。なぜ台拓は広大な人脈関係ネットワークを擁したのかを探求し、さらに進んで豊富な資源を擁した原因を掌握することができたのか。以下の若干の幹部の履歴資料から大まかに窺うことができる。

1）初代社長・加藤恭平（初任：1936年11月から、再任1回、1944年11月の任期前に辞職）

　加藤恭平、明治16年（1883）に神戸に生まれ、徳川幕府将軍所属の加藤祖一の次男。1905年に東京帝国大学法学部英法学科の卒業後、著名な三菱合資会社の香港支店長を担当し、大正7年（1918）に三菱商社大阪支店長に転任し、神

198　第6章　台湾拓殖株式会社の政商ネットワーク関係

表6-2　台拓投資関係企業および指導幹部の兼任職務（1937-1943年）

単位：日本円

事業別	関係企業名称	本店所在地	設立年月日	代表者／社長	資本額	台拓出資比率	備考
拓殖事業	台東興発㈱	台東	1937. 4.10	渡辺　晋	150千円	6.67%	
	台湾棉花㈱	台北	1937. 5. 5	山田　拍採	3,000千円	100%	
	福大公司㈱	台北	1937.11. 1	藤山　愛一郎	6,000千円	21%	
	台湾野蚕㈱	台北	1938.12.29	山口　勝	100千円	50%	
	印度支那産業㈱	仏印ハノイ	1938. 1.20	堤　秀夫	5,000千ピアストル	100%	
	台湾畜産興業㈱	台北	1938. 3.29	加藤　恭平	5,000千円	35.15%	
	星規那産業㈱	台北	1938. 8.20	日下　辰太	1,000千円	62%	
	中支那振興㈱	上海	1938.11. 7	兒玉　謙次	100,000千円	0.1%	
	拓洋水産㈱	高雄	1939. 4. 1	加藤　恭平	2,000千円	50%	
	新竹林産興業㈱	新竹	1940. 2.27	石井　龍猪	190千円	50%	
	比律賓産業㈱	マニラ	1940. 7. 8	前田　稔	500千ピアストル	39.5%	
	新高都市開発㈱	台中	1943. 3.31	加藤　恭平	4,800千円	10.41%	
	海南畜産㈱	海口	1943. 8.10	宗村　亮	2,000千円	54%	
	印度支那農林㈱	ハノイ	1944設立準備		予定200千ピアストル	予定100%	
商業	㈱南興公司	台北	1938. 6.15	高橋　親吉	2,000千円	45%	
	台湾金属統制㈱	台北	1938.11.12	肥後　誠一郎	500千円	0.1%	
工業	イヅナ土地建物㈱	ジャバトロナグン	1921. 9.14	矢部　英夫	100千ギルダー	100%	
	台湾国産自動車㈱	台北	1937. 7.30	杉原　佐一	500千円	10%	
	台湾パルプ工業㈱	台中	1938. 2.20	藤山　愛一郎	10,000千円	0.25%	
	台湾化成工業㈱	台北	1938. 3. 1	赤司　初太郎	10,000千円	17%	セメント
	南日本塩業㈱	台南	1938. 6.30	一宮　銀星	10,000千円	30%	塩
	東邦金属製錬㈱	花蓮港	1938. 7.28	赤司　初太郎	10,000千円	2.5%	
	南日本化学工業㈱	高雄	1939.10.21	中島　藤太郎	15,000千円	25%	臭素
	台湾単寧興業㈱	新竹	1940. 4.17	日下　辰太	500千円	50%	タンニン
	台湾通信工業㈱	台北	1941. 4. 8	中上　豊吉	1,500千円	10%	
	台拓化学工業㈱	嘉義	1943. 3. 1	久宗　董	20,000千円	75%	ブタノール
	報国造船㈱	基隆	1943.12.27	近江　時五郎	3,000千円	10%	造船
	高雄造船㈱	高雄	1943.12.27	本地　才一郎	4,000千円	7.5%	造船
鉱業	開洋燐鉱㈱	台北	1937. 3.16	加藤　恭平	1,000千円	50%	燐鉱
	飯塚工業㈱	東京	1937. 7.19	飯塚　茂	3,000千円	5.80%	鉄鉱
	印度支那鉱業㈱	ハノイ	1938. 1.20	仏・ドウゲー	1,000千ピアストル	99%	鉄鉱
	台湾産金㈱	台北	1939.12.22	加藤　恭平	2,000千円	50%	石炭
	台湾石炭㈱	台北	1941. 8. 6	今川　淵	7,000千円	14%	石炭
	帝国石油㈱	東京	1941. 9. 1	橋本　圭三郎	260,000千円	0.96%	石油
	台湾石綿㈱	台北	1941. 9. 2	加藤　恭平	1,000千円	60%	石綿
	クロム工業㈱	台北	1942. 3.23	加藤　恭平	2,000千円	50%	クロム
	稀元素工業㈱	台北	1943.10. 1	加藤　恭平	1,000千円	100%	ジルコン
運輸交通	台湾海運㈱	高雄	1937. 6. 8	本地　才一郎	650千円	8.6%	
	南日本汽船㈱	台北	1940.10. 1	後宮　信太郎	15,000千円	3%	
	開南航運㈱	台北	1941. 5. 2	高山　三平	600千円	75%	
	㈱航空ホテル	台北	1943. 9.29	木村　泰治	600千円	17%	
金融	戦時金融金庫	東京	1942. 4.18	小倉　正恒	3億円	財産目録	

（注）㈱は株式会社の略称。1ピアストルや1ギルダーは日本の1円に相当。
　　　人名の下に線を入れた人は表1で登場する台拓の指導幹部。
（出所）台湾拓殖会社編『事業要覧』台北：台湾拓殖会社、1944年、47-49頁。

戸支店長、本社金属部と機械部部長を担当した。1921年に常務取締役に昇格し、昭和10年（1935）に三菱合資会社の理事に就任した。1936年（53歳）に台湾総督から台拓国策会社の社長に選任され、1937年に台拓投資企業の福大公司社長を兼任し、台湾総督府評議員、1939年に台湾電力株式会社社長、三菱グループの台湾化成工業株式会社取締役を新たに兼任した。国際的活躍によって、仏領インドシナ（今のベトナム、ラオス、カンボジア）、ベルギー、フランスなどから名誉勲章の贈呈を受けた。

　加藤は東京帝大卒の高学歴と専門性、熱意、主動的、効率追求、仕事に責任感などを持つ指導者の素質を備えていた。それに、氏は三菱企業に長年勤務し、日本の中央政府との協力関係が良かった。そして、台湾総督府の台湾統治政策に協力し、台湾で投資を行い、パイナップル缶詰食品、製紙、水産、鉱産、アルミ製造、高雄港船渠、肥料の輸出入、石油販売、金融、化学、金属などの事業の政商背景も人よりひときわ優れていて、それも加藤が台拓の社長に選ばれた理由であった。加藤の閲歴が豊富で、古い関係を利用して新たな関係を進展させ、小林躋造総督（任期：1936〜1940年）、長谷川清総督（任期：1940〜1944年）との友情が密接で、台湾総督府評議員に招聘され、政界と産業界で活躍し、政商有力者の中で交流が頻繁であった。

　加藤が台拓社長に就任した前期（1936〜1940年）は、台湾総督府から提供された土地実物の貸出を主とし、投資および生産は副であった。それによって、土地の収入比率は総営業収益額の52〜93.9％を占めていた（表6－3）。このように信頼された、膨大な土地収入は氏の事業拡大の起動力になり、前期の投資項目の中では主に土地と関連する畜産、水産、農業と林業に従事していた（表6－2の拓殖事業の類別を参照）。1941年以降、前に述べた土地、拓殖、貸付などの業種別の収益を含めて、それに国庫の補助金（詳細は後述）を加えて、石綿、クロム、化学工業、希少原料、海運などの戦時経済に関係する事業（表6－2の鉱工業、交通運輸業類別を参照）に投資を拡大した。加藤は柔軟に運用し、多元的に資源を統合した結果、明らかに見えたのは、その投資および生産事業の利益が土地収入を遙かに凌駕したことであった。言い換えれば、投資および生

200　第6章　台湾拓殖株式会社の政商ネットワーク関係

表6-3　台拓会社の歴年営業収益額（1937-1945年）

単位：（日本）万円

年　度 期　別	1937 第1期	1938 第2期	1939 第3期	1940 第4期	1941 第5期	1942 第6期	1943 第7期	1944 第8期	1945 第9期
総 収 益	42.6 100%	167.9 100%	220.3 100%	292.4 100%	389.8 100%	515.4 100%	763.7 100%	979.9 100%	1,084.6 100%
土地収入	40.0 93.9%	151.2 90%	147.4 66.9%	152.2 52%	149.0 38%	148.3 28.8%	159.3 20.9%	155.0 15.8%	166.8 87.7%
貸付利子	－ 	0.4 0.25%	7.9 3.6%	24.2 8.3%	28.8 7.2%	34.8 6.8%	34.4 4.5%	57.9 5.9%	73.3 0.7%
投 資・ 事業収益	－ 	－ 	33.9 15.4%	86.36 29.5%	165.9 42.6%	224.2 43.5%	401.2 52.5%	593.4 60.6%	805.5 74.3%
販売部分 土地収益			9.49 4.3%	2.27 0.78%	3.21 0.82%	0.27 0.05%	2.66 0.35%	0.95 0.1%	3.07 0.28%
有価証券 利　子						0.13 0.03%	0.27 0.04%	0.34 0.04%	0.3 0.02%
預金利子	2.5 6%	7.57 4.5%	4.88 2.2%	7.68 2.6%	2.8 0.7%	4.63 0.9%	5.87 0.77%	7.46 0.76%	3.26 0.3%
国　庫 補 助 金		8.76 	16.0 7.3%	16.2 5.6%	37.3 9.6%	95.6 18.5%	154.6 20.2%	158.2 16.2%	26.0 2.4%
雑 利 益		8.76 5.2%	0.58 0.26%	3.41 1.2%	3.51 0.9%	7.48 1.5%	5.39 0.7%	66.11 0.68%	6.06 0.56%
当期損失	34.2	121.5	180.0	229.8	326.0	431.8	629.6	813.4	887.3
純 利 益	8.41 19.7%	53.49 27.6%	55.24 18.3%	62.54 21.4%	63.77 16.4%	83.55 16.2%	134.09 17.6%	166.5 17%	197.3 18.2%

（注）本表の金額は四捨五入を採用。台拓会計年度は4月1日から翌年3月31日まで。
　　　1938年の台拓は日本政府の補助金を「雑利益」欄に記入。
（出所）台拓「第一回から第九回営業報告書」に基づいて作成。

産事業の利潤比率は、1941年の42.6%から1944年の60.6%に増加した（表6-3）。しかしながら、軍部が権力を掌握した戦争末期（1944〜1945年）に、台湾軍兵事部が持続的に中堅幹部を軍に入隊させ、兵源を補充するようになった。加藤は反対の意を示さず、国策事業も掣肘を受け、そのために任期前に辞職を選択した[4]。

2．台拓の指導幹部と社交活動　201

２）２代目社長・河田烈（新任、任期：1944年11月から5年間）

河田烈は明治16年（1883）に東京で生まれた。1908年に東京帝国大学政治学科卒業、在学期間に文官高等試験に合格したため、卒業後に大蔵省に入省し働いた。税務監督官、大蔵大臣秘書官、大蔵省書記官、主計局予算決算課長、主計局長などを歴任した。昭和4年（1929）に大蔵省次官に昇格し、1932年に拓務省次官、1934年に岡田啓介内閣の書記官長を歴任し、貴族院勅選議員に選ばれ、1938年に台拓の顧問を兼任、1939年に東亜海運株式会社の取締役社長に就任し、1940年に近藤文麿内閣の大蔵大臣に就任した。1941年に東亜海運株式会社取締役社長に再任し、1944年（61歳）に台拓社長に就任した。河田は中央政府の高官を歴任した経歴、物事を処理するには緻密で周到であり、協調性に優れた特性を持ち、それが政府から重宝された原因であった。それと前後して、国策会社の東亜海運社長、台拓社長に就任した。河田は戦争末期の情勢悪化の際に、万難を排して政府のために軍需品を調達し、台拓の営業利益を単に増加させただけではなく、かつ、1952年に日本と中華民国が戦後に「日華平和条約」を締結した時に、日本側の締結代表を務め、氏の個人の政治史に新たな1ページを記録した[5]。

３）初代副社長・久宗董（初任：1936年11月から、再任1回、1944年11月の任期前に辞職）

久宗董、明治12年（1879）に和歌山に生まれ、1906年に東京帝国大学政治学科卒業後、台湾銀行に就職し、1920年（大正9）に台湾銀行の理事に昇格した。1933年（昭和8）に昭和製糖株式会社の専務取締役に就任し、1936年（57歳）に台拓の副社長に転任した。1944年、久宗は65歳の高齢で負荷が大きい重任に堪えられず、任期の満期前に辞職し、台拓の子会社の台拓化学工業会社の社長職のみに専任した。久宗は台湾銀行に20年余り在職し、人に対し穏やかで、誠実であり、意見の交流と協調が得意であった。1927年に昭和金融恐慌時に、台湾銀行が破産の運命に直面した際に尽力して蘇生させ、政界と商業界から注目されるようになった。台拓は投資事業の種類が多く、分布する地域が広く、資金

202 第6章 台湾拓殖株式会社の政商ネットワーク関係

の流通が速く、金融界からは信用に頼って巨額の融資を提供してもらった。そのために、台湾総督は銀行業務に熟知し、金融界で名声をあげていた久宗を副社長に就任させ、台拓の資金回転に協力させた[6]。

4）2代目副社長・大西一三（理事任期：1936年11月から、再任1回、1944年11月に任期満期、副社長任期：1944年11月から5年間）

大西一三、明治23年（1890）に大阪に生まれ、大阪府立北野中学を卒業後、1907年に台湾銀行大阪支店に就職し、銀行員になった。1916年（大正5）に国連経済会議委員付書記に就任し、欧米諸国を周遊して、1917年から1920年までに台湾銀行ロンドン支店の幹事を担当した。1926年（昭和元）に日本製粉株式会社取締役に就任し、1928年に三菱系の塩水港製糖株式会社の常務取締役を担当した。その後、花蓮港木材株式会社の取締役、台湾生薬株式会社の監査役、安部幸商店の監査役を兼任した。1936年（46歳）に台拓の初代常務理事兼総務部部長を担当し、そのほかに、台拓が投資した台湾国産自動車、台湾棉花、印度支那産業、開洋燐鉱などの関連企業の常務取締役を兼任した。大西は台湾銀行、大型商社の重要職務を歴任し、産業界には豊富な人脈関係の背景を擁した。それに、台拓の総務部部長の経験を持ったことも、台湾総督から重視されて台拓の2代目の副社長の人選に選ばれた総合的な要因であった[7]。

5）理事・日下辰太（任期：1936年11月から、再任1回、1944年に任期満期）

日下辰太、明治23年（1890）に岡山に生まれ、1916年に東京帝国大学法学部独法科を卒業後、同年に中央政府の農商務属に就任した。高等文官試験に合格し、臨時産業調査局の事務官、水産局の書記官、農商務省の参事官、商工省の書記官などを歴任した。1930年（昭和5）に関東庁内務局の殖産課長に任命され、1932年に関東庁の内務局長に昇進し、1934年に関東局の司政部長に昇格した。1935年に台中州知事に転任した。1936年（46歳）に台拓の常務理事兼拓務部部長を担当し、1938年に台拓子会社の星規那産業会社社長を兼任して、1939年に台拓が投資した南日本化学工業株式会社の取締役を再び兼任し、1940年に

別途の台拓子会社の台湾単寧興業会社の社長を兼任した。1944年に理事期限の満期後、台拓子会社の台湾棉花会社の取締役に転任した。日下は日本中央政府、満州、台湾の高官を歴任し、政界の動態に熟知した経歴を持っていた。当時、氏が働き盛りで、これからという年齢であったのが、氏が台拓の常務理事兼拓務部部長の要職に再任した理由であった[8]。

　6）理事・高山三平（任期：1936年11月から、再任1回、1944年11月に任期満期）
　高山三平、明治25年（1892）に静岡に生まれ、1917年（大正6）に東京帝国大学独法科の卒業後、農商務省の事務官、山林局の商工事務官、保険課、特許局の登録課長、拓務省の殖産局第一課長、第三課長、拓務大臣の秘書官、大臣官房秘書課長、拓務省の拓務局長などの要職を歴任した。1936年（44歳）に退職後、台拓の常務理事兼業務部部長に就任し、1941年に台拓子会社の開南航運会社社長、クロム工業、福大公司、飯塚鉄鉱株式会社など関連企業の取締役を兼任した。そのほかに、南洋栽培協会の理事を兼任した[9]。前に述べたように、高山は拓務省長官を歴任した背景から、台拓の中央政府に対する営業資源の探究、多角化産業の活動の展開に推進的な役割を果たした。

　7）理事・石井龍猪（新任、任期：1942年10月から4年間）
　石井龍猪、明治30年（1897）に佐賀に生まれ、1921年（大正10）に東京帝国大学法学部政治科の卒業後、高等文官試験に合格した。台湾総督府の州理事官、高雄州勧業課長、台中州教育課長を歴任、1929年（昭和4）から総督府事務官に昇任し、警務局衛生課長、台南州内務部長、台北市尹（市長）、台南州知事、台湾総督府拓殖局長、総督府内務局長などの要職に就任した。1941年に台湾総督府の殖産局長兼台拓監理官に転任し、1942年10月に辞職した。同年（45歳）に台拓の常務理事に就任した。台拓事業の直接的監督機構は台湾総督府であり、石井は総督府拓殖局長、内務局長、殖産局長などを歴任した政務官の経歴を持ち、台拓にとって台湾の官側から資源の獲得、島内の産業活動の推進に極めて有能であった[10]。

204　第6章　台湾拓殖株式会社の政商ネットワーク関係

核心的人物が政界、商業界から台拓へと転任した原因は詳細ではないが、彼らの豊富な経歴からその特徴を発見することができる。（1）チームを指導する水準の高い人物が揃っていた。素質が優れ、高学歴、専門性、仕事に一生懸命打ち込み、および行政主管担当の経歴、かつ、積極的に、頑張る中壮年、働き盛りの腕利きの人材が多い。（2）台拓の幹部は高官出身の人材が多く、日本政府、台湾総督府は監督および台拓の信用を増加させる目的があり、素早く、有効的に台拓の事業を立ち上げる意味を持って、台拓に多くの人事上に援助を与えていた。（3）指導者チームは政界、金融界、産業界のエリートによって構成された。このようなエリートによる集積効果によって、台拓は国策会社および営利会社の経営活動の二重の目的を同時に兼ねて実現することができた。

（2）社交活動

　通常、成功した企業は対外的に接触する一人一人を顧客として見なし、または、資源獲得の可能な対象とする慣習が見られた。台拓と取引に関わる顧客はどんなものなのか。台拓の社交活動は展開する事業に対しどんな役割を果したのか。これは検討に値する課題である。前に述べたように、台拓が導入した人材戦略から言えば、台拓の指導者チームは毎週の水曜日午前9時に本社で役員会議が開催され、社長、副社長、常務理事などが出席メンバーであった。参与、理事と監事は参加しないが、重要な会議の場合、出席して意見を発表する。役員会議の中で、事業の計画、予算の作成、人事異動、営業方針、資金運用、株式の配当、経営効率の検討などが討論の議題であった。人材の登用から言えば、特に台拓は幹部外交を通じて、人材を探し出すことを重視していた。例えば、支店長、事務所所長の地方業務会報の開催時に、各級の主管に要求し、現地の有力者と密接な連絡を保持し、優秀な人材を募集して企業に貢献してもらった[11]。

　台拓の事業は多く、必要とする人材が不足のために、各領域の専門人材の招聘の要請があった。そのために、前に述べたチャンネルを通じて人材を集めるほかに、指導幹部は総督府、地方官庁との多元的な交流関係を存分に構築し、

官側から既に養成した専門知識と経験のある人材を直接的に提供してもらった。例えば、定例的に行われた毎月第1週の月曜日の昼、台北市鉄道飯店で「台拓技術懇話会」を開催し、台湾総督府管轄の殖産局、内務局、財務局、専売局、中央研究所など、部門の主管と技術官僚、台北帝国大学の勅任級教授などの出席を誘った。台拓方面の参加者は、指導幹部、各課の課長と幹事である。この定期的に開催された懇話会での主な交流議題は、台拓の事業を如何にして有効的に推進するかを討論した。

　そのほかに、不定期に開催される社交活動も頻繁に行われ、例えば、台北公会堂（現在の中山堂）は常に「協議会」、「座談会」、「交流会」などが開催され、会議の中で台湾総督府と地方官庁の主管、技術官僚の出席を要請し、指導を行うか、講師を務めさせた[12]。

　次に、台拓が政界関係の開拓について、外務省使節の木村鋭市、大蔵大臣の河田烈および軍部関係と密接な関係を持つ浜田吉次郎を招聘し、会社の顧問に就任させた。また、毎年500円の会費を支払い、政府の外郭組織の「台湾協会」の特別会員を担当した[13]。台拓も創業記念日および節日を利用し、政治的な社交活動に従事した。例えば、台拓の創業2周年記念祭の時、台北本社は当日の朝8時30分に全員が集まって台湾神社で聖寿無疆、皇軍の武運長久および社務の興隆を祈り、昼には従業員全員に1人前の赤飯が送られ、喜びを分けあった。午後には理事、秘書課長、副参事などの幹部が台拓を代表し、台北陸軍医院で患者を慰問して、慰問金を贈呈した。

　台南支店のスケジュールでは、午前9時30分に全員一同を集めて、台南神社に参拝した。その後、支店長が台拓を代表して台南陸軍医院で患者を慰問し、慰問金と礼品を贈呈した。1943年、台拓本社の創業7周年記念祭の時に、定例の活動をアレンジしたほかに、台湾の陸軍と海軍にそれぞれ3,000円を寄付した。創業8周年記念祭の時には、国防基金6,000円を寄付した。

　台拓の新年活動も同じように政治的な意義を持っていた。具体的に言えば、1939年1月1日の午前9時に副社長、台北本社の指導幹部、各課の課長は先に台湾神社に参拝し、9時50分に社員が再び社長室で集合、10時に新年典礼、団

206　第6章　台湾拓殖株式会社の政商ネットワーク関係

体祝賀、その後、副社長は社長にかわって新年の挨拶（社長が東京に出張）を行い、全員が共に冷酒で乾杯して祝った。11時に副社長、各幹部、各課長は公会堂で官民の団体祝賀に参加した。その後、副社長が幹部を引率し、台湾総督、長官、軍司令官などの官邸を巡回して新年の挨拶を行った[(14)]。

　次に、台拓幹部も出張の機会を利用して、頻繁に交際活動を行った。例えば、1937年1月9日に加藤恭平社長が大阪堺卯楼で盛大な宴会を開催し、関西財界と台湾の有力者60数名を招待して交流を行った。同年3月11日、高山三平常務理事は香港に出張し、日本領事官の水沢孝策および台湾銀行、横浜正金銀行、三井、三菱、日本綿花、東洋綿花などの大企業の香港駐在支店代表を訪問した。3月15日にバンコクに行き、日本領事官の森喬、拓務省駐タイ大使の大山周三、三井物産および山口洋行を訪問した。3月26日にジャカルタに行き、石沢豊総領事、インドネシア総督および官僚などを訪問した。1940年10月22日、加藤社長は「南支派遣慰問団」の身分で、広州の日本軍を慰問し、軍部および日華の政府官僚、新聞社の記者に日本のタバコ、台湾の文旦のほか、宴会を開催して彼らを慰労した[(15)]。

　そのほかに、1942年に台拓の南方職務を担当した三日月直之課長がサイゴンに出張し、友人の紹介で、日本土産の高級蒟蒻と10本のウイスキーを持ち、南方総司令部副参謀長の長勇少将を訪問した。三日月が産業資源の調査に、汽車を利用してハノイに行き、旅の移動が大変であると知ったあと、長勇少将は直ちに部下に指示し、氏に無償で軍用機に搭乗できるようアレンジしてくれた[(16)]。

　台拓が主動的に政界に接触することに対し、日本の官側による台拓の関心状況はどうであったのか、観察するに値する。大まかに言えば、台湾総督府と拓務省の官僚が日本国内で帝国議会を開催する前に、事前に台拓から詳細な事業報告書の提出を要求した。それは国会議員の質問に備えるほかに、官僚自身も常に台拓の事業地の視察を行い、現地の作業状況を理解していた。具体的に言えば、1938年5月5日に小林躋造総督は南下し、台拓が投資した嘉義化学工場を視察した。同年7月1日、古荘幹郎軍司令官は軍医部長など一行の8人を引率し、同じく嘉義化学工場を視察して、軍需品の生産実情を掌握するようになっ

た。1938年12月10日から16日に、当時の内閣書記官の河田烈は台拓の西部事業地を視察した。1940年1月11日と12日に、黒部潔、笠井重治の2名の拓務省官僚は台拓子会社の台湾棉花株式会社工場と嘉義化学工場を視察した[17]。

以上の台拓の積極的な訪問、政界関係者との接待行為などをまとめると、台拓の社交活動は実に経済的、政治的の二重機能を兼ねていたことを適切に反映していた。様々な討論会、講演、見学訪問、慰問、招待などの交流活動を推進した。同時に、得られた付加価値は有能な人材を見つけ出し、専門家の意見、知識、技術を吸収し、競争優勢の多元的な目的の構築だけでなく[18]、政界との関係を利用して、台拓自身の名声と信用を向上させた。それによって、事業拡大の人脈資源の集積に大きく寄与していた。

3．台拓の寄付行為および寄付対象

（1）寄付行為

日本精神医学者の土居健郎の研究によると、日本社会における心理的特徴は、「甘え」の一種の依存的な人的関係である。いわゆる「甘え」とは、中国語では「依存愛」（依愛）と翻訳され、他人の感情や心理に依頼することを指している。その特徴は相手に接近を試みる行為である[19]。日本人の日常生活の中で、「義理人情」は人的関係を処理する主な道徳的な規準であり、その集中的な表現とは「恩」である。恩とは、他人から得られた利益、人情、他人から受けた恩恵である。内心から生み出した負債感のために、ある種の方式で見返りを与える必要がある。それによって、他人に示す思いやりの感情であり、恩恵を与えた人や恩恵を受けた人は、互いに関連する利益共同体に属していた[20]。

プレゼントを贈り、相手に接近する行為から言えば、日本人の礼品の贈与は3つの種類に分けられた。第1種は情感的な理由で、誠意、相手に好感を持たせ、感情の連帯、恩返しなどの4つが含まれ、その間の情感的な要因が高い。「恩返し」の行為は恩恵を与える者から言えば、一種の任務や果たす責任の執行の可能性によるものである。恩を受けた者から言えば、利益を受けたために、

「道義」と「人情」を受けて、「恩返し」の心理的な圧力を生み、彼の恩返しの方式はプレゼントを贈呈することである。当然、プレゼントを贈る状況も中国人の社会でも常に見ることができる。甚だしい場合、中国人社会では道徳的な規範と見なされる。しかし、欧米人の近代社会では、高価なプレゼントの贈呈が認められず、人々に「賄賂」の疑いがあると誤解される場合がある[21]。

第2種は社会礼儀の風習により、時節の対応、風習、礼品の返礼などの3つである。簡単に言えば、社交の礼儀上の慣習に応じた礼品の贈呈である。大まかに言えば、礼品自身の内容、本質および価値は次に重要であり、重要なのは社交礼儀の形式を完成したものである。この種類の礼品贈呈や礼品の返礼は、比較的双方の負担になりやすい[22]。

第3種はツール的な理由であり、往来の維持、関係の強化、「面子」(体面)を重んじる、多くの贈呈で多くの見返りが得られるなどの4つである。ツール的な動機は、送り側が相手からの見返りを予期した目的であり、そのために、情感的な成分が少ない[23]。以上の3種類の礼品贈りの情況は、時にははっきりと分けることが難しい。この行為は「感情」を表達し、「恩返し」も示していて、同時に既定の贈呈の風習によって、人情道義を表現した故であった[24]。

台拓の対外的な礼品の贈呈の動機を探求する場合、相手に好感をもたらすことを総合的に発見することができ、人情、ビジネスチャンスの創造、感情の連携、時節の対応、交流の維持と強化への見返りなどの多くの意図があった。意味のない浪費および有効的な監督業務を免除するために、台拓の社規の中で交際費の使用権および支出額を制定した。具体的に言えば、台拓の本店の秘書課長は毎月に使用できる広告費、寄付額、接待費など、100円以内の使用権を持っていた。台湾島内の支店長、事務所長は150円以内、島外の支店長は500円以内の使用権を持っていた。しかし、緊急情況の支払分を超過する場合、主管が弾力的に処理することが認められ、本社が事後の追認を行う。台拓の子会社も同様に各業務の必要に照らし、異なる金額の交際費と使用規範を制定していた[25]。相対的に、台拓の幹部や社内の職員は業務や特殊任務上の必要に基づいて、報酬や謝礼を受ける情況があった場合、会社の許可を経ない前に、個人が個別で

3．台拓の寄付行為および寄付対象　209

表6－4　台拓会社歴任寄付と接待支出費の変化（1936-1944年）

単位：日本円

年度	A：寄付額	B：接待費	A＋B：交際費	年度	A：寄付額	B：接待費	A＋B：交際費
1936	－	－	22,519.61	1941	79,288.21	－	－
1937	－	－	42,366.38	1942	31,293.48	256,332.92	287,626.4
1938	16,848.40	27,780.6	44,629.00	1943	493,262.6	145,589.94	638,852.55
1939	23,438.35	147,974.52	171,412.87	1944	197,200.4	13,252.44	210,452.84
1940	9,316.66	－	－				

（注）欄内に「－」を記すのは資料が欠損している。1940年の寄付額の減少の理由は
　　不明。1944年は戦争末期で物資不足のため、政府が資源の節約を奨励、台拓は交
　　際費用を減少させた。

（出所）「台拓文書」、第127号、「業務概要」、昭和13年。同・第643号、「帝国議会説明
　　関係書類」、昭和15年。同・第655号、「官庁関係書類」、昭和15年・同・第1456号、
　　「役員会決議事項」、昭和18年。同・第1677号、「決算書」、昭和18年。同・第1997
　　号、「許可申請営業報告損益予算書」、昭和19に基づいて作成。

職務と関係する招待や謝礼を受けることができず、礼金を受けた場合、絶対に
個人のものにしてはならない(26)。

　台拓に関する歴年の営業総額のうち交際費の支出比率はどのぐらいなのか。
資料の制限を受け、完全なデータを得ることができない。しかし、ある年度は
5％を占め、ある年度は20％を占めていたことから、交際費の支出や事業の拡
大、社交活動の増加や特殊状況のニーズ、および戦時経済の緊縮などの変数の
影響を受けたことを窺うことができる。それによって、支出額の多寡が同じで
はなく、安定した趨勢を呈していない（表6－4）(27)。

　台拓の交流範囲が広く、社交活動が活発であり、殆ど1年中にわたり財物を
寄付・贈与していた。例えば、7月の中元節、12月の歳暮など日本の伝統文化
の節目では礼品の贈与、台拓は社会風習を踏襲し、礼品の贈与や礼品返答の行
為を行った。「結婚」、「香料」は人生の礼儀の贈与の節目を示し、当然、台拓
も例外ではない。時には祝儀を送り、慶祝を示し、時には香典や祭品を送り、
哀悼を示した。偶発的事件や特殊的事件が発生した場合、例えば、国防寄付、
定年、昇進、出国、故郷に帰省、軍隊に入隊、建築物の新築、新居の完成や引
越し、同業の店舗開業、誕生日の祝い、神様への感謝、病人の見舞い、遺児教

210　第6章　台湾拓殖株式会社の政商ネットワーク関係

育基金などは、台拓の交際圏の拡大によって、贈与の機会が増えてきた。また、台拓のために若干の「調査研究」、「情報蒐集」、「居中斡旋」などの臨時的な職務に従事した人にご祝儀を贈呈する方式で、彼らの功労に感謝していた[28]。

　そのほかに、台拓の贈与の内容は何であったのか。一般的に言えば、年の節目時には祝儀を贈り、餞別には旅費、記念品を贈与、結婚には祝儀を贈与、厦門（アモイ）市政府（偽政権）の成立時の祝い時に油絵の贈与、官僚の昇格時、定年や転職時には日本酒、タバコ、滋養強壮剤、羊羹、ビール、漆器、座布団など日本風のお土産を贈った。新屋完成の祝いに祝儀の贈与、病人訪問時に見舞金や図書、見舞品の贈与、慰霊祭の参加時に香典、供物品、花輪の贈与、軍隊入隊者には慰問金の贈与、前線軍人には慰問袋、慰問団扇、慰問雑誌の贈与、予備軍人には映画、音楽会の鑑賞入場券や図書費の贈与、新聞・雑誌社には広告費の提供、神社や寺廟には布施、建築費を寄付した。全体的に観察すると、台拓は投資事業の増加、人脈関係が密接になったことによって、太平洋戦争の勃発以降の慰問、餞別や戦死した顧客のために、葬式を行う場合、および愛国報国の気持ちを示し、軍事向け寄付が比較的に多くなった。表6－4に示したように、台拓の歴年の交際費が絶えず増加し、寄付額（寄付金、贈呈品、祝儀）の変化が非常に大きく、接待費（顧客の飲食、交通、宿泊などの費用）も超過するようになった。ここからも台拓の人脈関係が複雑であり、社交活動が頻繁に行われてきたことが反映されている[29]。

（2）寄付の対象

　台拓の膨大な経営規模と綿密な人的ネットワーク関係は互いに表裏の関係を示していた。台拓の事業拡大、ビジネスチャンスの創造によって、軍部、政界、金融界、産業界、商業界を対象に交流が必要になった。そのために、1938年から1944年までに、台拓本社は1000回以上の寄付者名の資料中に、下記の機構、団体と個人などが多く含まれていた[30]。

1）政府系機構および関連団体と個人

台拓と交流する政府系機構と団体は次の機関が含まれていた。台湾結核予防協会（衛生課）、台湾総督府臨時南支調査局、逓信部、専売局、外事部、鉄道部、社会課、台北市役所会計課、同・社会課、同・教育課、台北市南警察署、同・栄町警察派出所、同・栄町区事務所、同・栄町区会、同・城南地区防衛団、同・城内地区防衛団、同・城東地区防衛団、同・樺山町警察官吏派出所、同・樺山警察派出所壮丁団、同・消防署、同・御成町派出所、同・駅前消防組、第一高等学校、基隆水上警察署基隆税関、宜蘭郡、宜蘭税関出張所、台南警察署、高雄市政府などであった。

台湾総督府各級の地方部署および関連団体の寄付額から言えば、1943年11月5日に台北州に12,000円を寄付し、宜蘭暴風雨の罹災金が最高額であり、その次が、1938年8月29日に臨時南支調査局を通じて、政治団体「共栄会」に10,000円を寄付した。

台拓の政府官僚本人や家族への贈与は、遺児教育費および葬儀の弔慰金（香典）が多い。例えば、総督府理事官の故・亀井治、秘書官の故・安藤幸吉への香典および遺児教育基金に寄付した。台湾総督・長谷川清の亡き母、総督府評議員の故・香久忠俊、同・故・三好徳三郎、逓信部長・伊藤完二の亡き息子、内務局技師の故・八田與一、林業試験所技師の故・松浦作治郎、専売局技手の服部武彦の亡き長男、台北州農林部技師の故・大橋準一郎、基隆市場の故・田中鉄太郎、台南州地方課長の故・曾根原弘などに香典を贈った。この項目の中に、1939年5月10日に「民間総督」と称した三好徳三郎への香典3,000円が最も多い[31]。

2）軍事部門および関連団体、個人

台拓と交流した軍事部署と団体は次のようであった。それは、台湾軍司令部、台湾軍経理部、台北第一連隊、第三連隊、第五部隊本部、在郷軍人会台北連合軍会、帝国在郷軍人会城東分会、在郷軍人会城西分会、帝国在郷軍人分会海軍部、海軍協会、海軍武官府、乃木精神普及会、皇道振興会、国防協会台湾協力

212　第 6 章　台湾拓殖株式会社の政商ネットワーク関係

会、軍人援護会蘇澳郡分会、台北防諜連盟、台湾国防普及会、第二遺支艦隊、軍人援護後援会、大日本防空協会、陸軍北投療養所、陸軍第十一部隊、台湾学徒戦技振興協会、乃木修養会台北支部、蘇澳軍事後援会、国防社などであった。

　台湾の軍事部門および関連団体への寄付額から言えば、1943年12月に台湾銀行、台湾電力公司、台湾糖業連合会などが出資して、陸軍、海軍下士官宿舎を建築し、総額130万円であり、台拓は最多の40万円を支出した[32]。その次に多いのは、1944年 4 月 4 日に台拓は台湾軍経理部に 6 万円を寄付し、北投療養所の建築費および軍人慰問礼品金を提供した。

　台拓による軍官本人およびその家族に対する寄付・贈呈の名目は昇格、軍隊に入隊、旅費、援助、香典など、出費の対象は、台湾軍司令安藤利吉、台湾軍参謀長・近藤新八中将、高雄警備府主計・野垣清次大佐、ジャワ司政長官の故・玉手亮一、陸軍主計の故・田村義章中尉などであった。この種類別の支出に関しては、1944年 4 月 4 日の新竹海軍燃料工場の藤尾大佐の遭難弔慰金として贈った215円79銭が最高であった。

3 ）宗教団体

　台拓が宗教団体に対する寄付は、台湾神社護国神社、建功神社、淡水神社造営鎮座奉賛会、海山神社創立委員会、新荘神社奉賛会、菊池神社、台北稲荷神社、宜蘭神社、曹洞宗別院、明治神宮奉賛会、台湾神社祭大同会、台湾神社献額奉賛委員会、鹿児島奉賛会、佛教奉公団、圓山臨済護国禅寺、西本願寺、弘法寺、古亭町了覚寺、頭山寺、救世団台北西門教会、台北佛教各宗連合会、台湾基督教青年会、日本基督教団台北西門教会、台北孔子廟などであった。そのうち、歴年にわたり、台湾神社への寄付金総額 2 万250円が最も多い。

4 ）社会団体および個人

　台拓と社会団体との交流の数が多い。具体的には、台湾経済研究会、南方産業調査会、南方経済研究会、台湾南方協会、日台問題研究会、興亜十人塾、東邦事情研究会、台湾時局同志会、香港日本人会、国際日本協会、外地文化協会、

台湾図書館協会、青年国策研究会、大日本婦人会、排英同志会、熊本市公益社会事業相愛更生会、相愛更生会、相愛親交更生会、愛国婦人会、大日本国防婦人会、若草愛国子女団、常盤愛国子女団、台北愛々寮、鎌倉保育園台北支部、昭和育児院、修養団台湾連合会、人類の家、大日本報国会、社会事業助成会、台湾技術協会、国際地学協会、興亜協会、台湾発明協会、海南島開発連絡会、台湾航空協会、日泰文化研究社、日本軽航空機倶樂部などである。対象が多く、これ以上にいちいち列挙しない。

　社会団体に対する出資のうち、1941年5月8日に台湾南方協会に3万3,000円の寄付金が最も多い。個人の謝礼については、1943年8月12日に高等学校の島田謹二、福山伯明の2名の教師に対する、嘱託の身分で調査事業に参加した謝礼1,500円が最も多い。

　5）新聞メディアおよび個人

　台拓が新聞メディアに出資した回数は相当頻繁であった。その対象は、日本経済新聞社、日本商工新聞社、日刊日本合同通信社、日本国防新聞社、帝都日日新聞社、民衆時報、拓殖新報、東亜産業時報社、興亜時報、中外毎日新聞社、同盟通信社、報国新報、興南新聞社、新聞之新聞社、南邦新聞社、台湾時報、台湾新民報、東洋経済新報社、台湾日報社、台湾日日新報社、東京日日新報社、大阪毎日新聞社、大阪朝日新聞社、東京毎日新聞社、亜細亜民報社、鵬南時報社、東亜産業時報社、台湾新聞社、台湾新報社、国民新聞などであった。

　新聞メディアに対する出資のうち、歴年にわたり台湾日日新報社に総額2万3,870円20銭が最も多い。個人に対する寄付名数も多い。台湾新聞台北支局長・佐藤吉次郎、日日経済新聞社長・笠井敬允、台湾日日新報・大間知治雄、台湾日報記者・笹原国高および氏の亡き妻、中外日日新報社長・黒川季三郎、林業新聞台湾支局長・若代正夫、中央水産新聞社長の故・柴信一などであった。個人旅費、賛助および香典などの項目の支出であった。そのうち、1939年5月3日に台湾新聞台北支局長・佐藤吉次郎への旅費200円が最も多い。

　台拓と新聞メディア界との間には相互の良好な関係があった。例えば、1942

214 第6章 台湾拓殖株式会社の政商ネットワーク関係

年7月1日の『台湾日日新報』の第一版に大きな紙幅で報道があり、その内容
は台拓が組織を拡大し、公布された新任部長、課長のニュースが掲載された。
1944年10月12日の『マレー新聞』の中では、「台湾拓殖株式会社の蓬莱種の作
付け指導」の記事があり、写真と文章で台拓が現地で蓬莱米作付け指導の成功
を新聞報道で宣伝した。『台湾時報』では台拓の人事異動および営業状況の報
道が常に報道された[33]。

　6）料理店、レストラン

　料理店とレストランは台拓が社交活動を開催する主要場所であった。台拓が
飲食店側から親切なサービスが得られるために、毎年の節目に祝儀を贈り、感
謝の意を示していた。台北の多くの有名なレストランのうち、日本人が経営し
た料理店の梅屋敷、新喜楽、日本亭、竹之家、佳山、松竹、台北鉄道飯店、花
家飯店および台湾人が経営した江山楼などは、台拓が祝儀を贈る対象であった。
歴年にわたり、梅屋敷に総額450円を贈ったのが最高額であった。

　以上をまとめると、台拓の各界の機関、団体、個人への祝儀は、政界と軍側
への回数が最も多く、金額も最も多い。図6－1に示されたように、台拓を中
心として形成された政商ネットワーク関係が相当密接であった。この種の利益
共生関係の存在は、疑いなく、台拓が大規模投資を行う多国籍事業に大きな効
果と利益をもたらした（詳細は後述）。いわゆる、「羊毛は羊の体から取れる」
（もとをただせば、自分の身から出たもの）のように、台拓は軍政の人脈関係を維
持し円滑にするために、1943年から前年度の営業利益の1000分の3の固定比率
に照らして、会費納入の名義で、「軍人援護後援会」に気前よく寄付するよう
になった。具体的に言えば、第一期に4,002円、1944年第二期に4,995円を寄付
した。そのほかに、日本外交協会に毎年に定額1,000円を寄付し、日本政府の
関連団体はこれに財政の来源を依存していた[34]。しかしながら、これと対照し
て見ると、台拓の毎年の公益慈善団体への寄付金は微々たるもので、1000分の
3に達していない（表6－5を参照）。

　また、注目に値するのは、台拓支店、事務所の華南、東南アジア地域での寄

3. 台拓の寄付行為および寄付対象　215

図6－1　台拓政商ネットワーク関係図（1936-1945年）

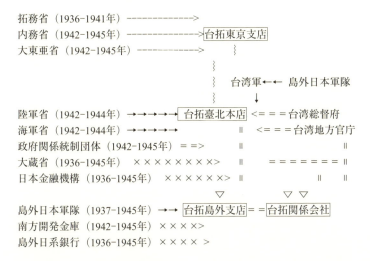

（注）1命令機構：→、2委託兼補助機構：---、3補助金銭兼人的、物的支援機構：＝＝、
　　　4融資機構：××、5連絡機構：｝。
（出所）「台拓文書」、第2432号、第2433号、「計算説明書類」、昭和12-13年（1937-1938）。
　　　同・第418号、「国庫補助金関係書類」、昭和14年。同・第2447号、「雑文書」、昭和
　　　12-20年。同・第1456号、「役員会決議事項」、昭和18年。同・第2449号、「寄付広告
　　　連絡簿」、昭和13-19年。同・第1713号、「借入金関係書類」、昭和18年。三日月直之
　　　『台湾拓殖株式会社とその時代』、249頁。

表6－5　台拓会社の歴年公益社会団体寄付額と寄付比率（1938-1944年）

単位：日本円

	1938年	1939年	1940年	1941年	1942年	1943年	1944年	総金額
B：	16,848	23,438			31,293	493,263	197,200	850,647
A：	30円	60円	85円	110円	100円	70円	30円	485円
A/B：	1.78‰	2.56‰	－	－	3.19‰	0.14‰	0.15‰	0.57‰

（注）A：公益社会団体に対する寄付。Bは寄付総額。表の数字は四捨五入を採用。
　　　1940年、1941年は寄付総額の資料不足のため、該当年の比率を計算しえていない。
（出所）「台拓文書」、第2449号、「寄付広告連絡簿」、昭和13-19年。

付額は多い。例として、1939年6月から1940年3月までに、台拓の海南事務所は軍部、政府の慰問や接待の名義で、日本軍と海南傀儡政権に対する財物の寄

216　第6章　台湾拓殖株式会社の政商ネットワーク関係

表6-6　台拓海南事務所の日本占領軍と海南政府の贈与財物明細表
(1939年6月-1940年3月)

順番	年月別	台拓分支機構	贈与名目、内容	金額・円
1	1939.06	海口事務所	贈与500円、接待費1,500円。	2,000円
2	1939.07	海口事務所	贈与300円、接待費1,250円。	1,550円
3	1939.07	海口事務所 農林関係	接待費30円。	30円
4	1939.07	海口事務所 建築関係	贈与20円、接待費100円。	120円
5	1939.07	海口事務所 農林関係	慰問：軍部に清酒、ビール、タバコ、缶詰食品300円、雑誌、新聞紙類200円。	500円
6	1939.08	海口事務所 建築関係	贈与・接待費120円。	120円
7	1939.08	海口出張所	贈与100円、慰問（日本）軍部1,000円。	1,100円
8	1939.09	海口事務所 建築関係	贈与・接待慰問：潭口、烈楼採石場（日本）守備隊、（日本）警備隊120円。	120円
9	1939.09	海口出張所	贈与150円、慰問（日本）軍部800円。	950円
10	1939.10	海口事務所 建築関係	贈与・接待費100円。	100円
11	1939.10	海口事務所	贈与150円、慰問（日本）軍部800円。	950円
12	1939.11	三亜事務所	贈与・接待費350円。	350円
13	1939.11	海口事務所 建築関係	贈与・接待費100円。	100円
14	1939.11	海口事務所	贈与100円、接待費（軍部慰問と接待、台拓社長費用）1,600円。	1,700円
15	1939.12	三亜事務所	贈与・接待費350円。	350円
16	1939.12	海口事務所	贈与100円・接待費50円。	150円
17	1939.12	海口事務所	贈与100円・接待費1,500円。	1,600円
18	1940.01	海口事務所	贈与：100円、慰問：軍部1,500円。	1,600円
19	1940.01	海口事務所	贈与：壽警備隊（事業地）慰問100円、接待費：50円。	150円
20	1940.01	三亜事務所	贈与・慰問：軍部350円。	350円
21	1940.02	海口事務所 自動車関係	贈与：治安維持会・関連費用、20円×3項；接待澄邁、定安各100円・関連費用、20円×3項。	320円
22	1940.02	海口事務所 建物公司投資	贈与：サイダー等100円、慰問：軍部50円。	150円
23	1940.02	海口事務所	贈与：軍部主催演芸会・治安維持会100円；商社協同慰問軍部討伐費1,000円。	1,100円
24	1940.03	海口事務所 自動車公司投資	贈与：治安維持会創会儀式、道路補修奨励金等費用60円、接待：沿線警備隊長出航・五隊長預備出航費250円。	310円
25	1940.03	海口事務所	贈与：潭口警備隊、歩兵部隊、慰問工兵ビール、サイダー等費用100円、接待：軍部等50円。	150円
26	1940.03	海口事務所	贈与：2600年記念祝500円；商社協同接待（日本）軍部300円；慰問：軍部800円。	1,600円
合計				17,570円

(注)（1）一部分の資料は、贈与、接待対象と関連内容に分類していない。一部分の資料の統計に贈与額と接待費の分類がない。（2）日本占領軍は海南島占領の日本軍隊を指す。潭口と烈楼領地の守備隊、潭口と沿線の警備隊、歩兵部隊、工兵隊、軍部討伐隊などを指す。（3）海南政府は日本軍が1939年に海南島占領後、現地の土豪劣紳や親日者に利益供与によって、各縣、郡などに「治安維持会」を普遍的に組織し、日本軍の政務の推進に協力し、地方社会の治安を維持。本資料では治安維持会の轄区所在地を明記していない。関連資料からは潭口郷（海口市東南側）の治安維持会と烈楼郷（海口市西南側）の治安維持会と推測できる。
(出所)「台拓文書」、第452号、「送金許可指令綴」、昭和14年。

3．台拓の寄付行為および寄付対象　217

図6－2　広東台拓支店の政商ネットワーク関係図（1938-1945年）

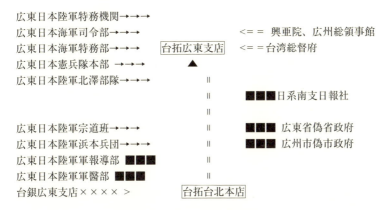

（注）　1 命令機構：→、2 補助金銭兼人力、物力支援機構：＝、3 互助合作機構：■、
　　　4 融資機構：× 。各機構の指導人リストが多く、いちいち羅列しない。
（出所）「台拓文書」、第527号、「雑書」、昭和15年。朱徳蘭「台湾拓殖株式会社在広東
　　　的経済活動：以農産事業為例（1939-1943）」。

付が大きい[35]（表6－6を参照）。また、1939年から1940年に広東支店は「寄付と接待費」を編列し、その金額は広東の営業額総額の約20％で、極めて高い比率を占めていた[36]。寄付の対象は、利益共同体を網羅しており、現地の日中両国の軍政機構およびその指導幹部を含んでいた（図6－2を参照）。それに、1944年5月にバンコク支店は臨時費の名目で、日本人会館の建設資金に1万円、軍用機の資金に3,000円、山田記念碑の建設資金に500円、空襲罹災救済金に500円、合計1万4,000円を拠出した。これと同じ時期に、三井物産、石原産業、日本窒素産業、糖業連合会、台湾銀行、台湾電力および台拓投資会社などの日系大型企業は、台拓と同じように、日本政府に対して回数が頻繁で、巨額な寄付行為を行っていた[37]。台拓と財閥企業、特殊企業の寄付行為によって創出した付加価値は、一方では政府と長期的で、安定的な信頼関係を構築し、政府の人事、知識技術の援助が上手く獲得できるようにした。他方、次の節で述べるように、国家の権力を通じて、国庫から補助金および敵産の経営特権を手中に入れることができた。したがって、資金の投入→営業利益の増加→豊富な資本

218　第6章　台湾拓殖株式会社の政商ネットワーク関係

累積→資金の再投入などの元金と利子が重複して循環する目的を急速に実現することができた。

4．国家権力による台拓への支援と支配の情況

（1）拓務省と台湾総督府による台拓への援助と支配の事例

　1937年に、全面的な日中戦争が勃発した。準戦時体制から本格的な戦時体制に移行するようになった。膨大な軍備計画を実現するために、重化学工業に対する再編が必要であった。そのために、中小企業を強制的に整理し、および軍事工業に強制的に発展させられ、官営工場は軍需品の生産拡大を推進する必要があった。また、これらの企業に資本による独占的な利益欲を満足させて、民間企業の協力を得ることができた。資本独占の財閥企業も軍事用途の注文を絶えず受け、資本を増加させ、生産規模を拡大した。生産規模の拡大の中で、その経営の支配網は金融、産業の個々の領域に拡大するようになった。さらに進んで、有力な、独占的な資本を集積することができた。

　このように、日本政府は経済統制および産業の軍事向け動員を実施した結果、明らかに見えたのは、国家の資本独占への依存度および企業への支配力を強化するようになったことである。具体的に言えば、戦争推進策を主導した軍部、官僚勢力と独占的資本が緊密に結合したことであった。各種の法令を制定し、大企業に国家が統制した原料、労務配給、融資などの権益を優先的に取得させるほかに、「国策会社」（官民合資）の方式によって、企業に国家の軍政任務の支援を負わせるようになった。相対的に、大型企業も国家権力の運用を利用して利益の独占、資本の累積を実現するようになった。遂に、独占資本は国家の主導、資本主義経済の独占期間に、原料価格の高騰および軍側に販売する製品価格が、低く抑えられたことによる利潤の損失を避けるために、次々と政府に補助金を要求するようになった。統計によると、1937年に日本政府の独占資本に対する補助金は合計3億1,000万円で、1940年の補助金は直ちに2倍以上も増加し、金額にして6億7,000万円に達した[38]。

4．国家権力による台拓への支援と支配の情況　219

　台拓の経済統制時期の国家権力との間の相互関係は、どうであったのか。表6－3を参照すると、毎年数多くの「国庫補助」や「雑益」の補助があった[39]。ただし注意したいのは、政府が補助を推進していると同時に、下に対する「命令条項」や「命令事項」（すなわち、命令条項）の方式で、政府は台拓がその政策に奉仕すると承諾するように要求した。事実上、近代の日本政府は企業を育成し、資金を援助し、企業の後ろ盾になった。それによって、企業が政府に服従し、尽力したケースが相当多い。例えば、明治政府（1868～1911年）は「命令書」を公布し、条件付きで三菱、大阪商船、日清汽船、南満鉄道などの大企業を補助し、企業が国家の政策に尽力するように要求した[40]。日中戦争時期までに、日本帝国主義は軍事版図を拡張するために、命令条項付きの補助金の運用および企業支配の情況がさらに普遍的になった。統計によると、日本政府は政治の利益に基づいて、利益誘導および制御的な手段を採用し、台拓の東南アジアでの農作物の栽培、農地の購入、調査および林業、鉱業の開発を援助した9つの事例があった（表6－7を参照）。1937年には拓務大臣の結城豊太郎が1万3,000円を出資し、台拓のタイ綿花事業の経営補助の事例があった。拓務省はこの補助案で以下の命令条項を列挙し、台拓に規定を固く守るように要求した。

（1）本省（拓務省）から支払った補助金の事実は、厳しく守るべき機密である。

（2）この補助金は、昭和12年（1937）3月20日の台拓が申請した綿花栽培試験事業費のなかの土地租借費に対するものである。

（3）昭和12年6月末以前に本事業で必要とする経費の収支計算書の複写本2部を提出すること。

（4）土地租借契約書を提出すること。

（5）事業の進行状況を随時報告すること。

（6）上記の条件に違反した場合、本省は補助金の全額や一部分を返還するよう命令する。

（7）該当する事業試験の成果によって経済利益をもたらした場合、事業の成

220 第6章 台湾拓殖株式会社の政商ネットワーク関係

表6-7 日本中央政府による台拓の開発事業費補助の事例（1937-1944年）

補助日	通牒文號	補助事項	補助者	補助額（円）	命令条項	補助型態
1937. 3.20	拓南第115号指令	タイ綿花栽培試験事業費	拓務大臣結城豊太郎	13,000円	7条	台拓申請
1937. 7.22	拓南第295号指令	英領北ボルネオ日本人移居地建設調査費	拓務大臣大谷尊由	2,800円	3条	受託調査
1937. 9.11	拓南第332号指令	オランダ領ボルネオ林業・礦業調査費	拓務大臣大谷尊由	8,750円	4条	受託調査
1937.11.10	拓南第492号指令	オランダ領インド支那セレベス島鉱床調査費	拓務大臣大谷尊由	4,300円	3条	受託調査
1941.11.20	南殖第42号指令	仏領越南米、黄麻試作農場設立助成金	拓務大臣東郷茂徳	50,000円	8条	台拓申請
1942. 3. 9	日綿協第248号	仏領ベトナム綿花試作事業助成金	日本綿花栽培協会永田秀次郎会長	25,000円	7条	台拓申請
1942. 3.11	日綿協第248号	仏領ベトナム綿花試作場委託土地購買費	日本綿花栽培協会永田秀次郎会長	150,000円	1条	受託購買
1944. 3.15	日綿協経第102号	昭和18年度仏領ベトナム綿花試作事業助成金	日本綿花栽培協会青木一男会長	64,400円	6条	台拓申請
1944. 3.20	南産第429号指令	仏領ベトナム米、黄麻試作場事業費助成金	大東亜大臣青木一男	50,000円	7条	台拓申請

（注）拓務大臣任期：結城豊太郎は1937年2月2日～同年6月4日、大谷尊由は1937年6月4日～1938年6月25日、東郷茂徳は1941年10月18日～同年12月2日。
　　　永田秀次郎は大正12年（1923）に東京市長を担当、昭和11年（1936）3月9日～翌年2月2日に拓務大臣に昇進、兼日本綿花栽培協会会長、同14年に鉄道大臣に転任し、同17年、陸軍軍政顧問に就任、同18年に病気で死去。昭和17年11月1日に大東亜省を設立し、拓務省を廃止、大蔵大臣、顧問兼日本綿花栽培協会会長の青木一男が大東亜大臣に転任した。戦前期官僚制研究会編、秦郁彦『戦前官僚制の制度、組織、人事』東京：東京大学出版会、1981年、14頁、171頁、278-281頁、710頁。
（出所）「台拓文書」、第2432号、「国庫補助金関係書類」、昭和12-13年・同・第2447号、「雑文書」、昭和12-20年。

　　　果利用に関しては拓務省の指揮を受けること[41]。

　すなわち、この案件の補助金は「専門プロジェクト用」を明らかに定める以外に、土地租借費の名義を借りて監督し、台拓の産業開発の過程とその成果の利用を主導していた。また、1937年9月11日、拓務省は台拓にオランダ領ボル

4．国家権力による台拓への支援と支配の情況　221

ネオで林業と鉱業の調査嘱託業務の8,750円補助案に対しても、付帯的に以下の4点の命令条項を提示した。

（1）政府の嘱託調査の事実は、厳しく守る機密である。

（2）林業と鉱業に関する調査事項。

　　1）林業：①森林の面積、樹木の種類、備蓄量、②運搬の難易度、③伐採、製材の労働者募集の難易度および日本人の雇用程度、④木材伐採権の種類、保存期限、更新が出来るか否か、および関連の関税、⑤日本人の権利獲得上での制限があるか、⑥主な伐採された木材の用途、必要額と市場価格、⑦適切な企業形態、建設費および収支の見積。

　　2）鉱業：①鉄鉱床の規模、②日本人の鉱区獲得、試し採掘、鉱石の購入および精製などに関する事項、③生産費の見積、④その他の日本人の鉱業発展に関する注意すべき事項。

　　3）その地域の一般情況（例えば、労働力、賃金、交通、物価、物資の供給など）

（3）調査完了後、直ちに報告書を提出すること。

（4）会社が該当調査の結果を利用する場合、本省（拓務省）の指揮を受けること[42]。

　すなわち、台拓が林業と鉱業資源の受託調査を行う時に、政府の立場に立ち、機密を厳守し、政府に替わって10以上の項目の課題を詳細に調査する必要があった。台拓が該当調査の結果を利用する場合、拓務省の指揮に従わねばならない。

　拓務省は各地の政情の違いに照らして、台拓への支配程度は不一致であった。例えば、同年11月10日、4,300円を補助してセレベス島（Celebes、インドネシア独立後はスラウェシ島と呼ばれる）の鉱床の委託調査案件では、政府から支援した調査の機密厳守、拓務省の職員と協力して調査を行い、調査の結果を直ちに報告するなどの3点の命令指示が提示された[43]。

　表6−8に示されるように、1938年から1945年までに、台湾総督府は行政上、財政上の権力を利用し、台拓に協力し、支配して、東南アジアでの移民、鉱産の調査、農業開発などの委託の通牒数（通達数）は合計14件に達した。例えば、

222　第 6 章　台湾拓殖株式会社の政商ネットワーク関係

表 6 - 8　台湾総督府の台拓とその子公司への開発事業費補助事例（1938-1945年）

補助日	通牒文番	文書件名（原文）	補助額（円）	補助事業地	命令条項
1938. 3.31	第2875号指令	昭和12年度調査費及事業費補助申請ノ件	75,000円	仏領ベトナム、英領ボルネオ	8 条
1938. 3.31	第2916号指令	英領北ボルネオ移民適地調査ニ関シ補助申請ノ件	20,000円	英領北ボルネオ	6 条
1939. 3.28	第3168号指令	台湾拓殖株式会社ヘ英領北ボルネオ移民ニ関シ補助金下付ノ件	13,480円	英領北ボルネオ	6 条
1939. 3.30	第3436号指令	印度支那産業鉱業調査費及び比律賓鉱業調査費並ニ英領北ボルネオ有用適作物試験場費補助願ノ件	50,000円	仏領ベトナム、フィリピン、英領北ボルネオ	9 条
1940. 3.29	第4189号指令	英領北ボルネオ本島人移民ニ関シ補助金下付御願ノ件	6,530円	英領北ボルネオ	6 条
1940. 3.30	第4335号指令	金令丸補助金ノ件	30,000円	基隆－広東－海南島航路	7 条
1940. 3.30	第4336号指令	昭和14年度事業費及調査費補助申請ノ件	50,000円	英領北ボルネオ、仏領ベトナム	9 条
1941. 3.29	第4667号指令	昭和15年度海外事業調査費及事業費補助願ノ件	150,000円	仏領ベトナム、広東省、英領北ボルネオ	11条
1941.12.27	第17080号指令	仏領印度支那鉱業調査費補助願ノ件	250,000円	仏領ベトナム	9 条
1942. 3.11	第4284号指令	英領北ボルネオ農事試験場經費補助願ノ件	20,000円	英領北ボルネオ	9 条
1942. 3.16	第4838号指令	仏領印度支那情報蒐集員派遣費補助ノ件	4,500円	仏領ベトナム	4 条
1942. 3.31	第6506号指令	泰国ナコンパノム試作農場経営費補助ノ件	30,000円	タイ	9 条
1944. 3.18	第3478号指令	仏領印度支那鉱業調査費補助申請ノ件	250,000円	仏領ベトナム	3 条
1945. 3.20	第4001号指令	仏領印度支那鉱業調査費補助申請ノ件	150,000円	仏領ベトナム	4 条

（注）原文書資料のボルネオは「婆羅洲」、仏領印度支那（仏印）はベトナム、比律賓はフィリピン、ナコンパノムはタイの Nagon Bhanom を指す。
（出所）「台拓文書」、第418号、「国庫補助金関係書類」、昭和14年（1939）；同・第1644号、「計算説明書類」、昭和18年。同・第1718号、「補助金関係」、昭和18年。同・第2432号、「国庫補助金関係書類」、昭和12-13年。同・第2433号、「計算説明書類」、昭和12-13年。同・第2447号、「雑文書」、昭和12-20年。

4．国家権力による台拓への支援と支配の情況　223

1939年に台湾総督府殖産局は台拓に5万円を補助し、有用農作物の試験栽培と鉱業の調査計画案を進め、以下の9つの命令条項を制定し、台拓に守るよう要求した。

第1条　補助金は以下の用途のみに限る。すなわち、英領ボルネオで有用農作物栽培の実験費、およびベトナムシナ産業会社の鉱業調査費。

第2条　以上の事業は添付した申請書の上の計画に従って経営すること。計画に変更があった場合、台湾総督の承認を得ること。

第3条　業績および現況の報告書には、貸借対照表、収支計算表を添付すること。決算期後の45日以内に台湾総督に提出すること。緊急事項が発生した場合、随時報告すること。

第4条　事業の一部分や全部を他人の経営に変更した場合、まずは台湾総督からの認可を経ること。

第5条　事業の規模に照らして、台湾総督は華南や南洋で事業発展を志願する日本人若干名をこの事業に命令し、この事業で使用することができる。

第6条　事業の経営に関し、台拓は台湾総督の監察や命令を拒否することができない。

第7条　下記の情況を変更した場合、直ちに台湾総督に報告すること。

①名称

②資本額

③営業種類

④代表者および指導幹部

⑤事業年度および決算期

⑥住所や主な営業所

　事業が天災事変を受けて損害した場合、直ちに台湾総督に受害の概況を報告すること。

第8条　この指令を受けた人は、この補助の内容、性質および関連事項に対して秘密を保持すること。本指令および関連文件は、機密に処理を行うこと。

224 第6章 台湾拓殖株式会社の政商ネットワーク関係

第9条　本命令条項に違反した場合、本機構は補助金の一部分や全部を返還す
　　　　るよう命令する。ただし、それによって、会社に損害が発生した場合、
　　　　台湾総督は責任を負わない[44]。

　すなわち、台湾総督府のこの案件の補助条項は「専門金額専用」に限る以外
に、台拓の経営方針、営業方式から人事権に至るまで、相当な監視権を持って
いたと説明することができる。

　本来、台拓事業は毎年の運営には余剰があり、理から言えば、台湾総督府に
補助金の請求は不要であった。しかし、台拓は再三に申請を提出し、その原因
を究明すると、政府からの補助はその個別な事業の損失の補塡だけでなく、新
開発された事業や長期にわたる経営の事業であり、短期的に収益できる見込み
がない。それに加えて、事業の増設によって借金の利子の支払い、および資金
の回転速度のために、設備費、人件費、営業費などの資金が必要であり、やむ
を得ず政府からの補助に依存していた。言い換えれば、台拓の事業が益々拡大
し、政府に依存する度合いが益々深くなった。同時に政府による干渉、コント
ロールの情況も益々顕著になった[45]。

　以上で述べたように、近代日本の政商コネの事例は充分に普遍的であり、植
民地台湾の情況はどうであったのか。東京帝国大学の矢内原忠雄教授の研究に
よると、台湾総督府は植民地統治の初期に、政府の権力を柔軟に応用し、日本
企業に人事と資金（植民地の税金補助）上の援助を与えたことがわかる。それに
よって、日本企業は台湾の産業から独占的に利益が得られた。したがって、台
湾総督府によって日本企業が高い利潤が得られた。日本帝国主義の実力の累積
に有利だけでなく、日本企業は台湾を基地として、外地に向かって発展するこ
とができ、再び独占的な経済活動を推進することができた[46]。台湾総督府が日
系糖業資本を結合して、植民地の搾取を例として、台湾総督府が日本帝国主義
の利益を中心に、台湾の統治政策の不当を矢内原は批判し、急所を突いた。拓
務省と台湾総督府の援助と支配の事例から、さらに一歩進んで、日本政府の植
民地統治の方針を確認することができた。終始一貫して、帝国主義の利益を優
先的に考慮していた。

（2）台拓による軍需産業担当の事例

　日本の拓務省、台湾総督府は政府の利益に基づいて、国庫からの補助方式を通じて、台拓に支援と支配を集中させ、資金の拡張情況が頻繁に発生していた。このモデルに照らして、軍部は台拓に海外軍管区の軍需産業の独占権を餌にして、台拓に軍部に奉仕するように命令したのか。それに関して、台拓の資料の中から太平洋戦争期間（1941～1945年）に中央政府、地方政府を経由して、日本の軍部は企業に命令し、企業を指定して軍需産業に参入させた[47]。そのほかに、直接的に命令を下して、企業に軍需事業に従事するように指示した。まず、陸軍から命令を受ける直接的な要因から言えば、（1）欧米国家による経済制裁を日本が突破するために、自国の国力を育成し、充実すること。（2）日本軍の個々占領区の自給自足ができ、さらに進んで「戦争をもって戦争を養う」ことができること。（3）日本軍によって没収され、管理された敵産は、直ちに復元して再建すること。（4）日本の企業による悪性競争、占領区の社会治安の阻害を防止するために、命令する対象を選択する場合、慎重に実力のある企業を選んで、各地の軍需産業の活動を分担させること。それによって、すべての資源を掌握する。国策会社に属する台拓、東洋拓殖、財閥企業の大倉商事、三菱商事、三井物産、鐘淵紡績などが選定され、フィリピン、マレー半島、ボルネオ、インドネシア、ベトナム、タイ、ビルマなどの陸軍管轄地の敵産事業の運営を担当させた[48]。ただし、敵産を受け取った日本企業は、陸軍省の指示に照らし、以下の命令条項を遵守して実施する必要があった。

（1）企業の全部を軍部の管理下に属させ、軍部は民間企業に委託して経営させる。しかしながら、どんな特殊権益も賦与しないこと。

（2）企業の責任者が経営の委託を受けた際に、すべての財産状態を明らかにして、直ちに軍部の認可を受けること。その後、財産状態に変化があった場合、軍部に申告する必要がある。

（3）経営は責任者の計算に従って執行する。受託された企業の会計と責任者の既存事業の会計を分離し、個別に処理して両者が混同しないようにす

226　第6章　台湾拓殖株式会社の政商ネットワーク関係

ること。

（４）期ごとの事業計画は軍部に報告する。重要な事項は軍部の承認を受けること。

（５）企業に関する経営利潤の分配について、軍部からの許可を得る必要がある。

（６）国家の要請や受託者の悪質な行為があった場合、軍部は受託経営事業の全部や一部分を取り消すことができる。しかしながら、受託者の正当的な投資行為を尊重すること[49]。

　すなわち、日系企業が敵産を受託し従事した後、資産、計画、営利の分配などは軍部の監督、管理および認可を受けてから運営することができた。言いかえれば、日本軍側は作戦の立場に立って、軍事的利益を考慮していた。敵産を誘因兼命令条項使用の方式で、企業の経営活動を主導し、コントロールを行い、企業に軍需産業の任務を完成させた。しかし、陸軍は個々の管制区の政治情勢、地理的環境と経済資源の違いに依拠し、規定された命令内容は同一ではない。フィリピンの軍政監部は台拓が精米工場の設置案を申請した時に、下記の5点の命令条項を列挙した。

（１）本条件に違反や軍部が必要と認めた場合、本命令を取り消すことができる。

（２）半年ごとに軍政監部に１回の事業計画を報告し、承認を受ける必要がある。営業年度は軍部の事業年度を使用する必要がある。

（３）蓬莱米は貨物工場以外で販売することができない。

（４）以下の事項は軍政監部の指示に従うこと。①職員の定員および給料章程の制定。②事業利潤の分配。

（５）以下の文件に関して、前月分は次月10日以前に軍政監部に引渡すこと。①毎月の事業報告書（生産品の種類、生産数量、生産額、主要原料の産地および販売チャンネル、在庫量、製品の販売価格および顧客のリスト、電力使用状況、男女労働者の平均日当）、②毎月の収支状況[50]。

　前に述べたように、日本陸軍は企業に対して強力な制御権を擁し、企業が陸

４．国家権力による台拓への支援と支配の情況　227

軍を後ろ盾にしていたことを反映していた。企業はリスクを負担しなくても敵
産を直接的に獲得する前提の下で、当然、人事権、営業管理権を軍側に渡すこ
とになった。こうした情況にも拘らず、台湾総督府が植民地本位主義を実施し、
島内の機械器具、有用物資の島外流出を制限した時に、陸軍は台湾の日系企業
の要求に合わせて、「軍需品」の名義で、企業に設備や物資の輸出に協力して
いた[51]。

　陸軍のシステムと異なった海軍の企業への直接命令はどうであったのか。こ
れについても、照らして見る必要がある。大まかに言えば、太平洋戦争時期の
陸軍は人口が多く、土地が広い東南アジアを占領した。それと異なって、海軍
の管轄区の多くは南ボルネオ、ニューギニア島、ビスマルク諸島などに分布し、
人口が少ない島々であった。そのために、海軍の命令を受け、台拓が産業を開
発したのは僅か７件であった。陸軍が命令した16件の通牒数（通達数）の半分
以下であった（表６－９を参照）。しかし海軍も同じように、日系企業に条件付
き規定の命令を提出した。例えば、1942年に海軍は台拓がセレベス島（Celebes、
今のスラウェシ島）、スンダ列島（Sunda Islands）で製塩業の経営を指定した時、
海軍大臣・島田繁太郎は11点の命令条項を列挙し、台拓に厳守するように要求
した。

（１）セレベス、スンダ列島の製塩業は海軍の管理に属し、受託経営の会社に
　　　対し特殊権益を賦与しない。貴社（台拓）は誠意をもって国家の使命を
　　　代行し、名誉感を持つこと、国家で要求された経営事業に合わせること
　　　を確認すること。

（２）会社の現地の責任者および経営陣容の決定については、直ちに準備して
　　　なるべく早く営業を開始すること。その後、主要な人事に異動があった
　　　場合、事前に海軍からの承認を得ること。

（３）経営の目標は、主として暫定的に現地の軍当局の要求を満足させること
　　　に尽力して、生産を増加させる。増産の目標については別途に指示する
　　　こと。

（４）まず、受託会社は現地調査を進行し、その後に経営計画を提出して海軍

228　第6章　台湾拓殖株式会社の政商ネットワーク関係

表6-9　日本軍から命令を受けた台拓とその子会社の南方事業開発事例

(1942-1944年)

命令日	通牒文番	文書件名	命令者	命令事業地	命令条件
1942. 4. 9	陸亜密第1115号	南方綿花増産計画並ニ担当企業者ニ関スル件通牒	陸軍次官木村兵太郎	フィリピン、セレベス、ジャワ、スマトラ、ニュージニア、小スンダ列島、ボルネオ、ビルマ	現地軍の指示を遵守
1942. 4.14	陸亜密第1165号	農林水産関係現地復帰ニ関スル件	陸軍次官木村兵太郎	フィリピン、マレー半島、ジャワ、スマトラ、英領ボルネオ	陸軍省整備局長指示を遵守
1942. 5. 4	軍需機密糧第120号	マカッサル方面糧食現地出産供給ニ関スル件照会	海軍省軍需局長御宿好	マカッサル（Makassar）	海軍第23根拠地隊司令官及び第102軍需部指示を遵守
1942. 7.27	陸亜密第2715号	南方地域ニ於ケル皮革担当企業者ニ関スル件通牒	陸軍次官木村兵太郎	ジャワ	現地軍指示を遵守
1942. 9. 5	陸亜密第3318号	南方地域ニ於ケル農林産資源ニ関スル担当企業者ノ件通牒	陸軍次官木村兵太郎	マレー半島、スマトラ	現地軍指示を遵守
1942. 9. 5	陸亜密第3319号	南方地域ニ於ケルキナ園開発担当者決定ノ件	陸軍次官木村兵太郎	ジャワ	現地軍指示を遵守
1942. 9.30	官房機密第12423号ノ4	指令書（畜産業（屠殺並ニ冷凍及冷蔵製革ヲ含ム）及牛原皮ノ生産蒐貨ノ依託経営ニ関スル指示事項)	海軍大臣島田繁太郎	セレベス、バリ島、ロンボク島（Lombok, バリ島の東部に位置）	命令条項11条を遵守
1942. 9.30	官房機密第12423號ノ12	指令書（綿花資源開発増産ノ企業ノ依託経営ニ関スル指示事項)	海軍大臣島田繁太郎	セレベス、小スンダ列島	命令条項11条を遵守
1942. 9.30	官房機密第12423号ノ18	指令書（製塩事業ノ依託経営ニ関スル指示事項)	海軍大臣島田繁太郎	セレベス、小スンダ列島	命令条項11条を遵守
1942.10. 3	官房機密第12423号ノ27	指令書（「ガムビル」農園経営並ニ蒐貨及「ガムビルエキス」製造ノ企業依託経営ニ関スル指示事項)	海軍大臣島田繁太郎	ボルネオ	命令条項9条を遵守
1942.10. 7	陸亜密第3853号	敵産企業ノ依託経営ニ関スル件通牒	陸軍次官木村兵太郎	南方敵産	命令条項6条を遵守
1942.10.12	陸亜密第3939号	鉱業資源（石油ヲ除ク）開発地点及担当企業者ニ関スル件通牒	陸軍次官木村兵太郎	フィリピン	現地軍指示を遵守
1943. 2. 9	官房備機密第55号ノ4	指令書（委託経営ニ関スル指示事項)	海軍大臣島田繁太郎	アンダマン諸島（Andaman）	命令条項12条を遵守
1943. 2.26	陸亜密第1079号	敵産企業ノ依託経営ニ関スル件通牒	陸軍次官木村兵太郎	南方敵産	命令条款6条を遵守

1943. 2.27	陸亜密第1091号	南方ブタノール工業及酒精工業ノ企業担当ニ関スル件通牒	陸軍次官木村兵太郎	フィリピン、ジャワ	現地軍指示を遵守
1943. 3.22	官房備機密第98号ノ3	指令書（海軍軍政担当地域内ニ於ケル倉庫及荷役業委託経営ニ関スル指示事項）	海軍大臣島田繁太郎	ポートブレア（Port-Blair、アンダマン諸島の最大都市）	命令条項6条を遵守
1943. 3.24	陸亜密第1566号	南方地域ニ於ケル畜産資源開発担当企業者ノ件通牒	陸軍次官富永恭次	マレー半島、スマトラ	現地軍指示を遵守
1943. 3.24	陸亜密第1570号	南方地域ニ於ケル農林資源ニ関スル経営担当企業者ノ件通牒	陸軍次官富永恭次	北ボルネオ	現地軍指示を遵守
1943. 7.20	陸亜密第4467号	南方甲地域ニ於ケル農林産資源ニ関スル営担当者決定ノ件	陸軍次官富永恭次	ジャワ	現地軍指示を遵守
1943. 8. 6	比軍政産第889号	軍政監部指定籾摺精白工場設置ニ関スル件	比島（菲律賓）軍政監和知鷹二	フィリピン	命令条項5条を遵守
1943.12. 7	陸亜密第8180号	南方甲地域ニ於ケル製塩業関係開発担当企業者決定ニ関スル件通牒	陸軍次官富永恭次	マレー半島、スマトラ	現地軍指示を遵守
1944. 1.13	陸亜密第254号	南方甲地域ニ於ケル工業関係担当企業者ニ関スル件通牒	陸軍次官富永恭次	ジャワ	現地軍指示を遵守
1944. 5. 5	陸亜密第3755号	南方甲地域ニ於ケル鉱産資源関係担当企業者決定ニ関スル件通牒	陸軍次官富永恭次	ジャワ	現地軍指示を遵守

（注）マカツサル（Makassar）はボルネオの東側に位置。キナはキニーネ製造の原料（マラリア治療薬）。ガムビルエキスはゴムの原料。ブタノールは溶剤、香料製造の原料。籾摺は玄米の脱穀の意味。海軍大臣・島田繁太郎の任期は1941年10月18日〜1944年7月17日。陸軍次官の任期、木村兵太郎は1941年4月10日〜1943年3月11日、富永恭次は1943年3月11日〜1944年8月30日。海軍省軍需局長・御宿好の任期：1939年8月30日〜1943年10月25日。フィリピン軍政監・和知鷹二の任期は1942年7月〜1943年10月。

（出所）「台拓文書」、第1713号、「借入金関係書類」、昭和18年。同・第2447号、「雑文書」、昭和12-20年。表内の人物は戦前期官僚制研究会編、秦郁彦『戦前期官僚制の制度、組織、人事』東京：東京大学出版会、1981年、278-281頁、417-418頁、秦郁彦編『日本陸海軍総合事典』東京：東京大学出版会、1996年、285頁、409頁。

の指示を受けること。

（5）受託会社が必要とする資金、資材運搬について、海軍は尽力して斡旋し、輸送と労務について必要とする援助を与えること。

（6）本指令の受託会社は、既存の会社の事業と分離し、特別会計を使い、投資、経営収支の帳目を明確に製作すること。

（7）期ごとの事業計画、資本計画、物資の動員計画などに関しては、その他の重要事項のすべてとともに、海軍の承認を得る必要があること。

（8）期ごとの期末には会計報告のほかに、経営状況の報告は常に提出するこ

230　第6章　台湾拓殖株式会社の政商ネットワーク関係

と。営業利潤の分配に関しては、海軍の承認を獲得する必要がある。

（9）尽力に原住民業者を指導すること。会社が合併買収を行う場合、海軍の指示に服従すること。

（10）今後、情況による変動、変更が必要な場合、または本指令の取り消しがあって会社に損失が発生した場合、海軍は会社が既に投資した業績を斟酌し、適切な補償を与えるが、それ以外は補償の責任を負わないこと。

（11）以上の各項目の規定以外、会社は依然として現地軍の指示を守ること[52]。

　一方では、海軍は権力を利用し、台拓の日本軍占領区の軍需産業の活動を援助した。他方では、台拓の人事権、経営方式、利潤分配権に対し、極大な支配力を掌握した。

　全体的に観察すると、陸軍省、海軍省は歴年にわたり大型、中型、小型日系企業に命令し、それぞれ産業開発のすべてを担当させた。陸軍は少なくとも280の店舗、「命令事項」の通牒数（通達数）1,204件を発表した。そのうち、台拓はわずか16件獲得し、約1.3％を占めていた。海軍は102店舗に「命令事項」の通牒数（通達数）268件を発表し、そのうち、台拓は7件、約2.6％を占めていた。しかし、政界との関係が密接し、実力が強い三井、三菱、住友、安田、日産、浅野、古河、大倉、野村などの財閥企業は最も好意的に扱われ、獲得した通牒数（通達数）は総数の約半分であった。この事実は、創業の歴史が長い財閥老舗は、創業がより遅い台拓に比べて、日本帝国主義の要求を受け入れやすいと説明することができる。それぞれが日本軍の占領区で軍需産業の目的を達成することができ、それによって独占経済の最大利益の受益者になった。中型、小型日系企業のうち、軍側から面倒見が得られたのは、これらの企業の大部分が太平洋戦争の勃発以前から、現地で長年の経済活動に従事していたためであった。また、1943年4月から、陸軍はその管制区で企業リスクを補う措置を最初に行った。すなわち、命令を受けた企業の経営収益の規定では、営業支出を差し引いたほかに、純利益の70％を現地の軍側の会計に渡す、残りの30％は企業に帰属し、自由に処分ができた。海軍についても、それに照らして実施した[53]。事実上、このやり方を変えた税金の取り立て策は、日本の占領軍が戦地の軍費

の来源を調達することを意味していた。やむを得ず命令条項を採用し、企業の
経営活動および企業の利益分配を厳格に監督し、干渉した原因であった。

5．結論

　以上の本論の論議は、以下の要点にまとめることができる。

（1）1936年12月に創業した台拓が短い8年余りの営業期間で、豊富な資本を
　　　累積することで多角化の投資事業に従事して活躍ができた。実に、その
　　　原動力は台湾総督府から発展を促し、中央政府の政治勢力からの支持、
　　　国家の行政、人事、資本上の援助、および台拓社員が国策事業に誠意を
　　　込めて奉仕することによって達成したものであった。

（2）台拓の上層幹部の多くは政界、金融界、産業界出身のエリートであり、
　　　中層の幹部の多くは政府機関からの専門家であった。これらの幹部は主
　　　導的に、積極的に、同じ心構えで協力しあい、熱意をもって仕事に取り
　　　込み、責任感を持って上からの命令に服従するなどの素質を持っていた。
　　　そのために、台拓に国家の利益創造を重視させ、会社の利益は個人の利
　　　益を凌駕する企業文化だけでなく、彼らの各自の人脈関係を借りて、政
　　　界、商業界に対して分けて縦方向、横方向の交流を推進し、台拓に「ネッ
　　　トワークにネットワークを加えた」政商のネットワーク関係を構築する
　　　ことができた。

（3）通常、社交活動および寄付行為は、他人に接近し、良い人間関係に発展
　　　させ、交流チャンスの近道を創造するためである。台拓は訪問、慰問、
　　　接待、定期と不定期の懇親会、座談会などの活動および日本社会の伝統
　　　風習に沿って、政界、軍側、有力者と互いの利益になる寄付行為を気前
　　　よく行い、付加価値を創造した。一方では、多元的な交流活動の中で、
　　　業界の情報を獲得し、人材を導入して、投資のチャンスを増加した。他
　　　方では、企業自身の信用と名声を向上させ、企業にさらなる競争力の優
　　　勢を備え付けるようになった。

232　第6章　台湾拓殖株式会社の政商ネットワーク関係

（4）戦時の日本政府、台湾総督府は帝国主義戦争を進行するために、政府の
　　ための軍需産業および膨大な軍事費用の分担の目的を日系企業に確保さ
　　せた。それは経済的インセンティブ兼命令条件の方式で、企業の経営活
　　動を支援し、監督しおよび主導してきた。それによって、中央政府、台
　　湾総督府から台拓は23案件の補助、軍部から命令を受けた23件開発案件
　　の確保の中から、日本政府は国家権力が企業に与えた援助が多いほど、
　　その支配の装備も大きくなり、企業に対する制御の程度も益々強くなっ
　　た。逆に言えば、台拓が委託を受け、受け取った「命令事項」の通達数
　　が多いほど、台拓が国家の目的への奉仕の態度が良好であると示され、
　　得られた資源も延々と絶えなかった。

　本論の論述をまとめると、「国家からの面倒見、企業の保護、企業の尽力、
政治への奉仕」は日本政府と国策企業が構築した共生関係の基本的な原則であ
る。授与と引き受けの双方面から言えば、支援と支配の授与側、および服従を
もってフィードバックする引き受け側は、それぞれがその利益の交易の中で各
自の満足が得られた。そのために、軍事と経済の二重の帝国主義の協力関係を
緊密に維持連携ができた。言い換えれば、恩恵を与える日本中央政府、台湾総
督府、軍部と、恩恵を受ける台拓は、終始一貫して相手を利用するツールと目
的であった。

　最後に付帯的に提起したいのは、戦前の日本の大型、中型、小型の各型企業
は複雑で、厳密な政商ネットワーク関係を通じて、国家の資源を分割し、産業
の独占および資本集中のケーススタディは大変多い。台拓はその中の一例であ
るが、その受益の程度も歴史的に長い老舗財閥企業に遙かに及ばなかった。こ
れらの多国籍企業との類似点と相違点の比較研究は、後日に十分な資料を蒐集
した後に、別途に執筆して論じたい。

　注

（1）　昭和11年「台拓株式募集ニ関スル事項」、「台拓文書」、第19号、「会社設立関係
　　　書類株式係」に収録。昭和16年7月1日「会社経理状況報告書」、同・第2523号、

「会社経理統制令」。台湾拓殖株式会社編印、『事業要覽』（昭和19年度）。閉鎖機関整理委員會編『占領期閉鎖機関とその特殊清算』東京：大空社、1995年、第1巻、303頁、第3巻、15頁、53頁。

（2）　台拓に関する代表的な研究は、創業背景と目的を探求した著作は梁華璜「台湾拓殖株式会社之成立経過」、『歴史学報』第6号、台南：成功大学歴史系、1979年、187-222頁に掲載。張静宜「台湾拓殖株式会社與日本軍国主義」台南：成功大学歴史研究所博士論文、2004年。游重義「台湾拓殖株式会社之成立及其前期組織研究」台湾師範大学歴史研究所碩士論文、1997年。区域的事業を討論対象の研究は褚塡正「戦時「台拓」的嘉義化学工場之研究」嘉義：中正大学歴史研究所碩士論文、2000年。Adam Schneider, "The Taiwan Development Company and Indochina : Subimperialism, Development and Colonial Status"『台湾史研究』第5巻第2期、台北：中央研究院台湾史研究所籌備処、2000年4月、101-133頁。朱德蘭「台湾拓殖株式会社在広東的経済活動－以農産事業為例（1939-1943）」中華民國史料研究中心編『中國現代史専題研究報告』第22輯、台北：国史館、2001年、419-447頁。林玉茹「戦争、邊陲與殖民産業：戦時台湾拓殖株式会社在東台湾投資事業的佈局」『中央研究院近代史研究所集刊』第43期、台北：中央研究院近代史研究所，2004年3月、117-170頁。鍾淑敏「台湾拓殖株式会社在海南島事業之研究」『台湾史研究』第12巻第1期、台北：中央研究院台湾史研究所、2005年6月、73-114頁。そのほかに、台拓拓殖課、南洋課、南方第一部第一課長などの職務を務めた三日月直之の回憶録『台湾拓殖株式会社とその時代』福岡：葦書房、1993年である。

（3）　昭和11年「台湾拓殖株式会社法施行令」、「台拓文書」、第26号、「台拓設立委員会関係書類」。昭和18年8月「台湾拓殖株式会社関係法令及定款」、「台拓文書」、第1472号、「帝国議会説明資料議事録」、昭和18年。台湾拓殖株式会社編印、『事業要覽』（昭和19年度）、46-49頁。

（4）　『台湾総督府公文類纂』第10091冊文号79、昭和12年11月1日「台湾総督府評議会員ヲ命ス」南投：国史館台湾文献館典蔵、国史館台湾文献館、台北中央研究院合作計画デジタル資料庫、〈http://sotokufu.sinica.edu.tw/sotokufu/〉を参照。興南新聞社編『台湾人士鑑』台北：興南新聞社、1943年、77頁。中西利八編『財界二千五百人集』、後に『昭和戦前財界人名大事典』第3巻、東京：大空社、1993年、405頁に収録。『台拓社報』第21号，昭和13年3月3日。三日月直之『台湾拓殖株式会社とその時代』341-342頁、378-379頁。

234 第6章 台湾拓殖株式会社の政商ネットワーク関係

（5） 内尾直昌編『復刻版第10版人事興信録』東京：興信データ株式会社、2000年、カ182-183頁。戦前期官僚制研究会編、秦郁彦『戦前期日本官僚制の制度、組織、人事』東京：東京大学出版会、1981年、83頁。台湾拓殖株式会社編『台拓社報』第29号、昭和13年11月30日。三日月直之『台湾拓殖株式会社とその時代』378頁。東亜海運会社は1939年に創設され、資本額7,300万円、主要株主は大阪商船、日本郵船、日清汽船などの商社、第二次世界大戦後に同盟軍によって閉鎖を命じられた。前に述べた『占領期閉鎖機関とその特殊清算』第2巻、581-585頁を参照。

（6） 橋本白水『台湾統治と其功労者』台北：成文出版社、1999年複製本、43-44頁。大園市蔵編『台湾人事態勢と事業界』台北：新時代台湾支社、1942年、95頁。三日月直之『台湾拓殖株式会社とその時代』377頁、487頁。「台拓文書」、第2748号、「社内外人事」、昭和18-20年。

（7） 興南新聞社編『台湾人士鑑』59-60頁。内尾直昌編『復刻版第10版人事興信録』東京：興信データ株式会社、2000年、オ之部、138頁。『昭和戦前財界人名大事典』第3巻、332頁。

（8） 興南新聞社編『台湾人士鑑』122頁。内尾直昌編『復刻版第10版人事興信録』ク之部、31頁。本文附表6－2を参照。

（9） 興南新聞社編『台湾人士鑑』234頁。内尾直昌編『復刻版第10版人事興信録』タ之部、149頁。本文附表6－2を参照。

（10） 興南新聞社編『台湾人士鑑』24頁。内尾直昌編『復刻版第10版人事興信録』イ之部、153頁。

（11） 『台拓社報』第6号、昭和12年1月15日。同・第8号、昭和12年2月12日。「台拓文書」、第1487号、「島内店所長会議事項」、昭和18年11月。

（12） 『台拓社報』第12号、昭和12年5月21日。同・第15号、昭和12年8月9日。同・第16号、昭和12年8月31日。

（13） 台拓『第1回営業報告書』。『台拓社報』第20号、昭和13年1月13日。三日月直之『台湾拓殖株式会社とその時代』56頁。昭和18年11月1日「台湾協会特別会員入会ノ件」、「台拓文書」、第2762号、『東京支店往復』、昭和18-20年。「台湾協会」に関しては、何義麟「台湾協会」を参照、許雪姫總策画『台湾歴史辞典』台北：行政院文化建設委員会、2004年、1100頁。

（14） 『台拓社報』第30号、昭和14年1月10日。同・第141号、昭和18年12月15日。同・第165号、昭和19年12月15日。

注 235

(15) 『台拓社報』第 7 号、昭和12年 1 月28日。同・第31号、昭和14年 1 月31日。昭和14年 1 月31日「社長土産品贈呈ノ件外」、「台拓文書」、第527号、『雑書』、昭和15年。「高山業務部長南洋視察旅行日程」、「台拓文書」、第87号、「参考執務」、昭和12年。三日月直之『台湾拓殖株式会社とその時代』、33頁。

(16) 三日月直之『台湾拓殖株式会社とその時代』、327頁。

(17) 『台拓社報』第23号、昭和13年 5 月31日。同・第25号、昭和13年 7 月31日。同・第29号、昭和13年11月30日・同・第30号、昭和14年 1 月10日。同・第47号、昭和15年 1 月15日。

(18) 張静宜の研究で台拓の中堅幹部の約70%は、台湾総督府と地方政府の技術官僚。「台湾拓殖株式会社與日本軍国主義」、283-284頁。

(19) 土居健郎（1971）『「甘え」の構造』弘文堂。

(20) 土居健郎（1971）『「甘え」の構造』弘文堂。楊寧一『了解日本人―日本人的自我認識』天津：人民出版社、2001年、187-188頁。

(21) 李哲昌「台湾社会的送禮行為」台北：台湾大學心理研究所碩士論文、1990年 5 月、4 - 5 頁。楊中芳「価値変遷與送禮行為」楊國樞主編『中国人的心理』台北：桂冠図書股份有限公司、1995年、384-385頁に収録。

(22) 李哲昌「台湾社会的送禮行為」、5 頁。

(23) 李哲昌「台湾社会的送禮行為」、5 頁、45頁、50頁。

(24) 李哲昌「台湾社会的送禮行為」、5 頁。

(25) 「台拓文書」、第2481号、「本店課長事務委任規程」、昭和14-20年。昭和18年 5 月27日「海外支店長臨時業務委任事項」、「台拓文書」、第2679号、「部長委任事項ノ件」、昭和17-20年に収録。昭和18年 7 月24日「稀元素工業株式会社設立ノ件」、「台拓文書」、第1456号、「役員会決議事項」、昭和18年。

(26) 昭和15年12月 1 日「台湾産金株式会社諸規程」、昭和16年 4 月 8 日「台湾通信工業株式会社社規」、「台拓文書」、第468号、「関係会社規定集」、昭和15年。『台拓社報』、第21号、昭和13年 3 月 3 日に収録。

(27) 台拓会社、「第一回～第九回営業報告書」。

(28) 「台拓文書」、第2449号、「寄付広告連絡簿」、昭和13-19年（1938-1944）。李哲昌「台湾社会的送禮行為」、53頁。

(29) 「台拓文書」、第2449号、「寄付広告連絡簿」、昭和13-19年（1938-1944）。

(30) 本節は前に述べた「寄付広告連絡簿」を参考。その資料の中に若干項目の記載

236 第6章 台湾拓殖株式会社の政商ネットワーク関係

が詳しくないため、正確な寄付額の統計データが得られない。

(31) 三好徳三郎に関しては台湾新民報調査部編『台湾人士鑑』台北：台湾新民報社、1934年、170-171頁を参照。また、香久忠俊は台湾人の郭廷俊について、台拓の資料の中でなぜ郭廷俊に香典を贈ったのかを説明していない。しかし、郭廷俊は総督府評議員、台北総商会会長、台湾合同電気株式会社取締役などの地位と輝かしい肩書を持ち、かつ、台拓の株主（50株を投資）であり、台拓事業にはプラスの意義を持ち、台拓との交流のため、香典を贈る対象になったという。香久忠俊、台湾新民報調査部編『台湾人士鑑』、25頁を参照。大園市蔵編『台湾人事態勢と事業界』、196-197頁。朱徳蘭編『台湾慰安婦関係資料集』第1巻、東京：不二出版社、2001年、170頁。

(32) 昭和18年11月5日「海軍並陸軍下士官宿舎建設費寄付ノ件」、「台拓文書」、第1456号、「役員会決議事項」、昭和18年。

(33) 三日月直之『台湾拓殖株式会社とその時代』、335頁。「新聞記事送付ノ件」、「台拓文書」、第2000号、「馬来各種資料綴」、昭和19年に収録。台湾総督府編『台湾日誌』東京：緑蔭書房、1992年複刻版、319-320頁、334-337頁、349頁、352-353頁。服部潜一「台拓論」『台湾時報』昭和19年6月号、29-37頁。

(34) 昭和19年6月6日「日本外交協会寄付金ノ件」、同・「軍人援護後援会第二回会費払込ノ件」、「台拓文書」、第2762号、「東京支店往復」、昭和18-21年に収録。前掲「寄付広告連絡簿」の中の昭和18年12月18日の帳目。

(35) 「台拓文書」、第130号、「業務概況」、昭和19年。同・第1484号、「第七回定時株主總會書類」、昭和18年。朱徳蘭「1939-1945日佔海南下的皇軍『慰安婦』」、『人文學報』第25期、中壢：國立中央大学文学院、2002年、197-200頁。

(36) 「台拓文書」、第2498号、「広東関係書類」、昭和14-15年。

(37) 昭和15年6月30日「貸借対照表並各勘定内訳調書」、「台拓文書」、第2436号。「営業報告書」、昭和12-18年。前述を引用「海軍並陸軍下士官宿所建設費寄付ノ件」。昭和19年5月24日「外国為替買入許可申請ニ関スル件」、「台拓文書」、第2675号、「雑文書」、昭和16-20年。坂本雅子『財閥と帝国主義：三井物産と中国』京都：ミネルヴァ書房、2003年、33-214頁。朱徳蘭「1939-1945日佔海南下的皇軍『慰安婦』」、172-173頁、200-201頁。

(38) 小山弘健、浅田光輝『日本帝国主義史』下巻（昭和期1926-1945)、東京：新泉社、1985年、219-234頁。

注 237

(39) 「昭和12年度補助金処理方法」、「台拓文書」、第2432号、「国庫補助金関係書類」、昭和12-13年。

(40) 朱蔭貴『国家干預経済与中日近代化』北京：東方出版社、1994年、154-155頁。

(41) 昭和12年3月20日指令拓南第115号、「台拓文書」、第2447号、「雑文書」、昭和12-20年に収録。

(42) 昭和12年9月11日指令拓南第332号、「台拓文書」、第2447号、「雑文書」。

(43) 昭和12年11月10日指令拓南第492号、「台拓文書」、第2447号、「雑文書」に収録。

(44) 昭和15年3月30日指令第4336号、昭和15年3月30日総殖第1285号「補助指令書送付ノ件」、「台拓文書」、第2447号、「雑文書」、昭和12-20年。

(45) 昭和19年2月4日「海南島及仏印事業補助金ニ関スル件報告」、「台拓文書」、第1720号、「南支南洋補助事業関係」、昭和18年度。

(46) 矢内原忠雄『帝国主義下の台湾』東京：岩波書店、1929年、43-117頁。

(47) 「緒言」、「台拓文書」、417号、「支那事変以来中南支ニ於ケル軍ニ対スル協力状況」、昭和14年に収録。昭和14年7月26日「海南島建築事業概況」、「台拓文書」、第435号、「建築事業」、昭和14年に収録。昭和14年4月4日「海南島海軍慰安所ノ件」、「台拓文書」、第2496号、「建築事業」、昭和14-15年に収録。

(48) 昭和17年4月14日陸亜密第1165号「農林水産関係現地復帰ニ関スル件」、「整備局長ヨリ南方農林復帰業者及交易担当業者ニ與フル指示」、「台拓文書」、第2447号、「雑文書」、昭和12-20年に収録。日系企業担当の日本軍南方佔領区の開発事業の情況および軍部通達の情況に関しては疋田康行編著『「南方共栄圏」戦時日本の東南アジア経済支配』東京：多賀出版、1995年、321-371頁。

(49) 昭和17年10月7日陸亜密第3853号「敵産企業ノ依託経営ニ関スル件通牒」、「台拓文書」、第2447号、「雑文書」、昭和12-20年に収録。

(50) 昭和18年8月6日比軍政産第889号「軍政監部指定籾摺精白工場設置ニ関スル件」、「台拓文書」、第2447号、「雑文書」、昭和12-20年に収録。

(51) 昭和18年7月10日「比島向農薬品農器具類ニ関スル件」、「台拓文書」、第2735号、「比島綿花農薬綴」、昭和17-19年。

(52) 昭和17年9月30日官房機密第12423号-18「指令書、製塩事業ノ委託経営ニ関スル件指示事項」、「台拓文書」、第2447号、「雑文書」。

(53) 疋田康行編『「南方共栄圏」戦時日本の東南アジア経済支配』、東京：多賀出版、323頁、356-357頁、360-361頁。三井、三菱、住友、安田、日産、浅野、古河、

238　第 6 章　台湾拓殖株式会社の政商ネットワーク関係

大倉、野村などの老舗財閥企業発展史に関しては、大石嘉一郎、佐藤能丸、安田常雄、安田浩等編『日本歴史大事典』東京：小学館、2000-2001年、第 1 巻、42頁、44頁。第 2 巻、697-698頁、第 3 巻、246頁、347頁、604頁、813頁、819頁、953-954頁を参照。また、台拓の拓務省、台湾総督府からの命令事項の通牒数量比率はどの位か、現有資料閲覧の制限を受けたため、不詳。

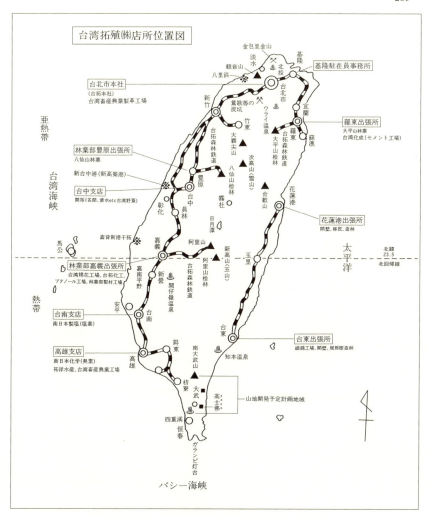

台湾拓殖㈱店所位置図

(出所) 三日月直之『台湾拓殖会社とその時代』福岡、葦書房、1993年。

240

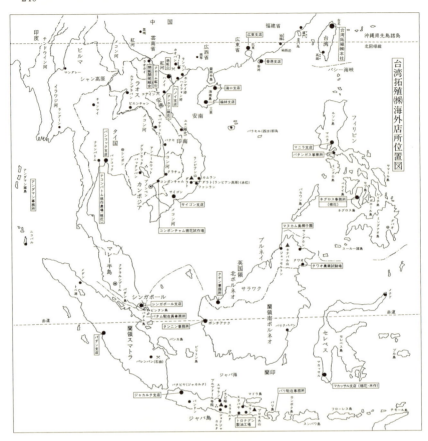

台湾拓殖㈱海外店所位置図

(出所) 三日月直之『台湾拓殖会社とその時代』福岡、葦書房、1993年。

初 出 論 文

初章：「導論：台灣拓殖株式會社研究的回顧與展望」（本書書き下ろし）

　　　　　　　　　　　　　　　　　　　　　　　　　　林　玉茹

第1章：「「台灣拓殖株式會社」之成立經過」（『成功大學歷史學系歷史學報』第6
　　　　号、台南、成功大學歷史學系、1979年）　　　　梁　華璜

第2章：「台灣拓殖株式會社檔案及史料價值」（『台灣史料學術研討會論文集』國立
　　　　台灣大學歷史學系、1994年6月）　　　　　　王　世慶

第3章：「臺灣拓殖株式會社之土地投資與經營：以總督府出資之社有地為中心」
　　　　（『臺灣拓殖株式會社檔案論文集』、南投：國史館臺灣文獻館、2008年）

　　　　　　　　　　　　　　　　　　　　　　　　　　王　世慶

第4章：「戰時台灣拓殖株式會社廣東支店的鎢礦收購活動（1939-1943）」、（『臺灣
　　　　拓殖株式會社檔案論文集』、南投：國史館臺灣文獻館、2008年）

　　　　　　　　　　　　　　　　　　　　　　　　　　朱　德蘭

第5章：「台灣拓殖株式會社在海南島事業之研究」（『台灣史研究』第12卷第1期、
　　　　台北、中央研究院台灣史研究所、2005年6月）　　鍾　淑敏

第6章：「台灣拓殖株式會社的政商網絡關係（1936-1945）」（『台灣史研究』第12卷
　　　　第2期、台北、中央研究院台湾史研究所、2005年12月）　朱　德蘭

編訳者あとがき

　私と台湾史研究とのかかわりについて振り返って見ると、大学卒業後、中国近代史のうち特に清代社会経済史を主として、研究対象としてきた関係上、台湾史との関係を持つようになった。具体的には、福建からの台湾移民、その台湾での水利開発、台湾の農業生産の発展に対する役割などについて、初歩的な考察を行った。

　一方で約半年間の台湾の中央研究院民族学研究所（当時、台湾史研究所はまだ生まれていなかった）での国外研修の機会を得たことによって、劉枝萬先生、王崧興先生、王世慶先生をはじめ、多くの同学の先輩や友人を持つことができたことは、幸運なことであった。

　当時、台湾では特別な政治、社会情勢下にあり、台湾史研究は低調であったが、その中で台湾史研究一筋に研究を続けられていた王世慶先生からは、極めて有益な指導と影響を受けたことは忘れられない。王先生の温かい助言と激励を2011年に他界されるまで頂いたことは、深く感謝に堪えないところである。

　その後、社会状況の変化によって、先生の学統を継ぐ人々によって、台湾史研究は急速に進歩と発展に向かうと同時に、中央研究院に台湾史研究所が生まれ、台湾史研究の推進の中核機関として、学界をリードすることになった。その中にあって、林玉茹女史は王世慶先生を恩師として尊敬すると共に、その学統を継承し、活発な研究活動と優れた研究成果を挙げていることは周知のところである。晩年の王世慶先生から紹介されたのがその林女史であった。

　それ以来、林女史と私は王世慶先生を学徳、人徳共に畏敬する共通の先学として、今日に至っている。彼女の来日を機会に、先般、何か先生の遺業を顕彰することができないかという話になった。あれこれ話すうちに、林女史自身も既に先生の影響を受け自著『国策会社与殖民地辺区的改造—台湾拓殖株式会社在東台湾的経営（1937-1945）』（中央研究院台湾史研究所、2011年）を刊行してい

編訳者あとがき　243

る（森田・朝元共訳『台湾拓殖株式会社の東台湾経営』汲古書院、2012年）。そこで王先生の台拓研究の台湾における先駆者的、開拓者的な役割を果たした関係論文の紹介を考えた。

　しかし、残念ながら論文は2編に止まっていたので、この際、王世慶先生の論文をはじめとして、今後の台拓研究にとって、基本的、示唆的論文として優れた数編の論文を加えて一冊の書籍として、日本の学界、研究者に広く紹介を目的としたのが本書の刊行に至った経緯である。この間、論文の選択をはじめ、導論の執筆のほか林女史の助言や配慮を蒙ったことは、言うまでもなく、感謝に堪えないところである。同時に論文の訳載を快諾頂いた先生方にも深い敬意を表する次第である。また、中央研究院台湾史研究所の陳柏棕君には東南アジアの地名の調査と助言を頂いたことにも感謝したい。

　ところで林女史の序章（導論）によって、台湾における台拓研究の発展と今後の方向性や課題などについては、適切に論述されている。これを受けて日本の台拓研究者の一層の奮起とその成果の発展を切に期待するものである。

　私自身は日本の台拓研究については、まったく素人であって、その研究の内容を論じる資格がないが、少なくとも、明らかなことは、台湾における台拓研究は、基本的に日本の植民地支配の研究であると同時に、日本における台拓研究は日本近代史研究の重要課題に外ならないことである。

　つまり、本書の各論を通じて明らかなように、台拓は台湾島内の植民政策の遂行に止まらず、台湾を南進基地として、華南、南洋への南侵政策の推進こそがその本音であった。そうした日本帝国主義の進出の尖兵としての役割を担った国策会社＝台拓の研究は、同時代史としてのアジア・太平洋戦争史研究の重要な歴史的課題である。そうした意味で、立場の相違を超えて、台湾人研究者の成果を示す本書を土台として、日本の台拓研究が、一段と活発に行われることによって、台拓研究を巡って日台共同研究プロジェクトの推進や、両国の研究者による国際的な研究討論会が行われるようになり、台拓研究の国際的発展を期待してやまないところである。本書がそのささやかな一布石となれば望外の至りである。

244　編訳者あとがき

　ともあれ、具体的作業の過程においては、今回も共同編訳者の朝元照雄君には多大の協力を得たことに厚く謝意を表したい。訳業に対する細かい助言のほか、表紙のカバーの図に、郭雪湖（1908～2012年）の名画「圓山附近」（1928年、絹・着色、91×182センチ、第2回台展東洋画特選）の写真使用の許可を交渉していただいた。この名画は台北市立美術館に所蔵され、ご厚意によって貴重な絵画の写真を提供していただき、感謝の意を表したい（図案使用契約書番号106－04－02－09）。2006年に福岡アジア美術館で「日本時代の台湾絵画」美術展が開催され、共同編訳者の朝元君が初めて氏のこの絵画と「南街殷賑」（1930年）を見て、深い印象が残ったと言う。また、『日本経済新聞』（2015年6月21日付）の美術作品紹介の「美の美」欄に「麗しの島：近代台湾と日本（中）」に、「日本時代の台湾絵画」特集を組んで、名画「圓山附近」のカラー写真が大きく掲載され、大きな紙幅で紹介されていた。合わせて一読を薦めたい。

　最後に、本書の企画の段階から好意あるご高配を頂き、出版に種々のアドバイスを賜った三井久人社長と、原稿に細心の気配りと惜しみないご苦労を頂いた編集部の大江英夫氏には、深甚な御礼を申し上げる次第である。

2017年4月　米寿の春を迎えて

森　田　　明

著 者 略 歴

林　玉茹

台湾・台南県帰仁に生まれる。国立台湾大学大学院歴史学研究所修了。歴史学修士、歴史学博士。現在は台湾・中央研究院（Academia Sinica）台湾史研究所研究員、国立台湾師範大学台湾史研究所兼任教授。

主な著書：『清代台湾港口的空間結構』知書房、1995年；『五十年來台湾方志成果評估與未來發展学術研討会論文集』（共編）中央研究院台湾史研究所籌備処、1999年；『台湾史研究入門』（共著）汲古書院、2004年；『鹿港郊商許志湖家與大陸的貿易文書（1895-1897）』（共編）、中央研究院台湾史研究所、2006年；『殖民地的辺區：東台湾政治経済的発展』遠流、2007年；『麻豆港街的歴史、族群與家族』（編著）、台南県政府、2009年；『台南県平浦族古文書集』（編著）、台南県政府、2009年；『清代竹塹地區的在地商人及其活動網絡』聯經、2000年；『南瀛歴史、社会與文化』（共編）台南県政府、2008年；『台湾拓殖株式会社の東台湾経営：国策会社と植民地の改造』汲古書院、2012年；『比較視野下的台湾商業傳統』中央研究院台湾史研究所、2012年；『尺素頻通：晩清寧波與泉州、台湾之間的貿易文書』政治大学出版中心、2013年；*Merchant Communities in Asia 1600-1980*,（共編）Pickering & Chatto, 2015；『紫線番界　台湾田園分別墾禁図説解読』（共編）中央研究院台湾史研究所、2015年；『南瀛歴史、社会與文化Ⅳ：社会與生活』（共編）、台南市政府文化局、2016年など。

梁　華璜

1934年生まれ、台湾師範大学史地系学士、東京大学人文科学研究科東洋史学人文科学研究科修士課程、博士課程修了。中国文化大学講師、成功大学歴史系講師、副教授、教授および学系主任を歴任。1999年に定年を迎え、2006年に死去。

主な著書：『台湾総督府的「対岸」政策研究』、稲郷出版社、2001年；『台湾総督府南進政策導論』稲郷出版社、2003年など。

王　世慶

1928年生まれ、台湾省立師範学校（現在の国立台北教育大学）卒業。中央研究院中山人文社会科学研究所兼任研究員、台湾大学歴史系兼任教授を歴任。第25回呉三連人文社会

246　著者略歴

科学賞（歴史学類）を受賞、国史館台湾文献館「終身文献貢献賞」を受賞、2011年に死去。
主な著書：『台湾開発史話』（共編）、台湾省文献委員会、1985年；『清代台湾社会経済』
聯経出版事業、1994年；『淡水河流域河港水運史』中央研究院中山人文社会科学研究所、
1996年など。

朱　徳蘭

台北生まれ、お茶の水女子大学人文科学研究科史学専攻文学修士、九州大学文学研究科
史学専攻博士課程修了・文学博士、現在は中央研究院人文社会科学研究センター研究員
兼副主任、中琉文化経済協会監事会召集人兼学術交流委員会主任委員。
主な著書：『長崎華商貿易の史的研究』芙蓉書房、1997年；『台湾慰安婦関係資料集』
（編集・解説）、不二出版、2001年；『台湾総督府と慰安婦』明石書店、2005年；*War
Memorabilia In Korea-China-Japan and the peace of Northeast Asian*,（共著）, Northeast Asian
History Foundation, 2010; *East Asian Economic and Socio-cultural Studies*,（共著）, Harrassowitz
Verlag Wiesbaden, 2011；『東アジアの文化と琉球・沖縄』彩流社、2010年；『港口城市與
貿易網絡』（共著）, 中央研究院人社中心、2012年；『跨越海洋的交換』（主編・共著）、
中央研究院、2013年；『川勝守・賢亮博士古稀紀念東方學論集』（共著）、汲古書院、2013
年；『人の移動、融合、変容の人類史』（共著）、彩流社、2013年；『中国と琉球　人の移
動を探る　明清時代を中心としたデータの構築と研究』（共編）、彩流社、2013年；『越境
する東アジア島嶼世界』（共著）、琉球大学国際沖縄研究所、2016年；『台湾沖縄交流史
論集』遠流出版、2016年など。

鍾　淑敏

東京大学人文社会系研究科博士課程修了・文学博士、現在は中央研究院台湾史研究所副
研究員兼副所長。
主な著書：『台湾総督府田健治郎日記』（上・中・下）（共編）中央研究所台湾史研究所、
2001年、2004年、2009年；『膨張する帝国、拡散する帝国』（共著）東京大学出版会、
2007年；『昭和・アジア主義の実像』（共著）、ミネルヴァ書房、2007年；『日本の朝鮮・
台湾支配と植民地官僚』（共著）、国際日本文化研究センター、2008年；『模索する近代
日中関係』（共著）、東京大学出版会、2009年；『近代台湾の経済社会の変遷』（共著）、
東方書店、2013年；『転換期の台湾史研究』（共著）、中京大学社会科学研究所、2015年；
『近代台湾都市案内集成　解説』（共編）、ゆまに書房、2015年など。

編訳者略歴

森田　明（もりた　あきら）

1929年生まれ、広島文理科大学史学科（東洋史学専攻）卒業、文学博士、大阪市立大学名誉教授。

主な著書：『清代水利史研究』亜紀書房、1974年；『清代水利社会史の研究』国書刊行会、1990年；『中国水利史の研究』（編著）、国書刊行会、1995年；『清代の水利と地域社会』中国書店、2002年；『山陝の民衆と水の暮らし─その歴史と民俗』汲古書院、2009年；『寧波の水利と人びととの生活』（共著）、汲古書院、2016年。訳書：『台湾史研究入門』（監訳）、汲古書院、2004年；『台湾拓殖株式会社の東台湾経営』（共訳）、汲古書院、2012年など。

朝元　照雄（あさもと　てるお）

1950年生まれ、筑波大学大学院社会科学研究科博士課程修了・博士（経済学）、現在は九州産業大学経済学部教授。

主な著書：『現代台湾経済分析』勁草書房、1996年；『台湾経済論』（共編）、勁草書房、1999年；『台湾の経済開発政策』（共編）、勁草書房、2001年；『台湾の産業政策』（共編）、勁草書房、2003年；『開発経済学と台湾の経験』勁草書房、2004年；『台湾農業経済論』（共著）、税務経理協会、2006年；『台湾経済入門』（共編）、勁草書房、2007年；『台湾経済読本』（共編）、勁草書房、2010年；『台湾の経済発展』勁草書房、2011年；『台湾の企業戦略』勁草書房、2014年；『台湾企業の発展戦略』勁草書房、2016年；『台湾の企業と企業家』（共編）九州大学出版会、2016年；『台湾産業的転型與創新』（共著）台湾大学出版中心、2016年。訳書：『台湾史研究入門』（共訳）、汲古書院、2004年；『台湾拓殖株式会社の東台湾経営』（共訳）、汲古書院、2012年など。（asamoto@ip.kyusan-u.ac.jp）

索　引

事項…………248
人名…………257

事 項 索 引

ア行

アルコール製造用の糖蜜	
	156
アンチモン	121, 126
浅野セメント	172, 173
麻	159, 170
天羽声明	41
安定的な信頼関係	217
案件の補助条項	224
イギリス東インド会社	76
イギリス領北ボルネオ	67
インド	68, 77
インドネシア	67, 76
依存愛	207
委任統治	24
移民および貸付事業	184
移民業者	169
移民業務	154
移民事業	56, 66, 75, 154,
168	
慰問	231
慰問金	205
慰霊祭	210
慰問袋	210
遺児教育費	211

飯塚鉄鉱株式会社	203
石岐買鉱所	131
石原	139
石原鉱業	172, 173
石原産業海運	175
石原産業海運株式会社	18
印度支那産業	202
請負商人	131
請負方式	137
請負方法	136
内南洋	24
営業方針	204
援助	212
塩水港製糖	38, 119, 148,
195	
オーストラリア	68, 77
オランダ東インド会社	76
オランダ貿易銀行	29
オランダ領東インド	155
オランダ領南ボルネオ	67
汪傀儡政権	126
往来の維持	208
大倉組	167
大倉商事	225
大阪堺卯楼	206

太田興業	158
恩返し	207
恩恵	207

カ行

カロリン諸島	155
化合事業	164
花蓮港事務所	58
科学室	176
家畜業	162
華中振興会社	157
華南	24, 39, 76, 86
華南銀行	26, 28
華北開発公司	157
靴業協会	164
嘉義	59
嘉義化学工場	206, 207
ガラス	175
会社私利	140
海外事業	61, 66
海軍特務部	167
海軍武官府	126
海口支店	154
海口事務所	152
海口屠畜場	163

事項索引　カイ～グン　249

海南交易公社	170	貸付社有地	98	企業行為	196
海南自動車公司	164	桂商会	167	企業の所有地の経営	184
海南畜産株式会社	155, 162	株式の配当	204	記念品	210
海南畜産公司	162	干拓および開墾事業	75	寄付	209
海南島	8, 65, 76, 149, 157,	干拓事業	65	寄付額	208, 210
	175, 182	干拓の開墾事業	184	寄付行為	196, 207, 231
海南島開発株式会社	157	甘藷簽	172	寄付と接待費	217
海南島開発協議会	175, 182	広東	45, 65, 66, 76	寄付の対象	210
海南島開発連絡事務所	159	広東支店	126	稀元素工業株式会社	185
海南島関係企業	66	広東重工業資源統制組合		冀察問題	30
海南島経済	171		139	機関、団体、個人への祝儀	
海南島事業分掌規程	154	広東出張所	126		214
海南島の塩田	178	広東省	120	技術移転	170
海南島の産業開発	175	広東省檔案	140	技術問題	177
海南島の主要事業	173	広東統制機構	125	宜蘭暴風雨の罹災金	211
海南島の農業試作	185	旱田	57	義理人情	207
海南島農業開拓民入植事業		官荘地	30	北支那開発株式会社	157
計画要領	169	官租代理支払い	96	北満州問題	42
海南島農林業連合会	159	官租地	30, 34, 36, 57, 84,	九一八事変	30
海南島農林連合会	175	85, 90, 95, 112, 113		救済金	132
傀儡政権	125	官租地処理規程	31	共栄会	211
開墾事業	65	官租徴収	113	共生関係	232
開墾済買収地	111	官地	107	協議会	205
開拓移民	169	官物	107	協調外交	147
開南航運	167	官有財産	112	協定価格	135
開南航運会社	203	官有林野整理事業	31	行政院	110
開発	182	官僚の昇格	210	業主権	31
開発会社	158	感情の連携	208	桐	169
開洋燐鉱	202	関係の強化	208	金融課	127
開洋燐鉱株式会社	185	監視権	224	クロム工業	203
外貨取得	127	監視船	122	軍事基地化	154
外南洋	24	監理会	111	軍事的利益	226
貸出収入	106	監理官	3	軍事と経済の二重の帝国主	
貸出土地	103	キナノキ	169	義の協力関係	232
貸出率	98, 103	キニーネ	156, 170	軍事費用の分担	232
貸付契約	98	キャッサバ	159	軍需原料	120

250 事項索引 グン〜サン

軍需産業	232	小作農世帯	105	国家利益	140
軍需産業の独占権	225	小作料	98, 104	国庫からの補助方式	225
軍需物資	125	小作料統制令	97	国庫補助	219
軍縮問題	42	小作料方式	95	国策会社	8
軍人慰問礼品金	212	個人	210	国策農作物	102
軍人援護後援会	214	湖南省	120	国史館台湾文献館	7
軍政機構	217	公益慈善団体	214	国粋主義者	20
軍政の人脈関係	214	公地放領	111	国防基金	205
軍隊に入隊	212	広告費	208	米穀	102, 170, 172
軍隊入隊者	210	広西	76	米穀徴収	109
軍票	135, 182	交際活動	206	米不足問題	171
軍部の統制業務	139	交際費	209	懇親会	231
軍用車	166	交流会	205		
罌粟	159	交流活動	207	サ行	
契約小作料	101	交流議題	205	サイパン島	156
恵陽県	122	交流チャンス	231	サツマイモ	102, 159, 160
渓埔新生地	34	交流の維持	208	サトウキビ	102, 160, 161,
経営効率	204	光復	70	170	
経営事業地	160	江西省	120	沙面租界	126
経済警察	125	抗租	36	砂糖	172
経済建設	152	抗日ゲリラ	131	座談会	205, 231
経済戦争	141	抗日分子	141	採掘	124
経済統制措置	141	香典	209, 211, 212	採掘労働	124
瓊山第2苗圃	152	後進帝国主義国家	147	採購員	136
建築	152	高額小作料	97	採購人	134
建築事業	67, 167, 168	降日分子	131	採石業	168
建築費	210	鉱業	66	採石事業	67
原住民族群	9	鉱工業	184	栽培および造林事業	65
現地自活	174	鉱山採掘者	134	栽培事業	65
現物出資	87, 88, 89, 112,	鉱石請負商人	131	栽培造林事業	184
	148, 170	鉱石購買工員	138	祭品	209
ゴム	156, 159, 170	鉱石採掘業	26	在来品種米	161
ゴム園	18	鉱石商社	140	財閥資本	148
ゴム栽培業	26	興亜院	177	雑種地	57
小作農	37, 98	興中会社	44	3大営林場	90
小作農貸付率	95	国家の利益創造	231	三亜軍港	154

事項索引　サン～セ　251

三亜農場	153, 154, 169	社会礼儀の風習	208	樟脳業	184
三亜野菜園	152	社外活動	196	鐘淵紡績	225
三五会社	21	社交活動	196, 204, 209, 231	鐘紡	139
三五公司	148, 184	社交礼儀の形式	208	食糧作物	172
三省会議	158	社費	101	食糧問題	171
三省連絡会議	160	社有地	92, 93, 96, 106,	植民地搾取論	6
山林原野	57		107, 113	植民地帝国	8
産業開発	230	社用地の貸し出し	65	植民地本位主義	227
産業開発計画	175	上海事変	41	殖民銀行	29
産業資本	37	樹木伐採業	169	信用状	127
シャム	16	樹木伐採事業	170	侵略	182
シンガポール	67, 76	収購競争	122	新屋完成の祝い	210
市場価格	123	収購業務	134	新年活動	205
指導幹部	196, 217	収購量	139	新品種の導入	161
清水組	167, 175	収租率	106, 114	新聞とメディア	213
試験栽培	161	収納小作料	101	人材戦略	204
試作地	159	収納比率	103	人事異動	204
資金運用	204	収納保証金	105	人的関係	196
資金の拡張情況	225	収買価格	135	人的ネットワーク関係	210
資源開発事業	152	秀英第1苗圃	152	人脈関係	196, 231
資源争奪戦争	141	宗教団体	212	人脈関係ネットワーク	197
資材割当証明書	177	祝儀	209, 210	人脈資源	197
滋賀無尽	148	出資財産	84	人脈資源の集積	207
ジャワ	16, 155	出資社有地	98	スズ	121, 126
ジョホール	18	出資命令書	83	スマトラ	67, 76, 155
自動車	152	順民	37	図南協会	127
自動車技術員講習所	165	潤滑油	175	水垣公司の計画	180
自動車事業	66	抄封田	30	水銀	156
事業拡大	210	承租人	95, 101	水産業	75
事業の計画	204	昇格	212	水田	57
時節の対応	208	松精油	175	水稲	162
椎の木葛	159	昭和金融恐慌	201	水利事業	75
塩	156	昭和製糖	148	水力発電所	184
塩の販売権	179	昭和通商	132, 134, 139	杉原	139
島田合資	175	焦土抗日	165	住友本社	38, 148
社会団体	212	奨励作	182	セメント	175

252 事項索引 セ〜タイ

セレベス 68,76
セレベス、スンダ列島の製
　塩業 227
セレベス島 155,176
西部事業地 207
政治的な社交活動 205
政商関係 196
政商コネ 224
政商ネットワーク 7,127
政商ネットワーク関係
　　 214,232
政商のネットワーク関係
　　 231
政府株 107
政府出資 94,96
星規那産業会社 202
製塩 184
製紙 175
製氷 152
製氷事業 67,167
製薬 175
石炭 126
石油 156
石碌 174
石碌鉄鉱 172
磧地金 101
接待 231
接待行為 207
接待費 208,210
宣撫作業 178
宣撫物資 182
専売品 121,140
戦時経済 199
戦時金融金庫 148
戦争型企業 9
餞別 210

繊維作物 160
租金 36
租借権を継承 147
総督府駐海口事務所 178
遭難弔慰金 212
増産政策 102
造酒 175
造船 175
贈与 209
息恩田 30

タ行

タイ 67,76
タイワンアカシア 169
タバコ 175
タングステン 121,126
タングステン鉱石 119,
　123,125,136
タングステン鉱石の鑑定
　　 137
タングステン鉱石の交易要
　点 130
タングステン鉱石の産出地
　　 120
タングステン鉱石の収購
　　 120
タングステン鉱石買収公告
　　 137
田村組 167
多角化経営 160
多元的な交流関係 204
多国籍企業 195
太平洋戦争 60,86
台拓 139
台拓石綿株式会社 185
台拓化学工業株式会社 184

台拓海南産業株式会社
　　 68,155
台拓技術懇談会 176,205
台拓社有地 94
台拓週刊情報 158
台拓接収委員会清理処
　　 105,109
台拓中山事務所 131
台拓檔案 5,71,74,173
台拓文書 140
台拓楡林工務所 168
台中支店 58
台中65号 161,183
台東出張所 58
台南支店 58
台南神社 205
台南陸軍医院 205
台北帝国大学 8
台北陸軍医院 205
台湾化成工業株式会社 65
台湾外国為替管理規則 178
台湾官有財産評価委員会
　　 57,81,83
台湾官有財産評価委員会官
　制 56
台湾協会 205
台湾行政長官公署 4
台湾銀行 4,21,38,148,201
台湾国産自動車 202
台湾国産自動車株式会社
　　 65
台湾時報 214
台湾省行政長官公署 64,
　108
台湾省文献委員会 5,70,
　71

事項索引　タイ～トウ　253

台湾省文献会	5	大日本製糖	119, 148, 195	鉄	126
台湾省文献史料館	71	代用燃料アルコール	172	鉄工機械	175
台湾神社	205	第2次中壢事件	35	鉄鉱の開発	184
台湾製糖	119, 148, 195	高雄支店	58	鉄道修築	184
台湾総督	148	拓殖銀行	29	田独	174
台湾総督府	14	拓殖資金	65, 112	田独鉄鉱	157, 173
台湾総督府公文書類纂	5	拓殖資金の供給	75	伝統風習	231
台湾総督府出張所	126	拓殖事業	24, 56	佃農	64
台湾総督府檔案	70	拓殖省拓南局	169	トラックの定期化	166
台湾拓殖株式会社接収委員		拓殖に必要な農林業	75	トンキンウルシ	169
会	64, 70, 108	脱税	121	土地管理	75
台湾拓殖株式会社檔案論文		単寧	159	土地銀行	111
集	7	団体	210	土地財産価格	89
台湾拓殖株式会社法	45	地政局	111	土地収入	106, 107, 114, 199
台湾拓殖興業株式会社	33	地租収入	37	土地所有権	110
台湾単寧興業会社	203	畜産	152	土地政策	86
台湾電力株式会社	4	畜産事業	67	土地整理組合長	96
台湾土地調査事業	30	畜牧および畜産事業	162	土地調査書	87
台湾統治政策	199	中華民国	16	土地投資経営	82
台湾南方協会	213	中間価格	135	土地投資面積	90
台湾日日新報	214	中門区警備隊	134	土地の経営	64
台湾日日新報社	213	儲備券	134	都市および黄流軍用空港	
台湾の経験	184	弔慰金	211		154
台湾の島内事業	65	朝鮮	156	ドイツ駐東京大使	130
台湾農民組合	32	徴発	182	投資	66
台湾棉花	202	潮汕鉄道	184	投資事業	106, 107, 114, 195
台湾棉花会社	203	調査課	126	投資のチャンス	231
台湾綿花株式会社	65	調査嘱託業務	221	東亜塩業株式会社	179
台湾棉花株式会社工場	207	直営作	182	東亜海運	167, 201
対岸経営	148	直営農場	159	東亜共栄圏	14
大規模築港	184	定年や転職	210	東亜産業	139
大茎種サトウキビ	171	帝国主義戦争	232	東莞県	123
大東亜共栄圏	172, 174	帝国主義の利益	224	東興公司	126, 127, 128
大東亜省	173	適地適作	160	東勝洋行	139
大東亜戦争	60	敵産	108	東京支店	58
大豆	159	敵産事業の運営	225	東北興業株式会社案	45

254　事項索引　トウ〜ヒガシ

東洋拓殖　　　　　195, 225
東洋拓殖株式会社　13, 35,
　38, 39, 44, 46, 76, 119, 148,
　156
島内の循環路線　　　　165
搭載証明書　　　　　　177
統制政策　　　　　　　141
統制措置　　　　　　　121
統制団体　　　　　　　195
統制法令　　　　　　　139
糖業会社　　　　　　　37
糖業資本　　　　　37, 151
道義　　　　　　　　　208
道徳的な規準　　　　　207
銅鉱　　　　　　　　　156
特殊会社　　　　　13, 39
特権会社　　　　　　　36
豚毛業　　　　　　　　162

　　　ナ行
仲買人　　　　　124, 134
鉛　　　　　　　　　　126
南橋農場　　　　　　　153
南支調査局　　　　　　178
「南支・南洋」政策　　46
南支派遣慰問団　　　　206
南守北進　　　　　　　20
南清（華南）貿易拡張費
　　　　　　　　　　　27
南進基地　　　　　　　27
南進政策　9, 13, 39, 45, 55,
　77, 96, 195
南方共栄圏　　57, 65, 77
南方事業　　　　　　　86
南方派遣技術者貫受ノ件
　　　　　　　　　　　176

南・北ボルネオ　　　　76
南洋　　　　　　　24, 39
南洋企業家　　　　　　28
南洋協会　　　　　　　25
南洋興発　　　　　　　158
南洋興発株式会社　　　44
南洋栽培協会　　　　　203
南洋主義　　　　　　　75
南洋諸島　　　　　　　60
南洋拓殖株式会社　44, 76,
　155
南洋本位主義　　　43, 64
難民　　　　　　　　　124
ニューギニア　　　68, 77
ニューギニア島　　　　155
日露戦争　　　　　　　147
日華平和条約　　　　　201
日系大企業　　　　　　195
日東拓殖農林会社　　　183
日鉄　　　　　　　　　139
日本外交協会　　　　　214
日本警備隊　　　131, 132
日本護謨株式会社　　　26
日本青年協会　　　　　168
日本製鉄　　　　　　　175
日本占領軍経理部金融課
　　　　　　　　　　　126
日本総領事館経済課　　126
日本拓殖株式会社　　　35
日本窒素　　　172, 175
日本油脂　　　　　　　175
人情　　　　　　　　　208
熱河省侵略　　　　　　30
熱帯医学　　　　　　　173
熱帯栽培業　　　　9, 172
熱帯栽培作物　　　　　174

熱帯産業調査会　　15, 40,
　43, 55, 81
熱帯産業調査会委員　　56
熱帯産業調査会会議　　17,
　21
熱帯農園　　　18, 24, 25
熱帯風土病　　　　　　169
熱帯有用作物　　　　　160
農業移民事業　　　　　65
農業技術員　　　　　　168
農業報国団　　　　　　170
農政委員会　　　　　　168
農民抗争　　　　　　　32
農林開発会社　　　　　159
農林開発企業　　　　　66
農林開発事業　　　　　160
農林事業　　　　　　　160

　　　ハ行
パリ講和会議　　　　　24
馬嶺事務所　　　　　　153
配当金　　　　　　　　114
配給証明書　　　　　　177
買鉱事業　　　　　　　136
買鉱所　　　　　130, 135
白木貿易　　　　　　　139
白米粉　　　　　　　　183
伐採事業　　　　　　　89
半官半民　　　　　　　23
氾濫開墾地　　　　　　86
皮革業　　　　　162, 163
蓖麻　　　　　　　　　156
ビジネスチャンスの創造
　　　　　　　　208, 210
ビルマ　　　　　　　　77
東アジア地域勢力圏　　147

事項索引　ビョウ〜リ　255

病人訪問 210
品質鑑定 138
品種改良 161
フィリピン 16, 67, 76, 176
フランス領安南 149
付加価値 217
布施 210
武装運送 124
武装集団 123
福大公司 156, 203
藤橋畜産事務所 153
仏領安南 16
福建 45
福建省建設庁 44
物資動員計画 177
物資配給委員会 125
ベトナム 67, 76
ボルネオ 16, 155
ボーキサイト鉱 156
保証金 95, 101, 103, 104
保証金免除 104
捕虜収容所 131
放領 33
訪問 231
蓬莱米 183
蓬莱米育種 160
紡績 175
北守南進 20, 147
北進問題 13
香港 67, 76, 120

マ行
マカオ 120
マッチ 175
マメ科 159
マリアナ、マーシャル諸島
　　　　　　　　　155
マレー 67, 76
マレー企業株式会社 26
マレー新聞 214
マンガン 121, 126
マンガン鉱 156
満州 156
未貸出地 98, 103
未収納小作料 101
身代金 131
瑞穂苧麻事業所 61
三井 139
三井合名 148
三井物産 38, 119, 172,
　173, 175, 195, 225
三菱 139
三菱会社 148
三菱鉱産 175
三菱商事 225
三菱本社 38, 119, 195
密貿易 121
密貿易活動 122, 141
密輸活動 125
密輸業者 124, 139
密輸情況 122
密輸人 125
密輸の経路 125
密輸ブーム 140
密輸方法 124
南日本化学株式会社 185
南日本化学工業株式会社
　　　　　　　　　202
南日本汽船株式会社 65
南満州鉄道株式会社 13,
　39
民間株 107

無為替輸出 178, 181
明治製糖 119, 148, 195
命令事項 230
命令条項付きの補助金 219
面子 208
綿花 158, 159, 170
綿花の増産 172
木材伐採 184
木炭焼き 162
文書取扱規程 68
文書編纂保存規程 68

ヤ行
八幡製鉄所 18
野菜 170
野菜の栽培 162
役員会議 204
薬草類 159
薬品輸出取締規則 178
安田銀行 38, 148
闇市価格 125
楡林 174
楡林港 183
楡林商港 154
輸出統制品 140
遊撃ゲリラの抗日行動 165
予算の作成 204
養魚池 57
養蚕業 162

ラ行
拉致事件 132, 136
落花生 159
「濫墾」地 33
濫墾地 34
利益共生関係 214

256　事項索引　リ〜ワイ

利益共同体	207, 217	林業局	111	礼品の贈与	207, 209
利益誘導	219	林兼	175	礼品の返礼	208
陸軍特務機関	126	林兼商店	183	礼品返答	209
隆恩田	30	林野調査事業	31	黎民	183
旅費	212	臨時産業調査会会議	16,	連帯保証人	95
料理店	214		17	煉瓦製造	67
陵水事務所	152	臨時輸出入許可規則	178		
陵水農場	153, 185	レストラン	214	ワ行	
緑肥作物	160	礼品贈呈	208	賄賂	208

人 名 索 引

ア行

阿部定雄	151
愛久澤直哉	21, 148
愛久澤文	148
赤司初太郎	150
明石元二郎	33, 55
天羽英二	41
荒尾精之	18
有田三郎	29
有田八郎	45
安藤幸吉	211
安藤利吉	108
井坂孝	43, 150
井上雅二	18
井上保雄	150
伊藤完二	211
池田常吉	33, 55
石井龍猪	150, 203
石沢豊	206
石原広一郎	18, 157
磯永吉	160
越藤恒吉	127, 150
小野英雄	132
尾崎敬義	150
王世慶	5, 6, 7
王雍皞	111
汪精衛	125
大川周明	20
大谷光瑞	18
大西一三	150, 151, 202
大西文一	127, 151
大橋準一郎	211

大間知治雄	213
大山周三	206
岡田信	42
荻洲重之	151
荻洲立平	40

カ行

加藤恭平	56, 81, 84, 127, 150, 155, 180, 197, 206
加藤三郎	17, 21, 44
何国光	131, 136
香久忠俊	211
笠井敬允	213
勝間田善作	160
葛敬恩	109
亀井治	211
川副龍雄	151
河田烈	109, 150, 201
顔國年	82
顔鄭熊	131, 135
木下信	34, 85
木村鋭市	150, 151, 205
日下辰太	150, 202
黒川季三郎	213
小池聖一	157
小林躋造	46, 199, 206
児玉秀雄	56, 81, 83
呉金	131
呉子華	111
呉志成	131, 134
後藤新平	148
黄麒麟	131

黄国良	122
近藤新八	212
近藤正己	9

サ行

佐藤吉次郎	213
榊原政春	151
桜井兵五郎	43
笹原国高	213
シュナイダー	149, 170, 173
柴信一	213
柴田善雅	9
島田謹二	213
謝武	131
朱其瓖	111
朱徳蘭	7, 149
蕭三桂	122
涂照彦	5, 14
荘晩芳	108
鍾淑敏	8
沈香栄	123
沈時可	111
沈平松	123
曾根原弘	211
曾煥英	131, 134, 136

タ行

田中三郎	174
田中純成	176
田中鉄太郎	211
田中長三郎	158
田村義章	212

258 人名索引 タカ〜ワタ

高山三平	127, 150, 151, 159, 167, 203	ハ行		三好徳三郎	211
玉手亮一	212	長谷川清	199, 211	水沢孝策	206
張延哲	109	長谷川重栄	151	宮木広丈	150
張顕承	131, 135	馬場東	151	宗村亮	162
陳儀	108	間田善作	163		
陳璧君	125	八田與一	211	ヤ行	
堤汀	150	服部武彦	211	矢内原忠雄	224
鄭暁棠	126	浜田吉次郎	151, 205	山口勝	150
戸田龍雄	151	原邦造	150	山下秋	151
土居健郎	207	潘福	131	山田拍採	151
土肥慶太郎	151	久宗董	127, 201	山田貞雄	150
東嘉生	171	平塚広義	16, 56, 81	吉田秀穂	150
徳富蘇峰	147	傅敏中	111	吉野近蔵	127
		福田良三	157		
ナ行		福山伯明	213	ラ行	
奈須邦彦	151	浦澄江	127, 150	李進枝	131
中川健蔵	15, 83, 150	本田忠雄	151	李進明	131, 132
永井柳太郎	150			梁華璜	5, 6
永田秀次郎	43, 45, 75	マ行		林玉茹	149
長久宗董	150	馬飛揚	111	林清	151
西口逸馬	160, 176	前田稔	157	林熊徴	82
西澤太一郎	169	松浦作治郎	211		
野垣清次	212	松木幹一郎	150	ワ行	
		萬田喜平	151	和波豊一	150
		三日月直之	206	若代正夫	213
		三上信人	151	渡部雄二郎	151

台湾拓殖株式会社研究序説
―国策会社の興亡―

2017年10月27日　発行

<table>
<tr><td>編訳者</td><td>森　田　　　明</td></tr>
<tr><td></td><td>朝　元　照　雄</td></tr>
<tr><td>発行者</td><td>三　井　久　人</td></tr>
<tr><td>印刷所</td><td>富士リプロ㈱</td></tr>
<tr><td>発行所</td><td>汲　古　書　院</td></tr>
</table>

〒102-0072　東京都千代田区飯田橋2-5-4
電話03(3265)9764　FAX03(3222)1845

ISBN978－4－7629－6595－1　C3022
Akira MORITA，Teruo ASAMOTO　©2017
KYUKO－SHOIN, CO., LTD. TOKYO.